GÉRARD DE NERVAL

Les Chimères
La Bohême galante
Petits châteaux de Bohême

Préface de Gérard Macé
Édition établie et annotée
par Bertrand Marchal

GALLIMARD

PRÉFACE

C'est le chant des sirènes qu'on entend dans **Les Chimères,** *un chant dont le charme est si puissant qu'il peut être mortel : on se souvient qu'Ulysse, pour ne pas succomber, dut s'attacher au mât de son navire ; et Nerval au bout de son aventure terrestre, une nuit d'hiver où il gelait à pierre fendre, s'accrocha par le cou à une grille du vieux Paris.*

Les sirènes sont d'ailleurs des chimères : peut-être filles des Muses, elles-mêmes chanteuses et filles de la Mémoire, ce sont des femmes au corps d'oiseau dans l'Odyssée, *des femmes au corps de poisson dans les récits du Moyen Âge, leurs longs cheveux tombant sur leurs reins couverts d'écailles. Monstres marins qui méprisent les plaisirs de l'amour, et qui dévorent les hommes attirés par leurs chants, quelles que soient leur apparence et leurs métamorphoses elles sont familières du monde des morts. Seul Orphée, au cours de sa navigation avec les Argonautes, surpassa par sa musique et son chant la voix des sirènes, évitant à ses compagnons de céder à la tentation fatale ; et c'est justement sur la lyre d'Orphée que Nerval imagine moduler tour à tour* les soupirs de la sainte et les cris de la fée,

ces autres femmes instruments du destin.

Contrairement à Ulysse retour de Troie, contrairement à Orphée sur le navire Argos, Nerval est un marcheur et un terrien. C'est sur les chemins de l'Orient que l'entraînent ses pérégrinations, mais personne ne l'attend à son retour : ni épouse ni nourrice, pas même un chien pour le reconnaître ; quant à ses amis ils le croient égaré pour toujours.

Il n'empêche que Les Chimères *sont les escales, les stations d'un voyage intérieur qui recoupe en partie ses voyages réels, au cours desquels il a rencontré les anciens dieux pas tout à fait morts, les anciennes déesses qu'il peut encore invoquer, parce que dans son imaginaire elles ont autant d'existence que des figures féminines apparemment plus proches, à moins qu'Adrienne et Sylvie, par un retournement qui n'a rien d'invraisemblable, soient aussi peu charnelles que Daphné ou Delfica. À vrai dire, les récits mythologiques ont pour lui autant de* présence *que ses souvenirs personnels : c'est ce qui lui permet d'affirmer qu'il a traversé l'Achéron dans les deux sens, et deux fois vainqueur, ou qu'il a rêvé dans la grotte où nage la sirène...*

On sait par cœur, sans l'avoir voulu, des poèmes entiers des Chimères, *et certains vers remontent d'eux-mêmes à la mémoire : le rythme n'est pas étranger au phénomène, non plus que la phrase limpide et le contenu énigmatique, autrement dit le sentiment d'entendre un oracle, qui ne dévoile pas le mystère mais nous fait entendre sa parole. Or, cette parole est avant tout une méditation à voix haute, une interrogation musicale et prolongée, pour laquelle il n'y a pas de clé, pas de chiffre, pas d'explication unique. Nerval lui-même en fut troublé, on le sait grâce à une lettre de 1841, adressée à son ami Loubens en même temps que les premiers poèmes des* Chimères, *plus de dix ans avant leur publication. Mais on le sait depuis peu, car cette lettre capitale, qui éclaire la genèse des premiers sonnets, et plus encore leur importance dans l'esprit de l'auteur, nous est parvenue avec retard, comme si toute lumière venant de Nerval était celle d'une étoile morte.*

En 1993, alors que le troisième et dernier volume de la nouvelle Pléiade était sous presse, ainsi que le raconte Claude Pichois [1], les héritiers du château de Loubens, dans cette Aquitaine dont Nerval n'était pas encore le prince imaginaire, ont retrouvé deux lettres adressées à leur ancêtre Victor, fouriériste et polytechnicien, compagnon du poète à l'époque du Doyenné. Dans la première, datée du 22 janvier 1841, c'est-à-dire avant ce premier internement qui devait bouleverser à jamais son existence, et changer radicalement sa poésie, Nerval donne les dernières nouvelles de ses voyages et de ses insuccès littéraires, avant de conclure par une formule fataliste, qui semble considérer la chute comme inévitable : «Je suis encore à cheval sur un mur comme vous voyez, nous verrons ce qui m'arrivera.» La deuxième lettre est de la fin de l'année, après la première crise et la rechute qui l'a conduit de longs mois dans la clinique du docteur Blanche à Montmartre. Cette confidence à un ami qu'on ne savait pas si proche nous plonge au cœur de

---

1. **Cf.** Pléiade, t. III, p. 1485. Voir ci-dessous p. 287.

la folie nervalienne, et nous fait vivre la naissance même des Chimères, *dans un récit exalté mais cohérent, qui devrait s'imposer à tous comme l'un des documents les plus précieux sur l'inspiration poétique : une «lettre du voyant» avant celle de Rimbaud, et preuves à l'appui.*

Comme dans d'autres passages de la correspondance (et plus tard dans Aurélia*), le dérangement dont souffre Nerval, sa perception troublée du réel sont décrits avec une grande précision et beaucoup de lucidité, du moins après coup, ce qui n'empêche pas une sorte de restriction mentale à propos du nom de sa maladie, qui s'exprime sous la forme d'une querelle de vocabulaire, comme si Nerval refusait d'abord de se laisser enfermer dans des mots qui ne sont pas les siens : «J'avais été fou, cela est certain, admet-il pour commencer, si toutefois la conservation complète de la mémoire et d'une certaine logique raisonnante qui ne m'a pas quitté un seul instant ne peut donner à mon mal d'autre caractère que ce triste mot : folie ! Pour le médecin c'était cela sans doute bien qu'on m'ait toujours trouvé des synonymes plus polis ; pour mes amis cela n'a pu guère avoir d'autre sens ; pour moi seul, cela n'a été qu'une sorte de transfiguration de mes pensées habituelles, un rêve éveillé, une série d'illusions grotesques ou sublimes, qui avaient tant de charmes que je ne cherchais qu'à m'y replonger sans cesse, car je n'ai pas souffert physiquement un seul instant, hormis du traitement qu'on a cru devoir m'infliger.» Nerval ajoute que le reste de sa vie sera pénible, mais il croit que l'épisode qu'il vient de vivre est tout à la fois «une inspiration et un avertissement». S'il n'est pas devenu dévot ou néo-chrétien, c'est parce que dans ces moments il se croyait Dieu lui-*

même (le délire s'accompagne donc d'une folie des grandeurs, avouée ici sans détour), et surtout parce qu'il y avait dans sa tête «un carnaval de toutes les philosophies et de tous les dieux». Après quoi il décrit les visions qui l'ont assailli, et lui ont permis de communiquer avec un autre monde, l'espace et le temps, depuis les hauteurs où il se trouvait, s'étant considérablement dilatés.

Revenu à la «bien triste incarnation» qu'est la condition de mortel, Nerval est persuadé que les idées sublimes qu'il a côtoyées subsistent et subsisteront, du moins à l'état latent, et continueront à l'inspirer. Car dans l'expérience qu'il vient de vivre (une expérience de plusieurs mois), il a réellement été poète, comme jamais auparavant, au point que laisser un témoignage de cette expérience est sans doute le véritable but de cette lettre à Loubens: «Il faut vous dire, écrit-il enfin, que je parlais en vers toute la journée, et que ces vers étaient très beaux.» C'est lui qui souligne, mais comme il sait fort bien qu'on n'est pas obligé de le croire sur parole, il joint à sa lettre quelques sonnets, qu'il se dispense d'expliquer parce que c'est impossible: «ils ont été faits non au plus fort de ma maladie, mais au milieu même de mes hallucinations.»

L'inévitable infidélité du souvenir, le désir d'être l'égal d'un mage, d'un inspiré des temps anciens, ont pu conduire Nerval à simplifier son récit, à confondre plusieurs moments, à les condenser dans sa mémoire; il n'empêche qu'il a réellement vécu une métamorphose, et que les vers sont réellement très beaux: parmi les plus beaux, les plus purs de la langue française, chacun le sait aujourd'hui. Mais parmi les plus difficiles à

*comprendre, et Nerval en donne lui-même la raison
dans la même lettre: «cela tient toujours à cette mix-
ture semi-mythologique et semi-chrétienne qui se bras-
sait dans mon cerveau.»*

*Dans l'envoi à Loubens, la «mixture» est composée
de deux sonnets du «Christ aux Oliviers» (sur cinq,
dans la version complète), d'«Antéros» qui ne sera
publié que treize ans plus tard, et de «Tarascon» qui
deviendra «à Mad Sand» en 1846. Un vers de ce sonnet:*

Ô Seigneur Dubartas! Suis-je de ce lignage

sera devenu dans l'intervalle

Ô seigneur Du Bartas! Je suis de ton lignage,

*pour mieux affirmer, en même temps qu'un héritage
poétique, la généalogie imaginaire qu'on retrouvera
amplifiée, et tellement plus musicale, dans le sonnet
d'abord intitulé «Le Destin», puis «El Desdichado»
dans* Les Chimères.

*Au bord de la vide immensité du monde, et d'un
abîme intérieur qui lui donne le vertige, Nerval a trouvé
sa véritable vocation poétique, mais c'est au prix d'un
effondrement personnel, d'un chaos qu'il doit désor-
mais affronter, dans le fracas des anciens dieux, pour
reconstruire une identité perdue tout en effaçant le
crime imaginaire dont le fils s'est rendu coupable, un
crime dont tant de mythologies portent la trace, comme
cette «implacable rougeur» qui apparaît dans «Anté-
ros», après l'amère victoire proclamée dans le premier
quatrain:*

C'est que je suis issu de la race d'Antée,
Je retourne les dards contre le dieu vainqueur!

« Le Christ aux Oliviers », *cette suite extraordinaire
de cinq sonnets qui met en scène la Passion en s'inspi-
rant de Matthieu (et surtout de Jean Paul, le romantique
allemand), est plus explicite encore, puisque Nerval
fait dire à « cet Icare oublié », à ce « Phaéton perdu » qui
va mourir sur la croix : « Non, Dieu n'existe pas ! » Mais
ceux qui rêvaient d'être des rois et des prophètes, les
apôtres qui dorment du « sommeil des bêtes » n'entendent
pas son cri qu'il doit répéter : « Dieu n'est pas ! Dieu
n'est plus ! » Et comme si ce n'était pas suffisant, Ner-
val douze ans plus tard mettra en exergue ces vers de
Jean Paul :*

Dieu est mort! Le ciel est vide...
Pleurez! enfants, vous n'avez plus de père!

*Nerval révélé à lui-même est absolument seul : le
triomphe d'Antéros est amer, et sa vengeance se retourne
contre lui. Nerval sait que le chemin mène à la mort (il
l'a écrit à Loubens), au milieu d'un désastre qui est le
sien (son père lui non plus ne répond pas à ses sup-
pliques), et celui de l'humanité. Quant à la plus haute
poésie, celle qui s'est mise à parler toute seule en lui, au
cours de cette cruciale année 1841, elle va de nouveau
l'abandonner, avant de revenir avec son chant sublime,
mais accompagnée de la folie dont elle est inséparable.*

*« J'en ai assez de courir après la poésie », écrira-t-il à
Jules Janin vers la fin du voyage en Orient, un Orient*

qui «*n'approche pas de ce rêve éveillé*» qui fut le sien deux ans plus tôt. *Le chemin intérieur qui mène aux* Chimères *est fait d'allers-retours, de doutes et de découragements, et s'il est bien fini le temps où il* «*ronsardisait*», *dans des poèmes qui sont loin d'être sans charme, mais dont la ritournelle et la transparence le laissent maintenant insatisfait, il ne sait pas toujours comment réentendre en lui cette voix qui le rend égal aux dieux, et qui lui fait rimer des vérités obscures, mais de façon infaillible.*

En attendant que cette voix renaisse, il fait et défait des ensembles où l'ancien et le nouveau se mêlent, odelettes et fantaisies d'un côté, chant profond de l'autre. Il accumule les variantes, déplace un titre ou un tercet, travaille de mémoire des motifs qui s'entrecroisent, des vers qui sont autant de refrains parce qu'on les a déjà lus dans une version précédente, ou sous un autre intitulé, et dont la vibration sonore, autant que la mystérieuse aura *du sens, donnent l'impression de chants anciens parvenus jusqu'à nous grâce à la tradition orale, soudain rajeunis par un nouvel interprète. Nerval a vécu avec ces poèmes dont chaque vers ressemble à une formule magique, mais avant d'en faire* Les Chimères *il s'écoulera treize ans : treize ans de voyages, de travaux divers, de projets avortés et de crises, treize ans pour douze sonnets qui seront son testament.*

En 1841, si l'on en croit un billet adressé à Théophile Gautier, Nerval avait composé douze sonnets : «*En voilà 6 fais les copier et envoie à diverses personnes. (…) Si tu veux les 6 autres sonnets, viens vite les chercher demain.*» *Mais tous ne seront pas retenus dans les futures* Chimères, *et en 1846, on ne trouve que cinq poèmes qui en feront partie: «Le Christ aux Oliviers» (présenté comme une «imitation de Jean Paul»); le sonnet dédié à J-y Colonna, qui sera démembré pour se retrouver en partie dans «Delfica», en partie dans «Myrtho»; celui qui est adressé à Louise d'Or Reine, qui deviendra «Horus» (le vieux père tremblant qui ébranlait l'univers recevant alors le nom du dieu Kneph); «Pensée antique» métamorphosé plus tard en «Vers dorés»; et «Vers dorés», qui existe déjà, mais sera rebaptisé «Delfica». On le voit, le chassé-croisé est complexe, et l'ensemble mouvant connaîtra un nouvel état en 1853, dans les* Petits châteaux de Bohême *où Nerval, faisant alterner les vers et la prose, reprend trois poèmes dont on sait qu'ils sont appelés à figurer dans* Les Chimères, *provisoirement regroupés sous le titre «Mysticisme»: de nouveau «Le Christ aux Oliviers» (qui n'est plus une «imitation», mais qui contient deux vers de Jean Paul en exergue), «Daphné» qui ne s'est pas encore métamorphosée en «Delfica», et «Vers dorés», le sonnet pythagoricien qui a trouvé sa forme définitive.*

Autant qu'on arrive à suivre la chronologie (qui devrait tenir compte aussi des publications en revue), et à condition que des documents inconnus ne nous réservent pas de surprises, il semble que Les Chimères *aient pris corps à partir du moment où Nerval a composé «El Desdichado», ce sonnet qui laisse un souvenir impérissable, parce qu'il vient d'un passé immémorial et de la nuit du tombeau, mais aussi parce que l'identité de l'auteur est déclinée en quatorze vers où défilent toutes ses figures successives, peut-être même simultanées.*

*comme les lames d'un jeu de tarot dont ne manquerait
que le personnage du pendu.*

Ce sommet de la poésie française n'a pas été immé-
diatement reconnu comme tel, c'est le moins qu'on
puisse dire, et la publication dans Le Mousquetaire *du
10 décembre 1853 fut même une source de désagré-
ments pour Nerval. Le poème était en effet accompagné
d'une présentation d'Alexandre Dumas, à qui Gérard
avait laissé son manuscrit, présentation qui justifiait
l'étrangeté du poème par les bizarreries de l'auteur, son
imagination malade, son* « cerveau nourri de rêves et
d'hallucinations ». *Nerval fut d'autant plus blessé par
la désinvolture de son ami (auquel il s'adresse dans le
prologue des* Filles du feu, *et qu'il cite longuement pour
lui rappeler son forfait) qu'elle lui en rappelait une
autre, celle de Jules Janin et de son hommage funèbre
prématuré, onze ans plus tôt. C'est peut-être ce qui le
décida à publier* Les Chimères *à la fin des* Filles du feu,
*car si l'on s'interroge à juste titre sur cette décision que
rien ne laissait prévoir, quand la publication du volume
fut envisagée, on ne doit pas oublier que la fin du pro-
logue la justifie en ces termes, toujours en s'adressant à
Alexandre Dumas, sur le ton de la confiance trahie et
du défi qu'il faut relever :*

« Et puisque vous avez eu l'imprudence de citer un
des sonnets composés dans cet état de rêverie supterna-
turaliste, *comme diraient les Allemands, il faut que
vous les entendiez tous.* — Vous les trouverez à la fin
du volume. Ils ne sont guère plus obscurs que la méta-
physique d'Hegel ou les Mémorables de Swedenborg, et
perdraient de leur charme à être expliqués, si la chose
était possible, concédez-moi du moins le mérite de l'ex-

pression; — *la dernière folie qui me restera probablement, ce sera de me croire poète: c'est à la critique de m'en guérir.*»

Pour bien comprendre l'insistance de Nerval, et la portée de sa protestation, il faut se souvenir qu'à l'époque où il écrit, on n'exalte pas l'art des fous comme on le fera au siècle suivant, et qu'à ses propres yeux, la folie diminuerait ses mérites. Car de son point de vue, la poésie vient des régions les plus hautes de l'esprit, qu'il a fréquentées en solitaire, non d'un cerveau malade. Il veut bien admettre qu'il perd quelquefois la raison, mais jamais le raisonnement; que sa vie en plus d'une occasion est prête à sombrer, mais jamais la maîtrise de son art. La distinction, pour lui capitale, apparaissait déjà dans la lettre à Loubens et dans sa réponse à Jules Janin, à qui il a dédié Lorely, *pour les mêmes raisons qu'il dédie* Les Filles du feu *à Dumas. Lui ôter la responsabilité de ce qu'il écrit, c'est lui infliger une humiliation dont il souffre au point de répondre avec véhémence, parce que c'est nier la seule chose dont il puisse être vraiment fier.*

Les Chimères *ont donc paru sans être annoncées, à la fin d'un volume où elles n'étaient pas prévues, comme en témoigne le sommaire qui n'en fait pas mention. C'est dire que le destin de Nerval était forcément posthume, au point que sa place dans les anthologies ne fut assurée qu'au xxe siècle, grâce à Proust en ce qui concerne la prose, grâce aux surréalistes en ce qui concerne* Les Chimères.

Douze sonnets auraient suffi pour assurer sa gloire, les douze sonnets qu'il regroupe donc pour la première fois un an avant sa mort, sous leur titre définitif : après l'admirable ouverture d'«El Desdichado», «Myrtho» dans le décor retrouvé du Pausilippe, «Horus» où le «vieux pervers», au pied tordu comme Vulcain, est dénoncé puis combattu par Isis, «Antéros» ennemi de l'amour et de lui-même, «Delfica» annonçant le retour des anciens dieux, et de l'amour qui malgré tout recommence, comme dans les vieilles chansons, «Artémis» où la Treizième revient, énigmatique et solitaire, puis «Le Christ aux Oliviers» redisant en vain la mauvaise nouvelle, un noir Évangile que personne ne veut entendre, enfin les «Vers dorés» placés sous la protection de Pythagore.

On ne sait comment le titre qui coiffe l'ensemble, et qui lui donne une véritable unité, est venu à l'esprit de Nerval, mais il faut entendre les «chimères» dans tous les sens du mot. Le sens le plus banal, celui des rêves inaccessibles, des illusions, des songes qui éloignent de la réalité : ce sont les chimères dont tous les amis de Nerval, dont tous les témoins de l'époque parlent à son propos, lorsqu'ils évoquent sa conversation et ses plans sur la comète. Mais le sens premier, celui de l'Antiquité grecque, est plus important et plus riche, il annonce de façon plus précise la matière poétique façonnée par Nerval. En effet, la chimère était un monstre composé de parties empruntées à divers animaux, qui tenait de la chèvre et du lion, du serpent pour la queue, et qui pouvait avoir plusieurs têtes. On se représentait fort bien l'être fabuleux et malfaisant dont l'apparence était changeante, mais jamais totalement arbitraire, et qui fut vaincu par Bellérophon avec le secours de Pégase, le cheval ailé qui symbolise l'inspiration poétique, l'as-

*cension vers ces hautes sphères où Nerval affirmait
avoir vécu.*

Son esprit mi-païen mi-chrétien est lui-même une
chimère, et son moi divisé a besoin de se retrouver dans
une figure de légende : s'il se met souvent sous la pro-
tection d'Isis, c'est qu'elle seule a rassemblé le corps
dispersé d'Osiris, tous les membres sauf un, l'organe
viril dont l'absence a peut-être fasciné Nerval. Chimère
encore, cette façon d'emprunter à tous les panthéons,
de mêler plusieurs mythologies, de convoquer les dieux
de diverses contrées (les grecs, les latins, les égyptiens
et même les hindous, sans parler du Christ, des saintes
et des fées) afin d'élaborer un mythe personnel qu'il
puisse mettre au même rang. Ce qu'il réussit avec « El
Desdichado », qui figure au début du recueil, et qui
place son auteur sur le même plan que Myrtho, Horus,
Delfica, Artémis et le Christ.

La forme fixe du sonnet, sa versification régulière et
sa fausse symétrie, ses quatrains et ses tercets apparem-
ment séparés, comme des blocs erratiques ou déplacés à
loisir, se prêtaient parfaitement à l'opération poétique
devenue pour Nerval un enjeu majeur : le sonnet est lui-
même une chimère, un corps qu'on peut démembrer
puis recomposer autrement, mais qui permet à la fin ce
précipité stable, sans lequel la poésie se perd en même
temps que l'esprit. Cette nécessité de la forme (une forme
empruntée à la Renaissance que Nerval connaissait si
bien, puisqu'il avait participé à sa résurrection, en pré-
façant une anthologie des poètes du XVIe siècle), rien ne
permet mieux de s'en assurer qu'un document conservé
dans la collection Lovenjoul. Il s'agit d'une généalogie
fantastique, d'une rêverie désordonnée envahie par des

*noms propres qui finissent par couvrir toute la page,
que Jean-Pierre Richard a décrite dans* Microlectures[1]
*en des termes qui rendent bien l'aspect touffu, le foison-
nement d'un arbre qui pourrait à lui seul cacher toute
une forêt :* «*une jungle graphique, où, tout autour d'un
"tronc" vaguement poilu et bulbeux, pourvu d'excrois-
sances irrégulières, et achevé,* vers le haut, *par une
touffe de racines — forme qui pose au milieu de la page
la noirceur insistante d'une sorte de caillot d'encre —,
s'enchevêtrent, se recouvrent, se poursuivent en tous
sens, mais aussi se rejoignent grâce à des traits, fins ou
épais, tendus en diverses directions, lignes écrites (sou-
vent soulignées) et schémas dessinés (blasons, croix,
couronnes, fragments de cartes, éléments typisés de
paysage).*» *À partir du nom du père, ce Labrunie qui
prédisposait aux ténèbres, Nerval remonte à Rome et à
l'empereur Nerva, en passant par tous les noms qui
peuvent servir de relais, en Aquitaine et ailleurs, grâce
aux cellules sonores qui disséminent le sens, et font
bifurquer la rêverie. Le* «*Qui suis-je ?*», *dans un désordre
secrètement structuré qui pourrait être sans fin, si la
page n'avait ses limites, contrairement à l'histoire fami-
liale réinventée, reçoit ici mille réponses qui forment
un buisson autant qu'un arbre, une chaîne ou une
tresse dans lesquelles le son et le sens échangent leurs
rôles.*

*Or, ce lignage luxuriant, cette généalogie foisonnante,
cette identité qu'il faut sans cesse redéfinir en l'interro-
geant, ce point de fuite qui ne cesse de reculer, on les
retrouve aussi bien dans* «*El Desdichado*». *Avec plus*

---

1. Éd. du Seuil, 1979.

d'intensité encore, une énergie qui ne se disperse plus, dans un chant de deuil qui est cette fois un chant mesuré. Grâce au sonnet, à son système de rimes et ses échos internes, à ses contraintes et sa disposition aérée sur la page, Nerval a surmonté le désordre de son esprit, le délire de son imagination. Du même coup il a pu placer sa voix de violoncelle, pour entonner le chant de triomphe qu'est toujours l'affirmation de soi, malgré la mélancolie. Et trouver une résolution dans le dernier vers, un accord final et un retour au silence.

Mais comment lire Les Chimères, *si l'on ne veut pas être prisonnier d'une grille de lecture (l'alchimie, l'ésotérisme, la psychanalyse ont tour à tour verrouillé cette grille), et si l'on ne veut pas tomber dans le piège de la surinterprétation, par une sorte de mimétisme de l'auteur, qui est toujours une défaite de la critique ? En acceptant d'entendre avant de comprendre, et de réentendre après avoir compris, afin de renouer avec le charme du poème, son sortilège et sa musique. C'est un tour d'esprit qui ne s'apprend pas, mais qu'on peut favoriser : en faisant de l'exégèse un outil, et non un but, et surtout en relisant régulièrement pour le plaisir. Le savoir tout neuf éclaire alors le poème d'une lumière provisoire, mais ne se confond plus avec le corps étranger de la note en bas de page. C'est d'autant plus nécessaire que si certains passages de Nerval posent des problèmes insolubles, annonçant dans la poésie française un penchant pour l'hermétisme qu'on retrouvera, sous des formes différentes, chez Rimbaud et Mallarmé, nombre de sonnets offrent tout de même un sens clair, et une intention affirmée : c'est le cas d'«El Desdichado»,*

mais aussi d'«*Antéros*», du «*Christ aux Oliviers*» ou
des «*Vers dorés*».

La tentation du déchiffrement qui a tant nui à Ner-
val, en faisant des Chimères une sorte de logogriphe,
une suite de messages qu'il faudrait décrypter, vient
sans doute de l'abondance des noms propres. Et l'on ne
peut nier qu'un nom propre dont on ignore tout, si l'on
n'a pas l'oreille musicale ou si l'on est mal disposé
envers la poésie, est un obstacle à la compréhension.
On ne peut nier non plus que la localisation du Pausi-
lippe, dans la baie de Naples si chère à Nerval, avec sa
grotte et son monument à Virgile, donne un décor
vivant aux dieux latins, un arrière-plan qui s'éclaire à
condition que le nom puisse servir de sésame, bref une
profondeur de champ qu'on ne peut atteindre en ne
sachant rien. De même, il n'est pas indifférent de savoir
que Biron eut la tête tranchée, que Lusignan renvoie à
Mélusine, et donc à la légende médiévale de la sirène,
ou que Phébus est à la fois le soleil et un personnage
aquitain, nom à double face comme tous les mots qui
ont acquis une valeur poétique, dont le sens littéral est
conservé parce qu'il renvoie au mythe. Ce qui trouble
certains lecteurs, sans doute, c'est que le nom propre
est ici un appel, une invocation qui fait resurgir aussi-
tôt de la mémoire une vue ou un personnage (une per-
sonne dans le cas de Nerval, dont le nom résume le
destin), et que la relecture seule, parce que du temps s'est
écoulé, peut nous faire partager cette impression. Le
paradoxe de la poésie, décourageant parfois, c'est qu'elle
provoque une immédiate séduction, mais qu'elle
demande une longue patience. Et que les noms com-
muns à leur tour sont traités comme les noms propres,

ou plutôt qu'il n'y a plus de différence entre les uns et les autres, au profit d'un troisième terme. C'est pourquoi, quand Nerval nous parle de la sainte ou de la fée, il se contente de les évoquer pour qu'elles apparaissent.

Allons plus loin encore, avec un exemple plus parlant. On peut avoir lu plus d'une fois, dans «El Desdichado», le vers fameux qui amorce le second tercet :

Et j'ai deux fois vainqueur traversé l'Achéron,

en étant immédiatement plongé dans sa propre mémoire, qui peut mêler les couleurs sombres d'une peinture ancienne et des souvenirs réels, un paysage d'enfance dans lequel une rivière séparait deux mondes, mais c'est aussi une mémoire qui anticipe, car si l'on sait que l'Achéron est le fleuve souterrain que doivent traverser les morts, il est à la fois un souvenir et un voyage encore à faire, en même temps qu'une promesse d'immortalité. Mais surtout, on peut lire «El Desdichado» sans avoir lu le Voyage en Orient, *ou sans avoir prêté une attention particulière à ce passage où Nerval, au large des îles grecques, déclare tenir entre ses mains le livre d'un prince allemand, sans donner son nom. Comme si souvent, il y revient des années plus tard au début de* Lorely, *en s'adressant à Jules Janin qui l'avait cru mort. Car le prince Pückler-Muskau est l'auteur d'une* Lettre d'un mort, *ou* Extrait des papiers d'un défunt, *et Nerval qui cette fois cite ses sources enchaîne ainsi : «Lui, aussi, avait été cru mort, ce qui donna sujet à une foule de panégyriques et commença sa réputation ; — par le fait, il avait traversé deux fois*

le lac funeste de Karon, *dans la province égyptienne du*
Fayoum.» *Nerval écrit* Karoun *et* Caron *dans le* Voyage
en Orient, Charon *dans «* Le Carnet du Caire[1] *», mais le
plus important n'est pas là. L'essentiel est qu'on assiste
à l'élaboration poétique, avec ce qu'elle comporte de
patience et de profondeur : la rencontre d'un person-
nage dans lequel on peut se reconnaître, au point de lui
emprunter son livre et son destin; la fusion de deux
mythologies, la grecque et l'égyptienne; les sonorités
d'un nom qui permettent le passage de l'anecdote au
mythe, comme le nautonier Charon permettait de pas-
ser d'un monde à l'autre. Après quoi l'on peut oublier
ces cailloux dans l'eau et leurs remous dans notre
esprit, pour redire ce vers dont la fluidité retrouvée,
dont l'unité du chant disent le triomphe sur la fatalité :*

Et j'ai deux fois vainqueur traversé l'Achéron.

*À propos de chaque sonnet, de chaque vers on pour-
rait se livrer à ce jeu parfaitement légitime, mais par-
faitement vain s'il n'a pas pour objet de reconstruire
l'unité des* Chimères, *de mettre en évidence l'invention
de Nerval quand il reprend un mythe à son compte, ou
de montrer que dans cet ensemble de douze sonnets,
toute l'œuvre est enfin condensée. Alors les nymphes ne
sont plus mortes, les noms ne sont plus désincarnés, la
rose peut s'allier à la treille, les raisins noirs se mêler à
l'or de la tresse, le pâle hortensia s'unir au myrthe vert,
comme sur les tombes où s'enlacent, plus fortes que la
mort, les fleurs des amants mystiques.*

1. Cf. Pléiade, t. III, p. 965.

La dernière chimère, et peut-être la seule, c'est la résurrection des corps. Car les anciens dieux reviendront, semble nous dire Nerval, mais à quoi bon si les morts ne reviennent pas avec eux, à quoi bon si nous ne revenons pas avec les morts ?

GÉRARD MACÉ

Les Chimères

EL DESDICHADO

Je suis le ténébreux, — le veuf, — l'inconsolé,
Le prince d'Aquitaine à la tour abolie :
Ma seule *étoile* est morte, — et mon luth constellé
Porte le *Soleil noir* de la *Mélancolie.*

Dans la nuit du tombeau, toi qui m'as consolé,
Rends-moi le Pausilippe et la mer d'Italie,
La *fleur* qui plaisait tant à mon cœur désolé,
Et la treille où le pampre à la rose s'allie.

Suis-je Amour ou Phébus ?... Lusignan ou Biron ?
Mon front est rouge encor du baiser de la reine ;
J'ai rêvé dans la grotte où nage la syrène...

Et j'ai deux fois vainqueur traversé l'Achéron :
Modulant tour à tour sur la lyre d'Orphée
Les soupirs de la sainte et les cris de la fée.

MYRTHO

Je pense à toi, Myrtho, divine enchanteresse,
Au Pausilippe altier, de mille feux brillant,
À ton front inondé des clartés d'Orient,
Aux raisins noirs mêlés avec l'or de ta tresse.

C'est dans ta coupe aussi que j'avais bu l'ivresse,
Et dans l'éclair furtif de ton œil souriant,
Quand aux pieds d'Iacchus on me voyait priant,
Car la Muse m'a fait l'un des fils de la Grèce.

Je sais pourquoi là-bas le volcan s'est rouvert...
C'est qu'hier tu l'avais touché d'un pied agile,
Et de cendres soudain l'horizon s'est couvert.

Depuis qu'un duc normand brisa tes dieux d'argile,
Toujours, sous les rameaux du laurier de Virgile,
Le pâle Hortensia s'unit au Myrthe vert!

HORUS

Le dieu Kneph en tremblant ébranlait l'univers :
Isis, la mère, alors se leva sur sa couche,
Fit un geste de haine à son époux farouche,
Et l'ardeur d'autrefois brilla dans ses yeux verts.

« Le voyez-vous, dit-elle, il meurt, ce vieux pervers,
Tous les frimas du monde ont passé par sa bouche,
Attachez son pied tors, éteignez son œil louche,
C'est le dieu des volcans et le roi des hivers !

L'aigle a déjà passé, l'esprit nouveau m'appelle,
J'ai revêtu pour lui la robe de Cybèle…
C'est l'enfant bien-aimé d'Hermès et d'Osiris ! »

La Déesse avait fui sur sa conque dorée,
La mer nous renvoyait son image adorée,
Et les cieux rayonnaient sous l'écharpe d'Iris.

ANTÉROS

Tu demandes pourquoi j'ai tant de rage au cœur
Et sur un col flexible une tête indomptée ;
C'est que je suis issu de la race d'Antée,
Je retourne les dards contre le dieu vainqueur.

Oui, je suis de ceux-là qu'inspire le Vengeur,
Il m'a marqué le front de sa lèvre irritée,
Sous la pâleur d'Abel, hélas ! ensanglantée,
J'ai parfois de Caïn l'implacable rougeur !

Jéhovah ! le dernier, vaincu par ton génie,
Qui, du fond des enfers, criait : « Ô tyrannie ! »
C'est mon aïeul Bélus ou mon père Dagon...

Ils m'ont plongé trois fois dans les eaux du Cocyte,
Et protégeant tout seul ma mère Amalécyte,
Je ressème à ses pieds les dents du vieux dragon.

DELFICA

La connais-tu, Dafné, cette ancienne romance,
Au pied du sycomore, ou sous les lauriers blancs,
Sous l'olivier, le myrthe ou les saules tremblants,
Cette chanson d'amour... qui toujours recommence !

Reconnais-tu le Temple, au péristyle immense,
Et les citrons amers où s'imprimaient tes dents ?
Et la grotte, fatale aux hôtes imprudents,
Où du dragon vaincu dort l'antique semence.

Ils reviendront ces dieux que tu pleures toujours !
Le temps va ramener l'ordre des anciens jours ;
La terre a tressailli d'un souffle prophétique...

Cependant la sibylle au visage latin
Est endormie encor sous l'arc de Constantin :
— Et rien n'a dérangé le sévère portique.

ARTÉMIS

La Treizième revient... C'est encor la première ;
Et c'est toujours la seule, — ou c'est le seul moment :
Car es-tu reine, ô toi ! la première ou dernière ?
Es-tu roi, toi le seul ou le dernier amant ?...

Aimez qui vous aima du berceau dans la bière ;
Celle que j'aimai seul m'aime encor tendrement :
C'est la mort — ou la morte... Ô délice ! ô tourment !
La rose qu'elle tient, c'est la *Rose trémière*.

Sainte napolitaine aux mains pleines de feux,
Rose au cœur violet, fleur de sainte Gudule :
As-tu trouvé ta croix dans le désert des cieux ?

Roses blanches, tombez ! vous insultez nos dieux :
Tombez fantômes blancs de votre ciel qui brûle :
— La sainte de l'abîme est plus sainte à mes yeux !

LE CHRIST AUX OLIVIERS

Dieu est mort! le ciel est vide...
Pleurez! enfants, vous n'avez plus de père!

JEAN PAUL.

I

Quand le Seigneur, levant au ciel ses maigres bras,
Sous les arbres sacrés, comme font les poëtes,
Se fut longtemps perdu dans ses douleurs muettes,
Et se jugea trahi par des amis ingrats;

Il se tourna vers ceux qui l'attendaient en bas
Rêvant d'être des rois, des sages, des prophètes...
Mais engourdis, perdus dans le sommeil des bêtes,
Et se prit à crier: «Non, Dieu n'existe pas!»

Ils dormaient. «Mes amis, savez vous *la nouvelle*?
J'ai touché de mon front à la voûte éternelle;
Je suis sanglant, brisé, souffrant pour bien des jours!

Frères, je vous trompais: Abîme! abîme! abîme!
Le dieu manque à l'autel, où je suis la victime...
Dieu n'est pas! Dieu n'est plus!» Mais ils dormaient toujours!

II

Il reprit : « Tout est mort ! J'ai parcouru les mondes ;
Et j'ai perdu mon vol dans leurs chemins lactés,
Aussi loin que la vie, en ses veines fécondes,
Répand des sables d'or et des flots argentés :

Partout le sol désert côtoyé par des ondes,
Des tourbillons confus d'océans agités…
Un souffle vague émeut les sphères vagabondes,
Mais nul esprit n'existe en ces immensités.

En cherchant l'œil de Dieu, je n'ai vu qu'un orbite
Vaste, noir et sans fond ; d'où la nuit qui l'habite
Rayonne sur le monde et s'épaissit toujours ;

Un arc-en-ciel étrange entoure ce puits sombre,
Seuil de l'ancien chaos dont le néant est l'ombre,
Spirale, engloutissant les Mondes et les Jours !

III

« Immobile Destin, muette sentinelle,
Froide Nécessité !… Hasard qui t'avançant,
Parmi les mondes morts sous la neige éternelle,
Refroidis, par degrés l'univers pâlissant,

Sais-tu ce que tu fais, puissance originelle,
De tes soleils éteints, l'un l'autre se froissant…
Es-tu sûr de transmettre une haleine immortelle,
Entre un monde qui meurt et l'autre renaissant ?…

Ô mon père! est-ce toi que je sens en moi-même?
As-tu pouvoir de vivre et de vaincre la mort?
Aurais-tu succombé sous un dernier effort

De cet ange des nuits que frappa l'anathème...
Car je me sens tout seul à pleurer et souffrir,
Hélas! et si je meurs, c'est que tout va mourir!»

IV

Nul n'entendait gémir l'éternelle victime,
Livrant au monde en vain tout son cœur épanché;
Mais prêt à défaillir et sans force penché,
Il appela le *seul* — éveillé dans Solyme:

«Judas! lui cria-t-il, tu sais ce qu'on m'estime,
Hâte-toi de me vendre, et finis ce marché:
Je suis souffrant, ami! sur la terre couché...
Viens! ô toi qui, du moins, as la force du crime!»

Mais Judas s'en allait mécontent et pensif,
Se trouvant mal payé, plein d'un remords si vif
Qu'il lisait ses noirceurs sur tous les murs écrites...

Enfin Pilate seul, qui veillait pour César,
Sentant quelque pitié, se tourna par hasard:
«Allez chercher ce fou!» dit-il aux satellites.

V

C'était bien lui, ce fou, cet insensé sublime...
Cet Icare oublié qui remontait les cieux,
Ce Phaéton perdu sous la foudre des dieux,
Ce bel Atys meurtri que Cybèle ranime!

L'augure interrogeait le flanc de la victime,
La terre s'enivrait de ce sang précieux...
L'univers étourdi penchait sur ses essieux,
Et l'Olympe un instant chancela vers l'abîme.

«Réponds! criait César à Jupiter Ammon,
Quel est ce nouveau dieu qu'on impose à la terre?
Et si ce n'est un dieu, c'est au moins un démon...»

Mais l'oracle invoqué pour jamais dut se taire;
Un seul pouvait au monde expliquer ce mystère:
— Celui qui donna l'âme aux enfants du limon.

VERS DORÉS

Eh quoi! tout est sensible!

PYTHAGORE.

Homme, libre penseur! te crois-tu seul pensant
Dans ce monde où la vie éclate en toute chose?
Des forces que tu tiens ta liberté dispose,
Mais de tous tes conseils l'univers est absent.

Respecte dans la bête un esprit agissant:
Chaque fleur est une âme à la Nature éclose;
Un mystère d'amour dans le métal repose;
«Tout est sensible!» Et tout sur ton être est puissant.

Crains, dans le mur aveugle, un regard qui t'épie:
À la matière même un verbe est attaché...
Ne la fais pas servir à quelque usage impie!

Souvent dans l'être obscur habite un Dieu caché;
Et comme un œil naissant couvert par ses paupières,
Un pur esprit s'accroît sous l'écorce des pierres!

Atelier des « Chimères »

Manuscrit Dumesnil de Gramont α

SONNETS

À Mad.ᵉ Aguado

Colonne de saphir, d'arabesques brodée,
Reparais ! Les ramiers s'envolent de leur nid,
De ton bandeau d'azur à ton pied de granit
Se déroule à longs plis la pourpre de Judée.

Si tu vois Bénarès, sur son fleuve accoudée,
Détache avec ton arc ton corset d'or bruni
Car je suis le vautour volant sur Patani,
Et de blancs papillons la mer est inondée.

Lanassa ! fais flotter tes voiles sur les eaux !
Livre les fleurs de pourpre au courant des ruisseaux
La Neige du Cathay tombe sur l'Atlantique.

Cependant la prêtresse au visage vermeil,
Est endormie encor sous l'arche du soleil,
Et rien n'a dérangé le sévère portique.

À Mad.ᵉ Ida-Dumas

J'étais assis chantant aux pieds de Michael,
Mithra sur notre tête avait fermé sa tente,
Le Roi des rois dormait dans sa ~~gloire~~ couche éclatante,
Et tous deux en rêvant nous pleurions Israël !

Quand Tippōo se leva dans la nuée ardente...
Trois voix avaient crié vengeance au bord du ciel :
Il rappela d'en haut mon frère Gabriel,
Et tourna vers Michel sa prunelle sanglante :

« Voici venir le Loup, le Tigre et le Lion...
« L'un s'appelle Ibrahim, l'autre Napoléon,
« Et l'autre Abdel-Kader, qui rugit dans la poudre ;

« Le glaive d'Alaric, le sabre d'Attila,
« Ils les ont... Mon épée et ma lance sont là :
« Mais le Cæsar romain nous a volé la foudre ! »

À Hélène de Mecklembourg
fontainebleau mai 1837

Le vieux palais attend la princesse saxonne
Qui des derniers Capets veut sauver les enfans ;
Charlemagne attentif à ses pas triomphans
Crie à Napoléon que Charles quint pardonne.

Mais deux rois à la grille attendent en personne ;
Quel est le souvenir qui les tient si tremblans,
Que l'ayeul aux yeux morts s'en retourne à pas lents,
Dédaignant de frapper ces pêcheurs de couronne !

Ô Médicis ! les tems seraient-ils accomplis ?
Tes trois fils sont rentrés dans ta robe aux grands plis
Mais il en reste un seul qui s'attache à ta mante.

C'est un aiglon tout faible, oublié par hasard,
Il ~~voit briller~~ rapporte la foudre à son père Cæsar....
Et c'est lui qui dans l'air amassait la tourmente !

À J—y Colonna

La connais tu, Daphné, cette vieille romance
Au pied du sycomore... ou sous les muriers blancs,
Sous l'olivier plaintif, ou les saules tremblans,
Cette chanson d'amour, qui toujours recommence,

Reconnais tu le Temple au pérystile immense,
Et les citrons amers, où s'imprimaient tes dents,
Et la grotte fatale aux hôtes imprudents,
Où du serpent vaincu dort la vieille semence ?

Sais tu pourquoi, là-bas, le volcan s'est rouvert ?
C'est qu'un jour nous l'avions touché d'un pied agile,
Et de sa poudre au loin l'horizon s'est couvert !

Depuis qu'un Duc Normand brisa vos dieux d'argile,
Toujours sous le palmier du tombeau de Virgile
Le pâle hortensia s'unit au laurier vert.

À Louise d'Or Reine

Le vieux père en tremblant ébranlait l'univers.
Isis la mère enfin se leva sur sa couche,
Fit un geste de haine à son époux farouche,
Et l'ardeur d'autrefois brilla dans ses yeux verts.

« Regardez le, dit-elle ! il dort ce vieux pervers,
« Tous les frimats du monde ont passé par sa bouche.
« Prenez garde à son pied, éteignez son œil louche,
« C'est le roi des volcans et le Dieu des hivers !

« L'aigle a déjà passé : Napoléon m'appelle ;
« J'ai revêtu pour lui la robe de Cybèle,
« C'est mon époux Hermès, et mon frère Osiris ;

« La Déesse avait fui sur sa conque dorée ;
« La mer nous renvoyait son image adorée
« Et les cieux rayonnaient sous l'écharpe d'Iris ! »

À Mad.ᵉ Sand

«Ce roc vouté par art, chef d'œuvre d'un autre âge,
«Ce roc de Tarascon hébergeait autrefois
«Les géans descendus des montagnes de Foix,
«Dont tant d'*os* excessifs rendent sûr témoignage.»

Ô seigneur Du Bartas! Je suis de ton lignage,
Moi qui soude mon vers à ton vers d'autrefois;
Mais les vrais descendans des vieux *Comtes de Foix*
Ont besoin de *témoins* pour parler dans notre âge!

J'ai passé près Salzbourg sous des rochers tremblans,
La Cigogne d'Autriche y nourrit les Milans,
Barberousse et Richard ont sacré ce refuge.

La neige règne au front de leurs pics infranchis;
Et ce sont, m'a t'on dit les *ossemens* blanchis
Des anciens monts rongés par la mer du Déluge.

En voilà 6 fais les copier et envoie à diverses personnes. Va
d'abord les lire (et la lettre au père L—y[1]. Tu verras si l'on peut
révoquer ma lettre de cachet. Sinon je refais l'Erotica Biblion de
M. de Mirabeau, car je n'ai pas même de Sophie pour venir me
consoler (écrire à l'Archiduchesse) Si tu veux les 6 autres son-
nets, viens vite les chercher demain. Adieu Muffe!
     Ton ami Lb[2] Gérard de Nerval

Myrtho

Je pense à toi, Myrtho, divine enchanteresse,
Au Pausilippe altier, de mille feux brillant,
À ton front inondé des clartés d'Orient,
Aux raisins noirs mêlés avec l'or de ta tresse.

C'est dans ta coupe aussi que j'avais bu l'ivresse,
Et dans l'éclair furtif de ton œil souriant,
Quand aux pieds d'Iacchus on me voyait priant,
Car la Muse m'a fait l'un des fils de la Grèce.

Ils reviendront ces dieux que tu pleures toujours !
Le temps va ramener l'ordre des anciens jours ;
La terre a tressailli d'un souffle prophétique…

Cependant la sibylle au visage latin
Est endormie encor sous l'arc de Constantin
— Et rien n'a dérangé le sévère portique.

Lettre à Victor Loubens

[...] Pour vous prouver du reste combien il y avait de lecture ou d'imagination dans mon état, je vais vous écrire quelques sonnets que j'ai conservés, mais dont je ne me charge pas de vous expliquer aujourd'hui tout le *sens*; ils ont été faits non au plus fort de ma maladie, mais au milieu même de mes hallucinations. Vous le reconnaîtrez facilement:

I

Quand le Seigneur tendant au ciel ses maigres bras
Sous les arbres sacrés, comme font les poètes,
Se fût assez perdu dans ses douleurs muettes,
Et se jugea trahi par des amis ingrats;

Il se tourna vers ceux qui l'attendaient en bas,
Revant d'être des rois, des sages, des prophètes
Mais endormis, perdus dans le sommeil des bêtes,
Et se prit à crier: «Non Dieu n'existe pas!»

(Ils dormaient.) «Mes amis! savez vous la nouvelle,
«J'ai frappé de mon front à la voûte éternelle
«Je suis sanglant, brisé, souffrant pour bien des jours!

«Frères! je vous trompais: Abyme! Abyme! Abyme!
«Le Dieu manque à l'autel, où je suis la victime...
«Dieu n'est pas! Dieu n'est plus!...» (Mais ils dormaient
   toujours!)

II

Et comme il se souvint par un effort sublime
Qu'il était Dieu lui-même... il craignit de mourir...
Et se voyant saigner, et se sentant souffrir,
Il appela le seul qui veillât dans Solyme :

«Judas, lui cria t'il, tu sais ce qu'on m'estime,
«Hâte toi de me vendre et finis ce marché...
«Je suis souffrant, ami, sur la terre couché
«Viens, ô toi qui du moins as la force du crime!»

Mais Judas s'en allait mécontent et pensif,
Se trouvant mal payé, plein d'un remords si vif
Qu'il lisait ses noirceurs sur tous les murs écrites

Enfin Pilate seul, qui veillait pour César,
Sentant quelque pitié, se tourna par hazard :
Allez chercher ce fou! dit-il aux satellites.

En voici un autre que vous vous expliquerez plus difficilement peut-être : cela tient toujours à cette mixture semi mythologique et semi chrétienne qui se brassait dans mon cerveau.

Antéros

Tu demandes pourquoi j'ai tant de haine au cœur,
Et sur un col flexible une tête indomptée,
C'est que je suis issu de la race d'Antée,
Je retourne les dards contre le Dieu vainqueur !

Oui je suis de ceux-là qu'inspire le Vengeur ;
Il m'a marqué le front de sa lèvre irritée ;
Sous la pâleur d'Abel, hélas ensanglantée,
Je porte de Caïn l'implacable rougeur !

Jéhovah ! le dernier, vaincu par ton génie
Qui du fond des enfers criait : « Ô tyrannie ! »
C'est mon ayeul Bélus ou mon père Mammon.

Ils m'ont plongé trois fois dans les eaux du Cocyte ;
Et protégeant tout seul ma mère amalécite,
Je ressème à ses pieds les dents du vieux Dragon !

Tarascon

«Ce roc voûté par art, chef d'œuvre d'un autre âge,
«Ce roc de Tarascon hébergeait autrefois
«Les géans descendus des montagnes de Foix
«Dont tant d'os excessifs rendent sûr témoignage.»

Ô Seigneur Dubartas! suis-je de ce lignage
Moi qui soude mon vers à ton vers d'autrefois...
Mais les vrais descendans des vieux hôtes de Foix
Ont besoin de témoins pour parler dans notre âge.

J'ai passé près Salzbourg sous des rochers géans,
La Cigogne d'Autriche y nourrit les Milans,
Barberousse et Richard ont sacré ce refuge;

La Neige règne au front de ces rocs infranchis
Et ce sont m'a t'on dit, les ossemens blanchis
Des anciens monts rongés par la mer du déluge.

Manuscrit Lovenjoul

La Tête armée

Napoléon mourant vit une *Tête armée*...
Il pensait à son fils, déjà faible et souffrant :
La Tête, c'était donc sa france bien aimée,
Décapitée aux pieds du César expirant.

Dieu, qui jugeait cet homme et cette renommée,
Appela Jésus Christ ; mais l'abyme s'ouvrant,
Ne rendit qu'un vain souffle, un spectre de fumée :
Le Demi-Dieu vaincu se releva plus grand.

Alors on vit sortir du fond du purgatoire
Un jeune homme inondé des pleurs de la Victoire,
Qui tendit sa main pure au monarque des cieux ;

Frappés au flanc tous deux par un double mystère,
L'un répandait son sang pour féconder la Terre,
L'autre versait au Ciel la semence des Dieux !

Manuscrit Lombard

El Desdichado

Je suis le Ténebreux, le Veuf, l'Inconsolé :
Le prince d'Aquitaine à la tour abolie
Ma seule Étoile est morte : et mon luth constellé
Porte le Soleil noir de la Mélancholie.

Dans la Nuit du Tombeau toi qui m'as consolé
Rends moi le Pausilippe et la mer d'Italie
La Fleur qui plaisait tant à mon cœur désolé
Et la Treille où le Pampre à la Vigne s'allie !

Suis je Amour ou Phœbus, — Lusignan ou Biron ?
Mon front est rouge encor du baiser de la Reine,
J'ai dormi dans la Grotte où verdit la syrène

Et j'ai deux fois, vivant, traversé l'Acheron
Modulant et chantant sur la lyre d'Orphée
Les soupirs de la Sainte — et les cris de la Fée.

~~En voici un autre : (~~Ballet
des Heures~~)~~

La Treizieme revient… C'est encor la première :
Et c'est toujours la Seule, — ou c'est le seul moment !
Car es tu Reine, ô toi, la première ou dernière ?
Es tu Roi, toi, le seul ou le dernier Amant ?…

Aimez qui vous aima du berceau dans la bière :
Celle que j'aimai seul m'aime encor tendrement…
C'est la Mort… ou la Morte ! Ô délice ! ô tourment !
La rose qu'elle tient, c'est la Rose trémière.

Ô Sainte de Sicile aux mains pleines de feux
Rose au cœur violet, sœur de Sainte Gudule
As tu trouvé ta croix dans ~~l'abyme~~ le désert des Cieux ?

Roses blanches, tombez ! vous insultez nos Dieux !
Tombez, fantômes blancs de votre Ciel qui brûle :
La Sainte de l'Abyme est plus sainte à mes yeux.

Vous ne comprenez pas ?.. Lisez ceci :

            D. M. — LUCIVS. AGATHO. PRISCIVS.

Nec maritus

                        Gérard de Nerval

Manuscrit Éluard

Le Destin

Je suis le Ténébreux, — le Veuf[(1], — l'Inconsolé
Le Prince d'Aquitaine à la Tour abolie :
Ma Seule *Étoile* est morte, — et mon luth constellé
Porte le *Soleil noir* de la *Mélancholie*.

Dans la nuit du Tombeau, Toi qui m'as consolé,
Rends moi le Pausilippe et la mer d'Italie
La *fleur*[(2] qui plaisait tant à mon cœur désolé
Et la Treille où le Pampre à la Rose s'allie[(3]

Suis-je Amour ou Phœbus ?.. Lusignan ou Biron ?
Mon front est rouge encor du baiser de la Reine[(4]
J'ai rêvé dans la Grotte où nage la Syrène…

Et j'ai deux fois vainqueur traversé l'Achéron :
Modulant tour à tour sur la lyre d'Orphée
Les soupirs de la Sainte et les cris de la Fée[(5].

(1 *Olim* : Mausole (?) (2 l'ancolie (3 Jardins du Vatican
(4 Reine Candace ? (5 Mélusine ou Manto

Artémis

La Treizième[1] revient... C'est encor la première ;
Et c'est toujours la Seule — ou c'est le seul moment :
Car est tu Reine ô Toi ! la première ou dernière
Es tu Roi, toi le Seul ou le dernier amant ?...

Aimez qui vous aima du berceau dans la bierre ;
Celle que j'aimai seul m'aime encor tendrement :
C'est la Mort — ou la Morte... Ô délice ! Ô tourment !
La rose qu'elle tient, c'est la *Rose trémière*[2].

Sainte napolitaine aux mains pleines de feux
Rose au cœur violet fleur de Sainte Gudule :
As tu trouvé ta Croix dans l'abyme des Cieux ?

Roses blanches tombez ! vous insultez nos Dieux :
Tombez fantômes blancs de votre ciel qui brûle :
— La Sainte de l'Abyme[3] est plus sainte à mes yeux !

(1 La XIIIᵉ heure (pivotale) (2 Philomène. (3 Rosalie.

Erythrea

Colonne de Saphir, d'arabesques brodée,
— Reparais! — Les *Ramiers* ~~volent~~ pleurent, cherchant
   leur nid:
Et, de ton pied d'azur à ton front de granit
Se déroule à longs plis la pourpre de Judée!

Si tu vois *Bénarès* [1] sur son fleuve accoudée
Prends ton arc, et revets ton corset d'or bruni:
Car ~~je suis~~ voici *le Vautour* [2], volant sur *Patani* [1],
Et de *papillons blancs* la Mer est inondée.

MAHDÉWA [3]! Fais flotter tes voiles sur les eaux,
Livre tes fleurs de pourpre au courant des ruisseaux:
La neige du *Cathay* [4] tombe sur l'Atlantique.

Cependant la *Prêtresse* [5, au visage vermeil,
Est endormie encor sous l'*Arche du Soleil*:
— Et rien n'a dérangé le sévère Portique.

---

(1) Ben-Arès — la fille de Mars. (2) Typhon (1) Patna ou Hiéro-
solime, la Ville sainte. (3) Mahadoé la Zendovère. (4 Thibet (5 Amany.

Poésies 1830-1835

LES PAPILLONS

De toutes les belles choses
Qui nous manquent en hiver,
Qu'aimez-vous mieux ? — Moi, les roses.
— Moi, l'aspect d'un beau pré vert.
— Moi, la moisson blondissante,
Chevelure des sillons :
— Moi, le rossignol qui chante,
— Et moi, les beaux papillons !

Le Papillon, fleur sans tige
　　　Qui voltige,
Que l'on cueille en un réseau :
Dans la nature infinie,
　　　Harmonie
Entre la fleur et l'oiseau !...

Ah ! quand vient l'été superbe,
Je m'en vais au bois tout seul,
Je m'étends dans la grande herbe
Comme un mort dans son linceul,
Sur ma tête renversée,
Là, chacun d'eux à son tour
Passe comme une pensée
De poésie ou d'amour.

Voici le Papillon Faune
 Noir et jaune;
Voici le Mars azuré,
Qui porte des étincelles
 Sur ses ailes
D'un velours riche et moiré:

Voici le Vulcain rapide
Qui vole comme un oiseau,
Sa robe noire et splendide
Porte un grand ruban ponceau:
Dieu! le Soufré dans l'espace
Comme un éclair a relui...
Mais le joyeux Nacré passe,
Et je ne vois plus que lui:

Comme un éventail de soie
 Il déploie
Son manteau semé d'argent;
Et sa robe bigarée [*sic*]
 Est dorée,
D'un or verdâtre et changeant.

Voici le Machaon-Zèbre,
De fauve et de noir rayé;
Le Deuil en habit funèbre,
Et le Miroir bleu-strié;
Voici l'Argus feuille-morte,
Le Morio, le Grand-Bleu,
Et le Paon de jour, qui porte
Sur chaque aile un œil de feu!

Mais le soir brunit nos plaines,
 Les Phalènes
Prennent leur essor bruyant,
Et les Sphinx, aux couleurs sombres,
 Dans les ombres
Voltigent en tournoyant.

C'est le Grand-Paon à l'œil rose
Dessiné sur un poil gris,
Qui ne vole qu'à nuit close
Comme les chauves-souris ;
Le Bombice du troène,
Rayé de rouge et de vert,
Et le Papillon du chêne
Qui ne meurt point en hiver.

Voici le Sphinx à la tête
    De squelette,
Peinte en blanc sur un fond noir,
Que le villageois redoute,
    Sur sa route,
De voir voltiger le soir.

Je hais aussi les Phalènes,
Ces lourds hôtes de la nuit,
Qui voltigent dans nos plaines
De sept heures à minuit ;
Mais vous, Papillons que j'aime,
Légers Papillons du jour,
Tout en vous est un emblème
De poésie et d'amour !

LE PEUPLE

SON NOM

Ô vous qui célébrez tous les pouvoirs, ainsi
  Que le canon des Invalides;
  Et qui pendant la lutte aussi
  N'êtes jamais plus homicides:
Les temps sont accomplis, le sort s'est déclaré;
Des Francs, sous les Gaulois, l'orgueil enfin s'abaisse:
  Le coq du peuple a dévoré
  Les fleurs de lys de la noblesse...
À présent paraissez: à la tête des rangs,
Cherchez quelques héros à proclamer très-grands!
Mais entre tous les noms que le siècle répète
Un seul reste à chanter... cherchez! encore un nom,
Plus noble qu'Orléans, plus beau que Lafayette;
  Et plus grand que Napoléon.

SA GLOIRE

Le Peuple! — Trop long-temps on n'a vu dans l'histoire,
Pour l'œuvre des sujets que les rois admirés;
  Les arts dédaignaient une gloire

Qui n'avait point d'habits dorés.
À la cour seule étaient l'éclat et le courage,
        Et le bon goût, et le vrai beau :
Les habits déchirés du peuple et son langage,
Faisaient rougir la Muse et souillaient le pinceau…
        Combien ce préjugé s'efface !
Nous avons vu le peuple et la cour face à face :
Elle, ameutant en vain ses rouges bataillons,
Lui, sous leur feu cruel, marchant aux Tuileries ;
Elle, tremblante et vile avec ses broderies,
        Lui, sublime avec ses haillons !

SA FORCE

C'est que le peuple aussi, malheur à qui l'éveille !
Lorsque paisible il dort sur la foi des sermens :
        Il laisse bourdonner long-temps
        La tyrannie à son oreille.
Il semble Gulliver environné de nains :
        Voyez, par des fils innombrables,
        Des milliers de petites mains
        Fixer ses membres redoutables :
Ils y montent enfin, triomphent… le voilà
Bien lié… Que faut-il pour briser tout cela ?
Qu'il se lève ! Déjà de ses mains désarmées
Il lutte avec les forts où gît la trahison,
Et son pied en passant couche à bas les armées
        Comme les crins d'une toison !

SA VERTU

Je crois le voir encor, le peuple, aux Tuileries,
Alors que sous ses pas tout le palais trembla :

Que de richesses étaient là!...
    Étincelantes pierreries,
Trône, manteau royal sur la terre jeté,
Colliers, habits, cordons oubliés dans la fuite,
Enfin tout ce qu'avait la famille proscrite
    De grandeur et de majesté!
Eh bien! de ces trésors, rien, pour lui, qui le tente,
De les fouler aux pieds sa fureur se contente;
Et dans ce grand château, d'où les valets ont fui,
Partout, sans rien détruire, il regarde, il pénètre,
Montrant qu'il est le roi, montrant qu'il est le maître,
    Et que tout cela, c'est à lui!

SON REPOS

Non, rien de ces trésors, qu'il voit avec surprise
Ne le tente! Il confie à des princes nouveaux
    La couronne qu'il a reprise,
    Et puis retourne à ses travaux.
Maintenant, courtisans de tout prince qui règne,
Accourez: battez-vous, traînez-vous à genoux
    Pour ces oripeaux qu'il dédaigne,
    Et qui ne sont faits que pour vous.
Mais, lorsque des grandeurs vous atteindrez le faîte,
N'ayez point trop d'orgueil d'être assis sur sa tête,
Et craignez de peser sur lui trop lourdement;
Car, tranquille au plus bas de l'immense édifice,
Pour que tout au-dessus penche et se démolisse,
    Il ne lui faut qu'un mouvement.

À VICTOR HUGO

LES DOCTRINAIRES

I

Oh! le vingt-huit juillet, quand les couleurs chéries,
Joyeuses, voltigeaient sur les toits endormis,
Après que dans le Louvre et dans les Tuileries
    On eut traqué les ennemis!
Le plus fort était fait: que cette nuit fut belle!
Près du retranchement par nos mains élevé,
Combien nous étions fiers de faire sentinelle
    En foulant le sol dépavé!

Ô! nuit d'indépendance, et de gloire, et de fête!
Rien au-dessus de nous! pas un gouvernement
    N'osait encor montrer la tête!
Comme on se sentait fort dans un pareil moment!...
    Que de gloire! que d'espérance!
    On était d'une taille immense,
    Et l'on respirait largement!

II

Ce n'est point la licence, hélas! que je demande :
Mais si quelqu'un alors nous eût dit que bientôt
Cette liberté-là, qui naissait toute grande,
    On la remettrait au maillot!
    Que des ministres rétrogrades,
Habitans de palais encore mal lavés
    Du pur sang de nos camarades,
    Ne verraient dans les barricades
    Qu'un dérangement de pavés!

Ils n'étaient donc point là, ces hommes qui, peut-être
Apôtres en secret d'un pouvoir détesté,
    Ont en vain renié leur maître
    Depuis que le coq a chanté!...
    Ils n'ont point vu sous la mitraille
Marcher les rangs vengeurs d'un peuple désarmé...
    Au feu de l'ardente bataille
    Leur œil ne s'est point allumé!

III

Quoi! l'étranger, riant de tant de gloire vaine,
    De tant d'espoir anéanti,
Quand nous lui parlerons de la grande semaine,
    Dirait : Vous en avez menti! —
Le tout à cause d'eux! Au point où nous en sommes,
    Du despotisme encore... oh non!
    À bas! à bas! les petits hommes!
    Nous avons vu Napoléon.

Petits! —Tu l'as bien dit, Victor, lorsque du Corse
Ta voix leur évoquait le spectre redouté,
Montrant qu'il n'est donné qu'aux hommes de sa force
  De violer la liberté :
  C'est le dernier! On peut prédire
  Que jamais nul pouvoir humain
Ne saura remuer ce globe de l'empire
  Qu'il emprisonnait dans sa main!

IV

Et quand tout sera fait, que la France indignée
Aura bien secoué les toiles d'araignée
  Que des fous veulent tendre encor ; —
  Ne nous le chante plus, Victor,
Lui, que nous aimons tant, hélas! malgré ses crimes,
Qui sont, par une vaine et froide majesté,
D'avoir répudié deux épouses sublimes,
  Joséphine et la liberté!

Mais chante-nous un hymne universel, immense,
Qui par France, Belgique, et Castille commence...
Hymne national pour toute nation!
Que seule à celui-là la liberté t'inspire!...
  Que chaque révolution
  Tende une corde de ta lyre!

      16 octobre 1830.

EN AVANT MARCHE !

> J'entendis ces mots pronon-
> cés distinctement en français :
> En avant, marche !... Je me
> retournai, et je vis une troupe
> de petits Arabes tout nus qui fai-
> saient l'exercice avec des bâtons
> de palmier.
>
> CHATEAUBRIAND.

I

En avant marche !... Amis, c'est notre cri d'attaque,
De départ, de conquête... Il a retenti loin :
    Aux plaines blanches du Cosaque,
    Aux plaines jaunes du Bédouin !
Les peuples nos voisins l'ont dans l'oreille encore,
    Car, sous le drapeau tricolore,
    Il les guida contre le czar,
Lorsque leurs légions à nos succès fidèles
    De l'aigle immense étaient les ailes,
    Le jour d'Austerlitz... et plus tard.

La grande armée enfin se remet en campagne !
Accourez, Nations, sous sa triple couleur ;
    Que la liberté joue et gagne
    La revanche de l'empereur !
En avant, marche !... Est-il une cause plus belle ?
    La Pologne encor nous appelle,
    Il faut écraser ses tyrans !
Une neige perfide en vain ceint leurs frontières...
    Prenons le chemin que nos frères
    Ont pavé de leurs ossemens !...

    En avant, marche ! la Belgique !
    Toi, notre sœur de liberté,
    Viens pour cette guerre héroïque
    La première à notre côté !
    Et si tu sais dans quelle plaine
    Un jour dix rois ivres de haine
    Ont voulu pousser au tombeau
    La France lâchement frappée...
    Aiguise en passant ton épée
    Au monument de Waterloo !

    En avant, marche ! l'Italie !
    Les sépulchres de tes héros,
    Alors que la liberté crie,
    Ont de magnifiques échos :
    Long-temps tu leur fermas l'oreille ;
    Mais puisqu'enfin tu te réveille,
    Viens, ton opprobre est effacé !...
    Ce jour aux vieux jours se rattache,
    Et les vivans ne font plus tache
    Au sol glorieux du passé !

    En avant, marche ! l'Allemagne !
    Hurra ! les braves écoliers !...
    Par la cendre de Charlemagne !

Voulez-vous être les derniers?
Les âmes sont-elles glacées
Au pays des nobles pensées
Et de la foi des anciens temps?...
Non! notre feu s'y communique,
Et le vieux chêne teutonique
Reverdit avant le printemps!

Sommes-nous là tous?... Déjà brille
Pour nous accompagner toujours
Le beau soleil de la Bastille
Et d'Austerlitz et des trois jours?
Marchons! la voici réformée
Après quinze ans, la grande armée!...
Mais à des succès différens
Quoique la liberté nous mène...
Pour l'ombre du grand capitaine,
Laissons un vide dans les rangs!...

Ah! ah! la route est belle, et chère à notre gloire...
Toutes les plaines, là, sont des pages d'histoire;
Mais combien de Français y sont ensevelis!...
Oh! pourtant nous aurons l'âme joyeuse et fière,
Quand nos pieds triomphans fouleront la poussière
D'Iéna, de Friedland, d'Essling ou d'Austerlitz!

Puis, avant d'arriver jusqu'à l'empire russe,
Nous pousserons du pied et l'Autriche et la Prusse,
Tuant leurs aigles noirs qui semblent des corbeaux;
Et nous rirons à voir ces vieilles monarchies
Honteuses, cheoir parmi leurs estrades pourries
Leurs tréteaux vermoulus et leur pourpre en lambeaux!

Et, l'apercevez-vous, mes amis, qui sans cesse
Sur la pointe des pieds, haletante, se dresse...
La Pologne... pour voir si nous n'arrivons pas?...
Enfin notre arc-en-ciel à l'horizon se montre:

... Ah! le voyage est long, frères, quand on rencontre
Un trône à renverser sous chacun de ses pas!

Nous voici!... Dans nos rangs vous savez votre place,
    Braves de Pologne, accourez!
Maintenant, attaquons dans ses remparts de glace
    Le géant... et marchons serrés!
Car il faut en finir avec le despotisme:
    Ceci, c'est une guerre! et non
De ces guerres d'enfant où brillait l'héroïsme
    De Louis Antoine de Bourbon...

Mais une guerre à mort! et des batailles larges
    Avec des canons par milliers!
Où viendront se heurter en effroyables charges
    Des millions de cavaliers!...
Guerre du chaud au froid, du jour à l'ombre... Guerre
    Où le ciel dira ses secrets!
Et telle qu'à coup sûr les peuples de la terre,
    N'en oseront plus faire après!...

Là, quinze ans de vengeance entassée et funeste
    Éclateront comme un obus,
Et coucheront à bas plus d'hommes que la peste
    Ou que le choléra-morbus!
Là, le sang lavera des affronts sanguinaires,
    Et sur nos bataillons épars,
Nous croirons voir toujours les ombres de nos frères
    Flotter comme des étendards!...

II

*Ut turpiter atrum
desinat in piscem mulier formosa superne.*

HORACE.

Que dis-je?... hélas! hélas! Tout cela, c'est un rêve,
    Un rêve à jamais effacé!...
L'autocrate est vainqueur... le niveau de son glaive
    Sur notre Pologne a passé!
C'est en vain, qu'à la voir tomber faible et trahie,
    La honte nous montait au cœur!...
En vain, que nous tendions de toute sa longueur
    La chaîne infâme qui nous lie!...

Mais c'est fini!... L'éclat dont notre ciel brillait
    S'évanouit... le temps se couvre,
La gloire de la France est enterrée au Louvre
    Avec les martyrs de juillet!...
Une vieille hideuse à nos yeux l'a tuée,
    Vieille à l'œil faux, aux pas tortus,
La Politique enfin, cette prostituée
    De tous les trônes absolus!

Oh! que de partisans s'empressent autour d'elle!
    Jeunes et vieux, petits et grands,
Inamovible cour à tous les rois fidèle,
    Fouillis de dix gouvernemens;
Avocats, professeurs à la parole douce,
    Mannequins usés aux genoux,
Tout cela vole, et rampe, et fourmille, et se pousse,
    Tout cela pue autour de nous!...

C'est pourquoi nous pleurons nos rêves poétiques,
    Notre avenir découronné,
Nos cris de liberté, nos chants patriotiques !...
    Leur contact a tout profané !
Notre Coq, dont ils ont coupé les grandes ailes,
    Dépérit, vulgaire et honteux ;
Et nos couleurs déjà nous paraissent moins belles
    Depuis qu'elles traînent sur eux !

Oh ! vers de grands combats, de nobles entreprises,
    Quand pourront les vents l'emporter,
Ce drapeau conquérant, qui s'ennuie à flotter
    Sur des palais et des églises !...
Liberté, l'air des camps aurait bientôt reteint
    Ta robe, qui fut rouge et bleue...
Liberté de juillet ! femme au buste divin,
    Et dont le corps finit en queue !

PROFESSION DE FOI

J'aimerais mieux, je crois, manger de la morue,
Du karis à l'indienne, ou de la viande crue,
Et le tout chez Martin, place du Châtelet,
D'où je sors ; j'aimerais mieux même, s'il fallait,
Travailler à cent sous la colonne au *Corsaire*,
Ou bien au *Figaro*, comme un clerc de notaire ;
Ou bien dans la *Revue*, à raison de cent francs
La feuille *in-octavo*, petit-romain, sur grand
Papier, — ou dans la *Mode*, ou le *Globe*, ou l'*Artiste*,
Pour rien — que de m'entendre appeler Philippiste,
Républicain, Carliste, Henriquiste — Chrétien,
Payen, Mahométan ou Saint-Simonien,
Blanc ou noir, tricolore, ou gris, ou vert, ou rose ;
Enfin quoi que ce soit qui croie à quelque chose.

C'est qu'il faut être aussi bête à manger du pain,
Rentier, homme du jour et non du lendemain,
Garde national, souscripteur, ou poète,
Ou tout autre animal à deux pieds et sans tête,
Pour ne pas réfléchir qu'il n'est au monde rien
Qui vaille seulement les quatre fers d'un chien ;
Que la société n'est qu'un marais fétide,
Dont le fond sans nul doute est seul pur et limpide,
Mais où ce qui se voit de plus sale, de plus
Vénéneux et puant, va toujours par-dessus :

Et c'est une pitié, c'est un vrai fouillis d'herbes
Jaunes, de roseaux secs épanouis en gerbes,
Troncs pourris, champignons fendus et verdissans,
Arbustes épineux croisés dans tous les sens,
Fange verte, mousseuse et grouillante d'insectes,
De crapauds et de vers qui de rides infectes
La sillonnent, le tout parsemé d'animaux
Noyés, et dont le ventre apparaît noir et gros.
Que sais-je encore?... Il vient de ces moments de crise
Où le marais se gonfle et s'agite et se brise,
Le fond vient par-dessus, clair et battant les bords
Pour creuser une issue et s'épandre au dehors...
Il se fait étang, lac, torrent — Puis tout se calme
Et redevient marais; la fin en général me
Paraît toujours la même, et la nature aussi
Des choses montre bien qu'il en doit être ainsi.

Cette perception m'est seulement venue
Depuis sept à huit mois, que j'ai vu toute nue
L'allure des partis — et sur cet autre point
Des croyances, que j'ai connu qu'il n'en est point
De bonne, ni n'en fut — ce que m'a la logique
Des Saint-Simoniens démontré sans réplique,
Et j'y comprends la leur. — Donc, comme j'ai fort bien
Dit plus haut, maintenant je ne crois plus à rien,
Hormis peut-être à moi; — c'est bien triste! et sans doute
En venir à ce point est chose qui me coûte;
J'ai fait ce que j'ai pu, pour qu'errant au hasard
Mon âme autour de moi s'attachât quelque part,
Mais comme la colombe hors de l'arche envoyée,
Elle m'est revenue, à chaque fois mouillée,
Traînant l'aile, sentant ses forces s'épuiser,
Et n'ayant pu trouver au monde où se poser!

M. Personne.

COUR DE PRISON

Dans Sainte-Pélagie
D'une aile rélargie,
Où, rêveur et plaintif,
    Je vis captif,

Pas une herbe ne pousse,
Et pas un brin de mousse
Le long des murs grillés
    Et bien taillés !

Oiseau qui fends l'espace,
Et toi, brise, qui passes
Sur l'étroit horizon
    De la prison,

Dans votre vol superbe,
Apportez-moi quelque herbe,
Quelque gramen mouvant
    Sa tête au vent !

Qu'à mes pieds tourbillonne
Une feuille d'automne,
Peinte de cent couleurs,
    Comme les fleurs,

Pour que mon âme triste
Sache encor qu'il existe
Une nature... un Dieu
    Dehors ce lieu!

Oui, faites-moi la joie
Qu'un instant je revoie
Quelque chose de vert
    Avant l'hiver!...

Odelettes 1832

LA MALADE

— Oh! quel doux chant m'éveille?
— Près de ton lit je veille,
Ma fille, et n'entends rien :
Rendors-toi, c'est chimère...
— J'entends dehors, ma mère,
Un chœur aérien !

— Ta fièvre va renaître...
— Ces chants de ma fenêtre
Semblent s'être approchés...
— Dors, pauvre enfant malade,
Va, point de sérénade...
Les amans sont couchés !

— Les amans... que m'importe...
Un nuage m'emporte...
Adieu le monde... adieu !...
Maman, ces sons étranges,
C'est le concert des anges
Qui m'appellent à Dieu !

LE SOLEIL ET LA GLOIRE

Quiconque a regardé le soleil fixement
Croit voir devant ses yeux danser obstinément
Partout, à terre, au ciel — une tache livide!

Ainsi bien jeune encore et plus audacieux
Je vis briller la gloire et j'y fixai les yeux, —
Hélas! c'en était trop pour mon regard avide!

Depuis, m'importunant comme un oiseau de deuil,
Partout, sur quelque objet que j'arrête mon œil,
Je la vois se poser aussi, la tache noire!...

Quoi! partout entre moi sans cesse et le bonheur!
Oh! c'est que l'aigle seul, — malheur à nous, malheur —
Contemple impunément le soleil et la gloire!

NOBLES ET VALETS

Ces nobles d'autrefois dont parlent les romans,
Ces preux à fronts de bœuf, à figures dantesques,
Dont les corps charpentés d'ossemens gigantesques
Semblaient avoir au sol racine et fondemens;

S'ils revenaient au monde, et qu'il leur prît l'idée
De voir les héritiers de leurs noms immortels,
Race de Laridons, encombrant les hôtels
Des ministres, — rampante, avide et dégradée;

Êtres grêles, à buscs, plastrons et faux mollets: —
Certes ils comprendraient alors, ces nobles hommes,
Que, depuis les vieux temps, au sang des gentilshommes
Leurs filles ont mêlé bien du sang de valets!

LE RÉVEIL EN VOITURE

Voici ce que je vis : — Les arbres sur ma route
Fuyaient mêlés, ainsi qu'une armée en déroute ;
Et sous moi, comme ému par les vents soulevés,
Le sol roulait des flots de glèbe et de pavés.

Des clochers conduisaient parmi les plaines vertes
Leurs hameaux aux maisons de plâtre, recouvertes
En tuiles, qui trottaient ainsi que des troupeaux
De moutons blancs, marqués en rouge sur le dos.

Et les monts enivrés chancelaient : la rivière
Comme un serpent boa, sur la vallée entière
Étendu, s'élançait pour les entortiller...
— J'étais en poste, moi, venant de m'éveiller !

LE RELAI[S]

En voyage, on s'arrête, on descend de voiture,
Puis entre deux maisons on passe à l'aventure,
Des chevaux, de la route et des fouets étourdi,
L'œil fatigué de voir et le corps engourdi.

Et voici tout à coup, silencieuse et verte,
Une vallée humide et de lilas couverte,
Un ruisseau qui murmure entre les peupliers, —
Et la route et le bruit sont bien vite oubliés !

On se couche dans l'herbe et l'on s'écoute vivre,
De l'odeur du foin vert à loisir on s'enivre,
Et sans penser à rien on regarde les cieux...
Hélas ! une voix crie : — En voiture, messieurs !

UNE ALLÉE DU LUXEMBOURG

Elle a passé, la jeune fille
Vive et preste comme un oiseau :
À la main une fleur qui brille,
À la bouche un refrain nouveau.

C'est peut-être la seule au monde
Dont le cœur au mien répondrait,
Qui venant dans ma nuit profonde
D'un seul regard l'éclaircirait !...

Mais, non, — ma jeunesse est finie...
Adieu, doux rayon qui m'as lui, —
Parfum, jeune fille, harmonie...
Le bonheur passait, — il a fui !

NOTRE-DAME DE PARIS

Notre-Dame est bien vieille ; on la verra peut-être
Enterrer cependant Paris qu'elle a vu naître.
Mais, dans quelque mille ans, le temps fera broncher
Comme un loup fait un bœuf, cette carcasse lourde,
Tordra ses nerfs de fer, et puis d'une dent sourde
Rongera lentement ses vieux os de rocher.

Bien des hommes de tous les pays de la terre
Viendront pour contempler cette ruine austère,
Rêveurs, et relisant le livre de Victor...
— Alors, ils croiront voir la vieille basilique,
Toute ainsi qu'elle était puissante et magnifique,
Se lever devant eux comme l'ombre d'un mort !

Odelettes 1835

FANTAISIE

Il est un air, pour qui je donnerais
Tout Rossini, tout Mozart et tout Webre,
Un air très vieux, languissant et funèbre,
Qui pour moi seul a des charmes secrets.

Or, chaque fois que je viens à l'entendre,
De deux cents ans mon âme rajeunit...
C'est sous Louis XIII — et je crois voir s'étendre
Un coteau vert, que le couchant jaunit;

Puis un château de brique à coins de pierre,
Aux vitraux peints de rougeâtres couleurs,
Ceint de grands parcs, avec une rivière
Baignant ses pieds, qui coule entre des fleurs.

Puis une dame, à sa haute fenêtre,
Blonde aux yeux noirs, en son costume ancien
Que dans une autre existence peut-être
J'ai déjà vue et dont je me souviens!

DANS LES BOIS!!!

Au printemps l'oiseau naît et chante :
N'avez-vous pas ouï sa voix ?...
Elle est pure, simple et touchante
La voix de l'oiseau — dans les bois !

L'été, l'oiseau cherche l'oiselle ;
Il aime — et n'aime qu'une fois !
Qu'il est doux, paisible et fidèle
Le nid de l'oiseau — dans les bois !

Puis, quand vient l'automne brumeuse,
Il se tait... avant les temps froids.
Hélas ! qu'elle doit être heureuse
La mort de l'oiseau — dans les bois !

LE VINGT-CINQ MARS

Déjà les beaux jours, la poussière,
Un ciel d'azur et de lumière
Les murs enflammés, les longs soirs!...
Et rien de vert : à peine encore
Un reflet rougeâtre décore
Les grands arbres aux rameaux noirs!

Ce beau temps me pèse et m'ennuie;
Ce n'est qu'après des jours de pluie
Que doit surgir, en un tableau,
Le printemps verdissant et rose:
Comme une nymphe fraîche éclose
Qui, souriante, sort de l'eau!

LA GRAND'MÈRE

Voici trois ans qu'est morte ma grand'mère,
La bonne femme, — et quand on l'enterra,
Parens, amis, tout le monde pleura
D'une douleur bien vraie et bien amère !

Pour moi, j'errais dans la maison surpris,
Plus que chagrin ; et comme j'étais proche
De son cercueil, quelqu'un me fit reproche
De voir cela sans larmes et sans cris.

Douleur bruyante est bien vite passée :
Depuis trois ans, d'autres affections,
Des biens, des maux, des révolutions,
Ont dans les cœurs sa mémoire effacée...

Mais moi j'y songe, et la pleure souvent :
Chez moi toujours, par le temps prenant force,
Ainsi qu'un nom taillé dans une écorce,
Son souvenir se creuse plus avant.

Odelette retrouvée

LE COUCHER DU SOLEIL

Quand le Soleil du soir parcourt les Tuileries
Et jette l'incendie aux vitres du château,
Je suis la Grande Allée et ses deux pièces d'eau
    Tout plongé dans mes rêveries !

Et de là, mes amis, c'est un coup d'œil fort beau
De voir, lorsqu'à l'entour la nuit répand son voile
Le coucher du soleil, — riche et mouvant tableau,
    Encadré dans l'Arc de l'Étoile !

Poésies 1841-1846

RÊVERIE DE CHARLES VI

(Fragment)

... Que de soins sur un front la main de Dieu rassemble
Et donne pour racine aux fleurons du bandeau !
Pourquoi mit-il encor ce pénible fardeau
Sur ma tête aux pensers sombres abandonnée,
Et souffrante, et déjà de soi-même inclinée ?
Moi qui n'aurais aimé, si j'avais pu choisir,
Qu'une existence calme, obscure et sans désir ;
Une pauvre maison dans quelque bois perdue,
De tapis de lierre et de mousse tendue,
Des fleurs à cultiver, la barque d'un pêcheur,
Et de la nuit sur l'eau respirer la fraîcheur,
Prier Dieu sur les monts, suivre mes rêveries
Par les bois ombragés et les grandes prairies,
Des collines le soir descendre le penchant,
Le visage baigné des lueurs du couchant,
Quand un vent parfumé nous apporte en sa plainte
Quelques sons affaiblis d'une ancienne complainte...
Oh ! ces feux du couchant, vermeils, capricieux,
Montent, comme un chemin splendide, vers les cieux !
Il semble que Dieu dise à mon âme souffrante :
« Quitte le monde impur, la foule indifférente,
Suis d'un pas assuré cette route qui luit,
Et viens à moi, mon fils... et n'attends pas la nuit ! »

LE CHRIST AUX OLIVIERS

Imitation de Jean Paul

I

Quand le Seigneur, levant au ciel ses maigres bras,
Sous les arbres sacrés, comme font les Poëtes,
Se fut assez perdu dans ses douleurs muettes,
Et se jugea trahi par des amis ingrats,

Il se tourna vers ceux qui l'attendaient en bas,
Rêvant d'être des rois, des sages, des prophètes...
Mais engourdis, perdus dans le sommeil des bêtes,
Et se prit à crier : — Non ! Dieu n'existe pas !

Ils dormaient. — Mes amis, savez vous la nouvelle ?
J'ai touché de mon front à la voûte éternelle,
Je suis sanglant, brisé, souffrant pour bien des jours...

Frères, je vous trompais : abîme, abîme, abîme !
Le Dieu manque à l'autel où je suis la victime :
Dieu n'est pas ! Dieu n'est plus... Mais ils dormaient toujours !

II

Il reprit : — Tout est mort ! J'ai parcouru les mondes,
Et j'ai perdu mon vol dans leurs chemins lactés,
Aussi loin que la vie en ses veines fécondes
Répand des sables d'or et des flots argentés !

Partout le sol désert côtoyé par des ondes,
Des tourbillons confus d'horizons agités ;
Un souffle vague émeut les sphères vagabondes,
Mais nul esprit n'habite en ces immensités.

En cherchant l'œil de Dieu, je n'ai vu qu'un orbite
Vaste, noir et sans fond, d'où la nuit qui l'habite
Rayonne sur le monde et s'épaissit toujours :

Un arc-en-ciel étrange entoure ce puits sombre,
Seuil de l'ancien chaos dont le néant est l'ombre,
Spirale engloutissant les mondes et les jours !

III

Immobile Destin, muette sentinelle,
Froide Nécessité, Hasard qui t'avançant
Parmi les mondes morts sous la neige éternelle,
Refroidis par degrés l'univers pâlissant !

Sais-tu ce que tu fais, puissance originelle,
De tes soleils éteints, l'un l'autre se froissant...
Es-tu sûr de transmettre une haleine immortelle
Entre un monde qui meurt et l'autre renaissant ?

Ô mon père! est-ce toi que je sens en moi-même?
As-tu pouvoir de vivre et de vaincre la Mort?
Aurais-tu succombé sous un dernier effort

De cet Ange des Nuits que frappa l'anathème?...
Car je me sens tout seul à pleurer et souffrir,
Hélas! et si je meurs, c'est que tout va mourir! —

IV

Nul n'entendait gémir la céleste Victime,
Livrant au monde en vain tout son cœur épanché;
Mais prêt à défaillir, et sans force penché,
Il appela le seul qui veillait dans Solyme:

— Judas! lui cria-t-il, tu sais ce qu'on m'estime,
Hâte-toi de me vendre et finis ce marché...
Je suis souffrant, ami, sur la terre couché,
Viens, ô toi qui du moins as la force du crime! —

Mais Judas s'en allait mécontent et pensif;
Se trouvant mal payé, plein d'un remords si vif,
Qu'il lisait ses noirceurs sur tous les murs écrites!

Enfin Pilate seul, qui veillait pour César,
Sentant quelque pitié, se tourna par hasard:
— Allez chercher ce fou, dit-il aux satellites.

V

. . . .
C'était bien lui, ce fou, cet insensé sublime,
Cet Icare oublié qui remontait aux cieux,
Ce Phaéton perdu sous la foudre des Dieux,
Cet Athys immolé que Cybèle ranime.

L'augure interrogeait le flanc de la victime,
La Terre s'enivrait de ce sang précieux,
L'univers étourdi penchait sur ses essieux,
Et l'Olympe un instant chancela vers l'abîme.

— Réponds! criait César à Jupiter Ammon,
Quel est ce nouveau dieu qu'on impose à la terre...
Et si ce n'est un Dieu, c'est au moins un Démon! —

Mais l'Oracle invoqué pour jamais dut se taire;
Un seul pouvait au monde expliquer ce mystère...
Celui qui donna l'âme aux Enfants du limon.

PENSÉE ANTIQUE

Eh quoi, tout est sensible!

PYTHAGORE

Homme! libre penseur, te crois-tu seul pensant
Dans ce monde où la vie éclate en toute chose?
Des forces que tu tiens ta royauté dispose,
Mais de tous tes conseils l'univers est absent.

Respecte dans la bête un esprit agissant;
Chaque plante est une âme à la Nature éclose,
Un mystère d'amour dans le métal repose,
Tout est sensible!... et tout sur ton être est puissant.

Crains, dans le mur aveugle, un regard qui t'épie!
À la matière même un verbe est attaché...
Ne la fais point servir à quelque usage impie!

Souvent dans l'être obscur habite un Dieu caché:
Et, comme un œil naissant couvert par ses paupières,
Un pur esprit s'accroît sous l'écorce des pierres.

VERS DORÉS

Ultima Cumaei venit jam carminis aetas.

La connais-tu, Daphné, cette ancienne romance,
Au pied du sycomore ou sous les lauriers blancs,
Sous les myrtes en fleur ou les saules tremblans,
Cette chanson d'amour qui toujours recommence ?

Reconnais-tu le temple au péristyle immense,
Et les citrons amers où s'imprimaient tes dents,
Et la grotte fatale aux hôtes imprudens
Où du dragon vaincu dort l'antique semence ?...

Ils reviendront ces Dieux que tu pleures toujours :
Le Temps va ramener l'ordre des anciens jours ;
La terre a tressailli d'un souffle prophétique !

Cependant la Sibylle au visage latin
Est endormie encor sous l'arc de Constantin,
Et rien n'a dérangé le sévère portique.

Tivoli, 1843.

DE RAMSGATE À ANVERS

À cette côte anglaise
J'ai donc fait mes adieux,
Et sa blanche falaise
S'efface au bord des cieux!

Que la mer me sourie!
Plaise aux dieux que je sois
Bientôt dans ta patrie,
Ô grand maître anversois!

RUBENS! à toi je songe
Seul peut-être et pensif
Sur cette mer où plonge
Notre fumeux esquif.

Histoire et poésie,
Tout me vient à travers
Ma mémoire saisie
Des merveilles d'Anvers.

Cette mer qui sommeille
Est belle comme aux jours
Où, riante et vermeille,
Tu la peuplais d'Amours.

Ainsi ton seul génie,
Froid aux réalités
De la mer d'Ionie,
Lui prêtait les clartés,

Lorsque la nef dorée
Amenait autrefois
Cette reine adorée
Qui s'unit aux Valois,

Fleur de la Renaissance,
Honneur de ses palais, —
Qu'attendait hors de France
Le coupe-tête anglais !

Mais alors sa fortune
Bravait tous les complots,
Et la cour de Neptune
La suivait sur les flots.

Tes grasses Néréides
Et tes Tritons pansus
S'accoudaient tout humides
Sur les dauphins bossus.

L'Océan qui moutonne
Roulait dans ses flots verts
La gigantesque tonne
Du Silène d'Anvers.

Pour ta Flandre honorée,
Son nourrisson divin
À sa boisson ambrée
Donna l'ardeur du vin ! —

Des cieux tu fis descendre
Vers ce peuple enivré,

Comme aux êtres de Flandre,
L'Olympe en char doré.

Joie, amour et délire,
Hélas! trop expiés!
Les rois sur le navire
Et les dieux à leurs pieds! —

Adieu, splendeur finie
D'un siècle solennel!
Mais toi seul, ô génie!
Tu restes éternel.

LA BOHÊME GALANTE

À Arsène Houssaye

O Primavera, gioventù de l'anno
Bella madre di fiori,
D'herbe novelle e di novelli amori;
Tu torni ben, ma teco
Non tornano i sereni
E fortunati dì delle mie gioie:
Tù torni ben, tù torni,
Ma teco altro non torna,
Che del perduto mio caro tesoro
Che delle mie care e felici gioie
La rimembranza misera, e dolente[1]*!...*

Le cavalier GUARINI
(*Pastor fido*)

Mon ami, vous me demandez si je pourrais retrouver quelques-uns de mes anciens vers[1], et vous vous inquiétez même d'apprendre comment j'ai été poëte, longtemps avant de devenir un humble prosateur. — Ne le savez-vous donc pas? Vous, qui avez écrit ces vers:

Ornons le vieux bahut de vieilles porcelaines
Et faisons refleurir roses et marjolaines.
Qu'un rideau de lampas embrasse encor ces lits
Où nos jeunes amours se sont ensevelis.

Appendons au beau jour le miroir de Venise:
Ne te semble-t-il pas y voir la Cydalise
Respirant une fleur qu'elle avait à la main,
Et pressentant déjà le triste lendemain[2]?

I

PREMIER CHÂTEAU

Rebâtissons, ami, ce château périssable
Que le souffle du monde a jeté sur le sable.
Replaçons le sopha sous les tableaux flamands[3]...

C'était dans notre logement commun de la rue du Doyenné[1], que nous nous étions reconnus frères — *Arcades ambo*[2] —, bien près de l'endroit où exista l'ancien hôtel de Rambouillet.

Le vieux salon du doyen, restauré par les soins de tant de peintres, nos amis, qui sont depuis devenus célèbres, retentissait de nos rimes galantes, traversées souvent par les rires joyeux ou les folles chansons des Cydalises[3]. Le bon Rogier[4] souriait dans sa barbe, du haut d'une échelle, où il peignait sur un des quatre dessus de glace un Neptune, — qui lui ressemblait! Puis, les deux battants d'une porte s'ouvraient avec fracas : c'était Théophile. Il cassait, en s'asseyant, un vieux fauteuil Louis XIII. On s'empressait de lui offrir un escabeau gothique, et il lisait, à son tour, ses premiers vers, — pendant que Cydalise Ire, ou Lorry, ou Victorine, se balançaient nonchalamment dans le hamac de Sarah la blonde[5], tendu à travers l'immense salon.

Quelqu'un de nous se levait parfois, et rêvait à des vers nouveaux en contemplant, des fenêtres, les façades sculptées de la galerie du Musée, égayée de ce côté par les arbres du manège.

Vous l'avez bien dit :

> Théo, te souviens-tu de ces vertes saisons
> Qui s'effeuillaient si vite en ces vieilles maisons,
> Dont le front s'abritait sous une aile du Louvre[6]?

Ou bien, par les fenêtres opposées, qui donnaient sur l'impasse, on adressait de vagues provocations aux yeux espagnols de la femme du commissaire, qui apparaissaient assez souvent au-dessus de la lanterne municipale.

Quels temps heureux! On donnait des bals, des soupers, des fêtes costumées, — on jouait de vieilles comédies, où mademoiselle Plessy[7], étant encore débutante, ne dédaigna pas d'accepter un rôle : — c'était celui de Béatrice dans *Jodelet*[1]. — Et que notre pauvre Édouard[2] était comique dans les rôles d'Arlequin*!

Nous étions jeunes, toujours gais, souvent riches... Mais je viens de faire vibrer la corde sombre : notre palais est rasé. J'en ai foulé les débris l'automne passée. Les ruines mêmes de la chapelle[4], qui se découpaient si gracieusement sur le vert des arbres, et dont le dôme s'était écroulé un jour, au dix-septième siècle, sur onze malheureux chanoines réunis pour dire un office, n'ont pas été respectées. Le jour où l'on coupera les arbres du manége, j'irai relire sur la place la *Forêt coupée*[5] de Ronsard :

> Écoute, bûcheron, arreste un peu le bras :
> Ce ne sont pas des bois que tu jettes à bas ;
> Ne vois-tu pas le sang, lequel dégoutte à force,
> Des nymphes, qui vivaient dessous la dure écorce.

Cela finit ainsi, vous le savez :

> La matière demeure et la forme se perd !

Vers cette époque, je me suis trouvé, un jour encore, assez riche pour enlever aux démolisseurs et racheter en deux lots les boiseries du salon, peintes par nos amis. J'ai les deux dessus de porte de Nanteuil, le *Watteau* de Vattier, signé ; les deux panneaux longs de Corot, représentant deux *Paysages* de Provence, le *Moine rouge*, de Châtillon, lisant la Bible sur la hanche cambrée d'une femme nue, qui dort** ; les *Bacchantes*, de Chassériau[6], qui tiennent des tigres en laisse comme des chiens ; les deux trumeaux de Rogier, où la Cydalise, en costume régence, — en robe de taffetas feuille morte, — triste présage, — sourit, de ses yeux chinois, en respirant une rose, en face du portrait en pied de Théophile, vêtu à

---

* Notamment dans le *Courrier de Naples*, du théâtre des grands boulevards[3].
** Même sujet que le tableau qui se trouvait chez Victor Hugo.

l'espagnole. L'*affreux* propriétaire, qui demeurait au rez-de-chaussée, mais sur la tête duquel nous dansions trop souvent, après deux ans de souffrances, qui l'avaient conduit à nous donner congé, a fait couvrir depuis toutes ces peintures d'une couche à la détrempe, parce qu'il prétendait que les nudités l'empêchaient de louer à des bourgeois. — Je bénis le sentiment d'économie qui l'a porté à ne pas employer la peinture à l'huile.

De sorte que tout cela est à peu près sauvé. Je n'ai pas retrouvé le *Siége de Lérida*, de Lorentz, où l'armée française monte à l'assaut, précédée par des violons ; ni les deux petits *Paysages* de Rousseau[1], qu'on aura sans doute coupés d'avance ; mais j'ai, de Lorentz, une *maréchale* poudrée, en uniforme Louis XV. — Quant à mon lit renaissance, à ma console médicis, à mes buffets*, à mon *Ribeira***[4] à mes tapisseries des quatre éléments, il y a longtemps que tout cela s'était dispersé. — Où avez-vous perdu tant de belles choses ? me dit un jour Balzac. — Dans les malheurs ! lui répondis-je en citant un de ses mots favoris[5].

II

LE THÉOPHILE

Reparlons de la Cydalise, ou plutôt, n'en disons qu'un mot : — Elle est embaumée et conservée à jamais, dans le pur cristal d'un sonnet de Théophile[6], — du Théo, comme nous disions.

Le Théophile a toujours passé pour gras ; il n'a jamais

---

* Heureusement, Alphonse Karr[2] possède le buffet aux trois femmes et aux trois Satyres, avec des ovales de peintures du temps sur les portes.
** La *Mort de saint Joseph* est à Londres, chez Gavarni[3].

cependant pris de ventre, et s'est conservé tel encore que nous le connaissions. Nos vêtements étriqués sont si absurdes, que l'Antinoüs[1], habillé d'un habit, semblerait énorme, comme la Vénus, habillée d'une robe moderne : l'un aurait l'air d'un fort de la halle endimanché, l'autre d'une marchande de poisson. L'armature solide du corps de notre ami (on peut le dire, puisqu'il voyage en Grèce aujourd'hui), lui fait souvent du tort près des dames abonnées aux journaux de modes ; une connaissance plus parfaite lui a maintenu la faveur du sexe le plus faible et le plus intelligent ; il jouissait d'une grande réputation dans notre cercle, et ne se mourait pas toujours aux pieds chinois[2] de la Cydalise.

En remontant plus haut dans mes souvenirs, je retrouve un Théophile maigre... Vous ne l'avez pas connu. Je l'ai vu, un jour, étendu sur un lit, — long et vert, — la poitrine chargée de ventouses. Il s'en allait rejoindre, peu à peu, son pseudonyme, Théophile de Viau[3] dont vous avez décrit les amours panthéistes, — par le chemin ombragé de l'*Allée de Sylvie*. Ces deux poëtes, séparés par deux siècles, se seraient serré la main, aux Champs-Élysées de Virgile, beaucoup trop tôt.

Voici ce qui s'est passé à ce sujet :

Nous étions plusieurs amis, d'une Bohême antérieure[4], qui menions gaiement l'existence que nous menons encore quoique plus rassis. Le Théophile, mourant, nous faisait peine, — et nous avions des idées nouvelles d'hygiène, que nous communiquâmes aux parents. Les parents comprirent, chose rare ; mais ils aimaient leur fils. On renvoya le médecin, et nous dîmes à Théo : «Lève-toi... et viens boire.» La faiblesse de son estomac nous inquiéta d'abord. Il s'était endormi et senti malade à la première représentation de *Robert le Diable*[5].

On rappela le médecin. Ce dernier se mit à réfléchir, et, le voyant plein de santé au réveil, dit aux parents : «Ses amis ont peut-être raison.»

Depuis ce temps-là, le Théophile refleurit. — On ne

parla plus de ventouses, et on nous l'abandonna. La
nature l'avait fait poëte, nos soins le firent presque immor-
tel. Ce qui réussissait le plus sur son tempérament,
c'était une certaine préparation de cassis sans sucre, que
ses sœurs lui servaient dans d'énormes amphores en
grès de la fabrique de Beauvais; Ziégler[1] a donné depuis
des formes capricieuses à ce qui n'était alors que de
simples cruches au ventre lourd. Lorsque nous nous
communiquions nos inspirations poétiques, on faisait,
par précaution, garnir la chambre de matelas, afin que
le *paroxysme*, dû quelquefois au Bacchus du cassis, ne
compromît pas nos têtes avec les angles des meubles.

Théophile, sauvé, n'a plus bu que de l'eau rougie, et un
doigt de champagne dans les petits soupers.

III

LA REINE DE SABA

Revenons-y. — Nous avions désespéré d'attendrir la
femme du commissaire. — Son mari, moins farouche
qu'elle, avait répondu, par une lettre fort polie, à l'invi-
tation collective que nous leur avions adressée. Comme
il était impossible de dormir dans ces vieilles maisons,
à cause des suites chorégraphiques de nos soupers,
— munis du silence complaisant des autorités voisines, —
nous invitions tous les locataires distingués de l'impasse,
et nous avions une collection d'attachés d'ambassades, en
habits bleus à boutons d'or, de jeunes conseillers d'État*,
de référendaires en herbe, dont la nichée d'hommes déjà
sérieux, mais encore aimables, se développait dans ce

* L'un d'eux s'appelait Van Daël, jeune homme charmant, mais
dont le nom a porté malheur à notre château[2].

pâté de maisons, en vue des Tuileries et des ministères voisins. Ils n'étaient reçus qu'à condition d'amener des femmes du monde, protégées, si elles y tenaient, par des dominos et des loups.

Les propriétaires et les concierges étaient seuls condamnés à un sommeil troublé — par les accords d'un orchestre de guinguette choisi à dessein, et par les bonds éperdus d'un galop monstre, qui, de la salle aux escaliers et des escaliers à l'impasse, allait aboutir nécessairement à une petite place entourée d'arbres, — où un cabaret s'était abrité sous les ruines imposantes de la chapelle du Doyenné. Au clair de lune, on admirait encore les restes de la vaste coupole italienne qui s'était écroulée, au dix-septième siècle, sur les onze malheureux chanoines, — accident duquel le cardinal Mazarin fut un instant soupçonné[1].

Mais vous me demanderez d'expliquer encore, en pâle prose, ces quatre vers de votre pièce intitulée : *Vingt ans*.

> D'où vous vient, ô Gérard, cet air académique ?
> Est-ce que les beaux yeux de l'Opéra-Comique
> S'allumeraient ailleurs ? La *reine du Sabbat*,
> Qui, depuis deux hivers, dans vos bras se débat ;
> Vous échapperait-elle ainsi qu'une chimère ?
> Et Gérard répondait : « Que la femme est amère[2] ! »

Pourquoi *du Sabbat*... mon cher ami ? et pourquoi jeter maintenant de l'absinthe dans cette coupe d'or, moulée sur un beau sein ?

Ne vous souvenez-vous plus des vers de ce *Cantique des Cantiques*[3], où l'Ecclésiaste nouveau s'adresse à cette même reine du matin :

> La grenade qui s'ouvre au soleil d'Italie,
> N'est pas si gaie encore, à mes yeux enchantés,
> Que ta lèvre entr'ouverte, ô ma belle folie,
> Où je bois à longs flots le vin des voluptés.

Nous reprendrons plus tard ce discours littéraire et philosophique.

*

IV

UNE FEMME EN PLEURS

La reine de Saba, c'était bien celle, en effet, qui me préoccupait alors, — et doublement. — Le fantôme éclatant de la fille des Hémiarites tourmentait mes nuits sous les hautes colonnes de ce grand lit sculpté, acheté en Touraine, et qui n'était pas encore garni de sa brocatelle rouge à ramages. Les salamandres de François Ier me versaient leur flamme du haut des corniches, où se jouaient des amours imprudents. ELLE m'apparaissait radieuse, comme au jour où Salomon l'admira s'avançant vers lui dans les splendeurs pourprées du matin*. Elle venait me proposer l'éternelle énigme que le Sage[2] ne put résoudre, et ses yeux, que la malice animait plus que l'amour, tempéraient seuls la majesté de son visage oriental. — Qu'elle était belle! non pas plus belle cependant qu'une autre reine du matin, dont l'image tourmentait mes journées.

Cette dernière réalisait vivante mon rêve idéal et divin. Elle avait, comme l'immortelle Balkis[3], le don communiqué par la huppe miraculeuse. Les oiseaux se taisaient en entendant ses chants, — et l'auraient certainement suivie à travers les airs.

La question était de la faire débuter à l'Opéra. Le triomphe de Meyerbeer devenait le garant d'un nouveau

---

* Vous connaissez le beau tableau de Glaize[1], qui représente la scène.

succès. J'osai en entreprendre le poëme[1]. J'aurais réuni
ainsi dans un trait de flamme les deux moitiés de mon
double amour. — C'est pourquoi, mon ami, vous m'avez
vu si préoccupé dans une de ces nuits splendides où notre
Louvre était en fête. — Un mot de Dumas m'avait averti
que Meyerbeer nous attendait à sept heures du matin.

Je ne songeais qu'à cela au milieu du bal. Une femme,
que vous vous rappelez sans doute, pleurait à chaudes
larmes dans un coin du salon, et ne voulait, pas plus que
moi, se résoudre à danser. Cette belle éplorée ne pouvait
parvenir à cacher ses peines. Tout à coup, elle me prit le
bras et me dit : «Ramenez-moi, je ne puis rester ici.»

Je sortis en lui donnant le bras. Il n'y avait pas de voi-
ture sur la place. Je lui conseillai de se calmer et de sécher
ses yeux, puis de rentrer ensuite dans le bal : elle consen-
tit seulement à se promener sur la petite place. Je savais
ouvrir une certaine porte en planches qui donnait sur le
manége, et nous causâmes longtemps au clair de la lune,
sous les tilleuls. Elle me raconta longuement tous ses
désespoirs.

Celui qui l'avait amenée s'était épris d'une autre ; de là
une querelle intime ; puis elle avait menacé de s'en
retourner seule, ou accompagnée ; il lui avait répondu
qu'elle pouvait bien agir à son gré. De là les soupirs, de
là les larmes.

Le jour ne devait pas tarder à poindre. La grande sara-
bande commençait. Trois ou quatre peintres d'histoire,
peu danseurs de leur nature, avaient fait ouvrir le petit
cabaret et chantaient à gorge déployée : *Il était un rabou-
reur*, ou bien : *C'était un calonnier qui revenait de Flandre*,
souvenir des réunions joyeuses de la mère Saguet*[2].
— Notre asile fut bientôt troublé par quelques masques
qui avaient trouvé ouverte la petite porte. On parlait
d'aller déjeuner à Madrid — au Madrid[3] du bois de Bou-

* Les soirées chez la mère Saguet seront publiées sous ce titre : *La
Vieille Bohême.*

logne — ce qui se faisait quelquefois. Bientôt le signal fut donné, on nous entraîna, et nous partîmes à pied, escortés par trois gardes françaises, dont deux étaient simplement Messieurs d'Egmont et de Beauvoir ; — le troisième, c'était Giraud[1], le peintre ordinaire des gardes françaises.

Les sentinelles des Tuileries ne pouvaient comprendre cette apparition inattendue qui semblait le fantôme d'une scène d'il y a cent ans, où des gardes françaises auraient mené au violon une troupe de masques tapageurs. De plus, l'une des deux petites marchandes de tabac si jolies, qui faisaient l'ornement de nos bals, n'osa se laisser emmener à Madrid sans prévenir son mari, qui gardait la maison. Nous l'accompagnâmes à travers les rues. Elle frappa à sa porte. Le mari parut à une fenêtre de l'entresol. Elle lui cria : — Je vais déjeuner avec ces messieurs. Il répondit : — Va-t'en au diable !... C'était bien la peine de me réveiller pour cela !

La belle désolée faisait une résistance assez faible pour se laisser entraîner à Madrid, et moi je faisais mes adieux à Rogier en lui expliquant que je voulais aller travailler à mon *scénario* : — Comment ! tu ne nous suis pas ; cette dame n'a plus d'autre cavalier que toi... et elle t'avait choisi pour la reconduire. — Mais j'ai rendez-vous à sept heures chez Meyerbeer, entends-tu bien !

Rogier fut pris d'un fou rire. Un de ses bras était pris par la Cydalise ; il offrit l'autre à la belle dame, qui me salua d'un petit air moqueur. J'avais servi du moins à faire succéder un sourire à ses larmes.

J'avais quitté la proie pour l'ombre... comme toujours !

V

INTERRUPTION[1]

Je vous conterai le reste de l'aventure. Mais vous m'avez rappelé, mon cher Houssaye, qu'il s'agissait de causer poésie, et j'y arrive incidemment. — Reprenons cet *air académique* que vous m'avez reproché.

Je crois bien que vous vouliez faire allusion au Mémoire que j'ai adressé autrefois à l'Institut, à l'époque où il s'agissait d'un concours sur l'histoire de la poésie au seizième siècle[2]. J'en ai retrouvé quelques fragments qui intéresseront peut-être les lecteurs de L'ARTISTE, comme le sermon que le bon Sterne mêla aux aventures macaroniques de Tristram Shandy.

VI

LES POËTES DU SEIZIÈME SIÈCLE[3]

Il faut l'avouer, avec tout le respect possible pour les auteurs du grand siècle, ils ont trop resserré le cercle des compositions poétiques; sûrs pour eux-mêmes de ne jamais manquer d'espace et de matériaux, ils n'ont point songé à ceux qui leur succéderaient, ils ont *dérobé leurs neveux*, selon l'expression du Métromane[4]: au point qu'il ne nous reste que deux partis à prendre, ou de les surpasser, ainsi que je viens de dire[5], ou de poursuivre une littérature d'imitation servile qui ira jusqu'où elle pourra; c'est-à-dire qui ressemblera à cette suite de dessins si connue, où, par des copies successives et dégradées, on parvient à faire du profil d'Apollon une tête hideuse de grenouille.

De pareilles observations sont bien vieilles, sans doute, mais il ne faut pas se lasser de les remettre devant les yeux du public, puisqu'il y a des gens qui ne se lassent pas de répéter les sophismes qu'elles ont réfutés depuis longtemps. En général, on paraît trop craindre, en littérature, de redire sans cesse les bonnes raisons ; on écrit trop pour ceux qui savent ; et il arrive de là que les nouveaux auditeurs qui surviennent tous les jours à cette grande querelle, ou ne comprennent point une discussion déjà avancée, ou s'indignent de voir tout à coup, et sans savoir pourquoi, remettre en question des principes adoptés depuis des siècles.

Il ne s'agit donc pas (loin de nous une telle pensée !) de déprécier le mérite de tant de grands écrivains à qui la France doit sa gloire ; mais, n'espérant point faire mieux qu'eux, de chercher à faire autrement, et d'aborder tous les genres de littérature dont ils ne se sont point emparés.

Et ce n'est pas à dire qu'il faille pour cela imiter les étrangers ; mais seulement suivre l'exemple qu'ils nous ont donné, en étudiant profondément nos poëtes primitifs, comme ils ont fait des leurs.

Car toute littérature primitive est nationale, n'étant créée que pour répondre à un besoin, et conformément au caractère et aux mœurs du peuple qui l'adopte ; d'où il suit que, de même qu'une graine contient un arbre entier, les premiers essais d'une littérature renferment tous les germes de son développement futur, de son développement complet et définitif.

Il suffit, pour faire comprendre ceci, de rappeler ce qui s'est passé chez nos voisins : après des littératures d'imitation étrangère, comme était notre littérature dite classique, après le siècle de Pope et d'Adisson, après celui de Vieland[1] et de Lessing, quelques gens à courte vue ont pu croire que tout était dit pour l'Angleterre et pour l'Allemagne...

Tout ! Excepté les chefs-d'œuvre de Walter Scott et de Byron, excepté ceux de Schiller et de Goëthe ; les uns, produits spontanés de leur époque et de leur sol; les autres, nouveaux et forts rejetons de la souche antique: tous abreuvés à la source des traditions, des inspirations primitives de leur patrie, plutôt qu'à celle de l'Hippo-crène[1].

Ainsi, que personne ne dise à l'art: Tu n'iras pas plus loin! au siècle: Tu ne peux dépasser les siècles qui t'ont précédé!... C'est là ce que prétendait l'antiquité en posant les bornes d'Hercule[2]: le moyen âge les a mépri-sées et il a découvert un monde.

Peut-être ne reste-t-il plus de mondes à découvrir; peut-être le domaine de l'intelligence est-il au complet aujourd'hui et peut-on en faire le tour, comme du globe; mais il ne suffit pas que tout soit découvert; dans ce cas même, il faut cultiver, il faut perfectionner ce qui est resté inculte ou imparfait. Que de plaines existent que la cul-ture aurait rendues fécondes! que de riches matériaux, auxquels il n'a manqué que d'être mis en œuvre par des mains habiles! que de ruines de monuments inachevés... Voilà ce qui s'offre à nous, et dans notre patrie même, à nous qui nous étions bornés si longtemps à dessiner magnifiquement quelques jardins royaux, à les encom-brer de plantes et d'arbres étrangers conservés à grands frais, à les surcharger de dieux de pierre, à les décorer de jets d'eau et d'arbres taillés en portiques.

Mais arrêtons-nous ici, de peur qu'en combattant trop vivement le préjugé qui défend à la littérature française, comme mouvement rétrograde, un retour d'étude et d'in-vestigation vers son origine, nous ne paraissions nous escrimer contre un fantôme, ou frapper dans l'air comme Entelle[3]: le principe était plus contesté au temps où un célèbre écrivain allemand envisageait ainsi l'avenir de la poésie française.

«Si la poésie (nous traduisons M. Schlegel) pouvait plus tard refleurir en France, je crois que cela ne serait point par l'imitation des Anglais ni d'aucun autre peuple, mais par un retour à l'esprit poétique en général, et en particulier à la littérature française des temps anciens. L'imitation ne conduira jamais la poésie d'une nation à son but définitif, et surtout l'imitation d'une littérature étrangère parvenue au plus grand développement intellectuel et moral dont elle est susceptible; mais il suffit à chaque peuple de remonter à la source de sa poésie et à ses traditions populaires pour y distinguer et ce qui lui appartient en propre et ce qui lui appartient en commun avec les autres peuples. Ainsi, l'inspiration religieuse est ouverte à tous, et toujours il en sort une poésie nouvelle, convenable à tous les esprits et à tous les temps : c'est ce qu'a compris Lamartine, dont les ouvrages annoncent à la France une nouvelle ère poétique[1], etc. »

Mais avions-nous en effet une littérature avant Malherbe ? observent quelques irrésolus, qui n'ont suivi de cours de littérature que celui de Laharpe[2]. — Pour le vulgaire des lecteurs, non! Pour ceux qui voudraient voir Rabelais et Montaigne mis en français moderne; pour ceux à qui le style de La Fontaine et de Molière paraît tant soit peu négligé, non! Mais pour ces intrépides amateurs de poésie et de langue française, que n'effraye pas un mot vieilli, que n'égaye pas une expression triviale ou naïve, que ne démontent point les *oncques*, les *ainçois* et les *ores*, oui! Pour les étrangers qui ont puisé tant de fois à cette source, oui!... Du reste, ils ne craignent point de le reconnaître*, et rient bien fort de voir souvent nos écrivains s'accuser humblement d'avoir pris chez eux des idées qu'eux-mêmes avaient dérobées à nos ancêtres.

Nous dirons donc maintenant: Existait-il une littéra-

---

* Tous les critiques étrangers s'accordent sur ce point. Citons entre mille un passage d'une revue anglaise, rapporté tout récemment par le *Mercure*, et qui faisait partie d'un article où notre littérature était fort maltraitée : « Il serait injuste cependant de ne point reconnaître que ce fut aux Français que l'Europe dut sa première impulsion poétique, et que la littérature *romane, qui distingue le génie de l'Europe moderne du génie classique de l'antiquité,* naquit avec les *trouveurs* et les *conteurs* du nord de la France, les *jongleurs* et les *ménestrels* de Provence[3]. »

ture nationale avant Ronsard? mais une littérature com-
plète, capable par elle-même, et à elle seule, d'inspirer des
hommes de génie, et d'alimenter de vastes conceptions?
Une simple énumération va nous prouver qu'elle existait:
qu'elle existait, divisée en deux parties bien distinctes,
comme la nation elle-même, et dont par conséquent l'une
que les critiques allemands appellent *littérature chevale-
resque* semblait devoir son origine aux Normands, aux
Bretons, aux Provençaux et aux Francs; dont l'autre,
native du cœur même de la France, et essentiellement
populaire, est assez bien caractérisée par l'épithète de
gauloise.

La première comprend: les poëmes historiques, tels
que les romans de *Rou* (Rollon) et du *Brut* (Brutus), la
Philippide, le *Combat des 30 Bretons*, etc.; les poëmes
chevaleresques, tels que le *St-Graal*, *Tristan*, *Partenopex*,
Lancelot, etc.; les poëmes allégoriques, tels que le roman
de la *Rose*, du *Renard*, etc., et enfin toute la poésie légère,
chansons, ballades, lais, chants royaux, plus la poésie
provençale ou *romane* tout entière.

La seconde comprend les mystères, moralités et farces
(y compris *Patelin*); les fabliaux, contes, facéties, livres
satyriques, noëls, etc., toutes œuvres où le plaisant
dominait, mais qui ne laissent pas d'offrir souvent des
morceaux profonds ou sublimes, et des enseignements
d'une haute morale parmi des flots de gaieté frivole et
licencieuse.

Eh bien! qui n'eût promis l'avenir à une littérature
aussi forte, aussi variée dans ses éléments, et qui ne
s'étonnera de la voir tout à coup renversée, presque sans
combat, par une poignée de novateurs qui prétendaient
ressusciter la Rome morte depuis seize cents ans, la
Rome romaine, et la ramener victorieuse, avec ses cos-
tumes, ses formes et ses dieux, chez un peuple du nord,
à moitié composé de nations germaniques, et dans une
société toute chrétienne? Ces novateurs, c'étaient Ron-

sard et les poëtes de son école ; le mouvement imprimé
par eux aux lettres s'est continué jusqu'à nos jours.

Il serait trop long de nous occuper à faire l'histoire de
la haute poésie en France ; car elle était vraiment en
décadence au siècle de Ronsard ; flétrie dans ses germes,
morte sans avoir acquis le développement auquel elle
semblait destinée ; tout cela parce qu'elle n'avait trouvé
pour l'employer que des poëtes de cour qui n'en tiraient
que des chants de fêtes, d'adulation et de fade galante-
rie ; tout cela faute d'hommes de génie qui sussent la
comprendre, et en mettre en œuvre les riches matériaux.
Ces hommes de génie se sont rencontrés cependant chez
les étrangers, et l'Italie surtout nous doit ses plus grands
poëtes du moyen âge ; mais, chez nous, à quoi avaient
abouti les hautes promesses des douzième et treizième
siècles ? À je ne sais quelle poésie ridicule, où la contrainte
métrique, où des tours de force en fait de rime, tenaient
lieu de couleur et de poésie ; à de fades et obscurs poëmes
allégoriques, à des légendes lourdes et diffuses, à d'arides
récits historiques rimés, tout cela recouvert d'un langage
poétique plus vieux de cent ans que la prose et le langage
usuel, car les rimeurs d'alors imitaient si servilement les
poëtes qui les avaient précédés, qu'ils en conservaient
même la langue surannée. Aussi, tout le monde s'était
dégoûté de la poésie dans les genres sérieux, et l'on ne
s'occupait plus qu'à traduire les poëmes et romans du
douzième siècle dans cette prose qui croissait tous les
jours en grâce et en vigueur. Enfin, il fut décidé que la
langue française n'était pas propre à la haute poésie, et
les savants se hâtèrent de profiter de cet arrêt pour pré-
tendre qu'on ne devait plus la traiter qu'en vers latins et
en vers grecs.

Quant à la poésie populaire, grâce à Villon et à Marot,
elle avait marché de front avec la prose illustrée par les
Joinville, les Froissart et les Rabelais ; mais, Marot éteint,
son école n'était pas de taille à le continuer : ce fut elle
cependant qui opposa à Ronsard la plus sérieuse résis-

tance, et certes, bien qu'elle ne comptât plus d'hommes supérieurs, elle était assez forte sur l'épigramme : la *tenaille de Mellin**, qui pinçait si fort Ronsard au milieu de sa gloire, a fait proverbe[1].

Je ne sais si le peu de phrases que je viens de hasarder suffit pour montrer la littérature d'alors dans cet état d'interrègne qui suit la mort d'un grand génie, ou la fin d'une brillante époque littéraire, comme cela s'est vu plusieurs fois depuis ; si l'on se représente bien le troupeau des écrivains du second ordre se tournant inquiet à droite et à gauche et cherchant un guide : les uns fidèles à la mémoire des grands hommes qui ne sont plus et laissant dans les rangs une place pour leur ombre ; les autres tourmentés d'un vague désir d'innovation qui se produit en essais ridicules ; les plus sages faisant des théories et des traductions... Tout à coup un homme apparaît, à la voix forte, et dépassant la foule de la tête : celle-ci se sépare en deux partis, la lutte s'engage ; et le géant finit par triompher, jusqu'à ce qu'un plus adroit lui saute sur les épaules et soit seul proclamé très-grand.

Mais n'anticipons pas : nous sommes en 1549, et à peu de mois de distance apparaissent la *Défense et illustration de la langue française***, et les premières *Odes pindariques* de Pierre de Ronsard.

La défense de la langue française, par J. Dubellay, l'un des compagnons et des élèves de Ronsard, est un manifeste contre ceux qui prétendaient que la langue française était trop pauvre pour la poésie, qu'il fallait la laisser au peuple, et n'écrire qu'en vers grecs et latins ; Dubellay leur répond : «que les langues ne sont pas nées d'elles-mêmes en façon d'herbes, racines et arbres ; les unes infirmes et débiles en leurs espérances[2], les autres saines et robustes, et plus aptes à porter le faix des conceptions

---

* Mellin de Saint-Gelais.
** Par I.D.B.A. (Joachim Dubellay), Paris, Arnoul Angelier, 1549. Le privilège date de 1548.

humaines, mais que toute leur vertu est née au monde, du vouloir et arbitre des mortels. C'est pourquoi on ne doit ainsi louer une langue et blâmer l'autre, vu qu'elles viennent toutes d'une même source et origine : c'est la fantaisie des hommes ; et ont été formées d'un même jugement à une même fin : c'est pour signifier entre nous les conceptions et intelligences de l'esprit. Il est vrai que par succession de temps, les unes pour avoir été plus curieusement réglées sont devenues plus riches que les autres ; mais cela ne se doit attribuer à la félicité desdites langues, mais au seul artifice et industrie des hommes. À ce propos, je ne puis assez blâmer la sotte arrogance et témérité d'aucuns de notre nation, qui n'étant rien moins que grecs ou latins déprisent ou rejettent d'un sourcil plus que stoïque toutes choses écrites en français[1]. »

Il continue en prouvant que la langue française ne doit pas être appelée *barbare*, et recherche cependant pourquoi elle n'est pas si riche que les langues grecque et latine : « On le doit attribuer à l'ignorance de nos ancêtres, qui, ayant en plus grande recommandation le bien faire que le bien dire, se sont privés de la gloire de leurs bienfaits, et nous du fruit de l'imitation d'iceux, et, par le même moyen, nous ont laissé notre langue si pauvre et nue, qu'elle a besoin des ornements, et, s'il faut parler ainsi, des plumes d'autrui. Mais qui voudrait dire que la grecque et romaine eussent toujours été en l'excellence qu'on les a vues au temps d'Horace[2] et de Démosthène, de Virgile et de Cicéron ? Et si ces auteurs eussent jugé que jamais pour quelque diligence et culture qu'on eût pu faire, elles n'eussent su produire plus grand fruit, se fussent-ils tant efforcés de les mettre au point où nous les voyons maintenant ? Ainsi puis-je dire de notre langue, qui commence encore à fleurir, sans fructifier ; cela, certainement, non pour le défaut de sa nature, aussi apte à engendrer que les autres, mais par la faute de ceux qui l'ont eue en garde et ne l'ont cultivée à suffisance. Que si les anciens Romains eussent été aussi négligés[3] à la culture de leur langue, quand premièrement elle commença à pulluler, pour certain en si peu de temps elle ne fût devenue si grande : mais eux, en guise de bons agriculteurs, l'ont premièrement transmuée d'un lieu sauvage dans un lieu domestique, puis, afin que plutôt et mieux elle pût fructifier, coupant à l'entour les inutiles rameaux, l'ont pour échange d'iceux restaurée de rameaux francs et domestiques, magistralement tirés de la langue grecque, lesquels soudainement se sont si bien entés et faits semblables à leurs troncs, que désormais ils n'apparaissent plus adoptifs, mais naturels[1]. »

Nous venons de voir ce qu'il pense des faiseurs de vers latins, et des traducteurs ; voici maintenant pour les imitateurs de la vieille littérature : « Et certes, comme ce n'est point chose vicieuse, mais grandement louable, d'emprunter d'une langue étrangère les sentences et les mots, et les approprier à la sienne : aussi, est-ce chose grandement à reprendre, voire odieuse à tout lecteur de libérale nature, de voir en une même langue une telle imitation, comme celle d'aucuns savants mêmes, qui s'estiment être des meilleurs plus ils ressemblent à Héroët ou à Marot. Je t'admoneste donc, ô toi qui désires l'accroissement de ta langue et veux y exceller, de n'imiter à pied levé, comme naguère a dit quelqu'un, les plus fameux auteurs d'icelle ; chose certainement aussi vicieuse comme de nul profit à notre vulgaire, vu que ce n'est autre chose, sinon lui donner ce qui était à lui[2]. »

Il jette un regard sur l'avenir, et ne croit pas qu'il faille désespérer d'égaler les Grecs et les Romains : « Et comme Homère se plaignait que de son temps les corps étaient trop petits, il ne faut point dire que les esprits modernes ne sont à comparer aux anciens ; l'architecture, l'art du navigateur et autres inventions antiques, certainement sont admirables, et non si grandes toutefois, qu'on doive estimer les cieux et la nature d'y avoir dépensé toute leur vertu, vigueur et industrie. Je ne produirai pour témoins de ce que je dis l'imprimerie, sœur des muses et dixième d'elles, et cette non moins admirable que pernicieuse foudre d'artillerie ; avec tant d'autres non antiques inventions qui montrent véritablement que par le long cours des siècles, les esprits des hommes ne sont point si abâtardis qu'on voudrait bien dire. Mais j'entends encore quelque opiniâtre s'écrier : "Ta langue tarde trop à recevoir sa perfection" ; et je dis que ce retardement ne prouve point qu'elle ne puisse la recevoir ; je dis encore qu'elle se pourra tenir certain de la garder longuement, l'ayant acquise avec si longue peine : suivant la loi de nature qui a voulu que tout arbre qui naît fleurit et fructifie bientôt, bientôt aussi vieillisse et meure, et au contraire que celui-là dure par longues années qui a longuement travaillé à jeter ses racines [1]. »

Ici finit le premier livre, où il n'a été encore question que de la langue et du style poétique ; dans le second, la question est abordée plus franchement, et l'intention de renverser l'ancienne littérature et d'y substituer les formes antiques est exprimée avec plus d'audace :

« Je penserai avoir beaucoup mérité des miens si je leur montre seulement du doigt le chemin qu'ils doivent suivre pour atteindre à l'excellence des anciens : mettons donc pour le commencement ce que nous avons, ce me semble, assez prouvé au premier livre. C'est que, sans l'imitation des Grecs et Romains, nous ne pouvons donner à notre langue l'excellence et lumière des autres plus fameuses. Je sais que beaucoup me reprendront d'avoir osé, le premier des Français, introduire quasi une nouvelle poésie, ou ne se tiendraient pleinement satisfaits, tant pour la brièveté dont j'ai voulu user que pour la diversité des esprits dont les uns trouvent bon ce que les autres trouvent mauvais. Marot me plaît, dit quelqu'un, parce qu'il est facile et ne s'éloigne point de la commune manière de parler ; Héroët, dit quelque autre, parce que tous ses vers sont doctes, graves et élaborés ; les autres d'un autre se délectent. Quant à moi, telle superstition ne m'a point retiré de mon entreprise, parce que j'ai toujours estimé notre poésie française être capable de quelque plus haut et merveilleux style que celui dont nous nous sommes si longuement contentés. Disons donc brièvement ce que nous semble de nos poëtes français[1].

«De tous les anciens poëtes français, quasi un seul, Guillaume de Loris et Jean de Meun*, sont dignes d'être lus, non tant pour ce qu'il y ait en eux beaucoup de choses qui se doivent imiter des modernes, que pour y voir quasi une première image de la langue française, vénérable pour son antiquité. Je ne doute point que tous les pères crieraient la honte être perdue si j'osais reprendre ou émender quelque chose en ceux que jeunes ils ont appris, ce que je ne veux faire aussi ; mais bien soutiens-je que celui-là est trop grand admirateur de l'ancienneté qui veut défrauder les jeunes de leur gloire méritée : n'estimant rien, sinon ce que la mort a sacré, comme si le temps ainsi que les vins rendait les poésies meilleures. Les plus récents, même ceux qui ont été nommés par Clément Marot en une certaine épigramme à Salel, sont assez connus par leurs œuvres ; j'y renvoie les lecteurs pour en faire jugement[2]. »

Il continue par quelques louanges et beaucoup de critiques des auteurs du temps, et revient à son premier dire, qu'il faut imiter les anciens, «et non point les auteurs français, pour ce qu'en ceux-ci on ne saurait prendre que bien peu, comme la peau et la couleur, tandis qu'en ceux-là on peut prendre la chair, les os, les nerfs et le sang[3].

«Lis donc, et relis premièrement, ô poëte futur, les exemplaires grecs et latins : puis, me laisse toutes ces vieilles poésies françaises aux jeux floraux de Toulouse et au Puy de Rouan ; comme rondeaux, ballades, virelais, chants royaux, chansons et telles autres épiceries qui corrompent le goût de notre langue, et ne servent sinon à porter témoignage de notre ignorance. Jette-toi à ces plaisants épigrammes, non point comme font aujour-

---

* Auteurs du *Roman de la Rose*.

d'hui un tas de faiseurs de contes nouveaux qui en un dixain sont contents n'avoir rien dit qui vaille aux neuf premiers vers, pourvu qu'au dixième il y ait le petit mot pour rire, mais à l'imitation d'un Martial, ou de quelque autre bien approuvé ; si la lascivité ne te plaît, mêle le profitable avec le doux ; distille avec un style coulant et non scabreux de tendres élégies, à l'exemple d'un Ovide, d'un Tibulle et d'un Properce ; y entremêlant quelquefois de ces fables anciennes, non petit ornement de poésie. Chante-moi ces odes inconnues encore de la langue française[1], d'un luth bien accordé au son de la lyre grecque et romaine, et qu'il n'y ait rien où apparaissent quelques vestiges[2], de rare et antique érudition. Quant aux épîtres, ce n'est un poëme qui puisse grandement enrichir notre vulgaire, parce qu'elles sont volontiers de choses familières et domestiques, si tu ne les voulais faire à l'imitation d'élégies comme Ovide, ou sentencieuses et graves comme Horace : autant te dis-je des satyres que les Français, je ne sais comment, ont nommées coqs-à-l'âne, auxquelles je te conseille aussi peu t'exercer, si ce n'est à l'exemple des anciens en vers héroïques, et, sous ce nom de satyre, y taxer modestement les vices de ton temps et pardonner aux noms des personnes vicieuses. Tu as pour ceci Horace, qui, selon Quintilien, tient le premier lieu entre les satyriques. *Sonne*-moi ces beaux *sonnets**, non moins docte que plaisante invention italienne, pour lequel tu as Pétrarque et quelques modernes Italiens. Chante-moi d'une musette bien résonnante les plaisantes églogues rustiques à l'exemple de Théocrite et de Virgile. Quant aux comédies et tragédies, si les rois et les républiques les voulaient restituer en leur ancienne dignité qu'ont usurpée les farces et moralités, je serais bien

---

* *Sonne-moi ces sonnets* : ceci est un trait du mauvais goût d'alors, auquel le jeune novateur n'a pu entièrement se soustraire. Nous trouvons plus haut : *Distille* avec un *style*. Ronsard lui-même a cédé quelquefois à ce plaisir de jouer sur les mots : *Dorat* qui *redore* le langage français ; *Mellin* aux paroles de *miel*, etc.

d'opinion que tu t'y employasses, et, si tu le veux faire pour l'ornement de la langue, tu sais où tu en dois trouver les archétypes[1]. »

Je ne crois pas qu'on me reproche d'avoir cité tout entier ce chapitre où la révolution littéraire est si audacieusement proclamée; il est curieux d'assister à cette démolition complète d'une littérature du moyen âge au profit de tous les genres de composition de l'antiquité, et la réaction analogue qui s'opère aujourd'hui doit lui donner un nouvel intérêt.

*

Dubellay conseille encore l'introduction dans la langue française de mots composés du latin et du grec, recommandant principalement de s'en servir dans les arts et sciences libérales. Il recommande, avec plus de raison, l'étude du langage figuré, dont la poésie française avait jusqu'alors peu de connaissance; il propose de plus quelques nouvelles alliances de mots accueillies depuis en partie : «d'user hardiment de l'infinitif pour le nom, comme l'*aller*, le *chanter*, le *vivre*, le *mourir*; de l'adjectif substantivé, comme le *vide de l'air*, le *frais de l'ombre*, l'*épais des forêts*; des verbes et des participes, qui de leur nature n'ont point d'infinitifs après eux, avec des infinitifs, comme *tremblant de mourir* pour *craignant de mourir*, etc. Garde-toi encore de tomber en un vice commun, même aux plus excellents de notre langue: c'est l'omission des articles[2].

«Je ne veux oublier l'émendation, partie certes la plus utile de nos études; son office est d'ajouter, ôter, ou changer à loisir ce que la première impétuosité et ardeur d'écrire n'avait permis de faire; il est nécessaire de remettre à part nos écrits nouveau-nés, les revoir souvent, et, en la manière des ours, leur donner forme, à force de lécher. Il ne faut pourtant y être trop superstitieux, ou, comme les éléphants leurs petits, être dix ans à enfanter

ses vers. Surtout nous convient avoir quelques gens
savants et fidèles compagnons qui puissent connaître nos
fautes et ne craignent pas de blesser notre papier avec
leurs ongles. Encore te veux-je avertir de hanter quelque-
fois non-seulement les savants, mais aussi toutes sortes
d'ouvriers et gens mécaniques, savoir leurs inventions,
les noms des matières et termes usités en leurs arts et
métiers pour tirer de là de belles comparaisons et des-
criptions de toutes choses[1]. »

Les disputes littéraires de ce temps-là n'étaient pas
moins animées qu'elles ne le sont aujourd'hui. Dubellay
s'écrie qu'il faudrait que tous les rois amateurs de leur
langue défendissent d'imprimer les œuvres des poëtes
surannés de l'époque.

« Oh ! combien je désire voir sécher ces *printemps*, châ-
tier ces petites jeunesses, rabattre ces *coups d'essais*,
tarir ces *fontaines*[2], bref abolir ces beaux titres suffisants
pour dégoûter tout lecteur savant d'en lire davantage ! Je
ne souhaite pas moins que ces *dépourvus*, ces *humbles
espérants*, ces *bannis de Liesse*[3], ces *esclaves*, ces *traver-
seurs**, soient renvoyés à la table ronde, et ces belles
petites devises aux gentilshommes et damoiselles, d'où
on les a empruntées. Que dirai-je plus ? Je supplie à Phé-
bus Apollon que la France, après avoir été si longuement
stérile, grosse de lui, enfante bientôt un poëte dont le
luth bien résonnant fasse tarir ces enrouées cornemuses,
non autrement que les grenouilles quand on jette une
pierre en leur marais****[4]. »

---

* Allusion aux ridicules surnoms que prenaient les poëtes du temps :
l'*humble Espérant* (Jehan le Blond) ; le *Banni de Liesse* (François
Habert) ; l'*Esclave fortuné* (Michel d'Amboise) ; le *Traverseur des voies
périlleuses* (Jehan Bouchet). Il y avait encore le *Solitaire* (Jehan
Gohorry) ; l'*Esperonnier de discipline* (Antoine de Saix), etc., etc.
** Il s'agit là de Pierre de Ronsard, annoncé comme le Messie par
ce nouveau saint Jean. Dubellay a-t-il voulu équivoquer sur le pré-
nom de Ronsard avec cette figure de la *pierre* ? Ce serait peut-être
aller trop loin que de le supposer.

Après une nouvelle exhortation aux Français d'écrire en leur langue, Dubellay finit ainsi : « Or, nous voici, grâce à Dieu, après beaucoup de périls et de flots étrangers, rendus au port à sûreté. Nous avons échappé du milieu des Grecs et au travers des escadrons romains, pénétré jusqu'au sein de la France, France tant désirée. Là, donc, Français, marchez courageusement vers cette superbe cité romaine, et de ses serves dépouilles ornez vos temples et autels. Ne craignez plus ces oies criardes, ce fier Manlie et ce traître Camille, qui sous ombre de bonne foi vous surprennent tous nus comptant la rançon du Capitole. Donnez en cette Grèce menteresse et y semez encore un coup la fameuse nation des Gallo-Grecs. Pillez-moi sans conscience les sacrés trésors de ce temple Delphique, ainsi que vous avez fait autrefois, et ne craignez plus ce muet Apollon ni ses faux oracles. Vous souvienne de votre ancienne Marseille, seconde Athènes ; et de votre Hercule gallique tirant les peuples après lui par leurs oreilles avec une chaîne attachée à sa langue[1]. »

C'est un livre bien remarquable que ce livre de Dubellay ; c'est un de ceux qui jettent le plus de jour sur l'histoire de la littérature française, et peut-être aussi le moins connu de tous les traités écrits sur ce sujet. Je n'aurais pas hasardé cette longue citation si je ne la regardais comme l'histoire la plus exacte que l'on puisse faire de l'école de Ronsard.

En effet, tout est là : à voir comme les réformes prêchées, les théories développées dans la *Défense et Illustration de la langue française*, ont été fidèlement adoptées depuis et mises en pratique dans tous leurs points, il est même difficile de douter qu'elle ne soit l'œuvre de cette école tout entière : je veux dire de Ronsard, Ponthus de Thiard, Remi Belleau, Étienne Jodelle, J. Antoine de Baïf, qui, joints à Dubellay, composaient ce qu'on appela depuis la *Pléiade**. Du reste, la plupart de ces auteurs avaient

* Il est à remarquer que l'*Illustration* ne parle nominativement

déjà écrit beaucoup d'ouvrages dans le système prêché par Dubellay, bien qu'ils ne les eussent point fait encore imprimer : de plus, il est question des *odes* dans l'*Illustration*, et Ronsard dit plus tard dans une préface avoir le premier introduit le mot *ode* dans la langue française ; ce qu'on n'a jamais contesté.

Mais, soit que ce livre ait été de plusieurs mains, soit qu'une seule plume ait exprimé les vœux et les doctrines de toute une association de poëtes, il porte l'empreinte de la plus complète ignorance de l'ancienne littérature française ou de la plus criante injustice. Tout le mépris que Dubellay professe, à juste titre, envers les poëtes de son temps, imitateurs des vieux poëtes, y est, à grand tort, reporté aussi sur ceux-là qui n'en pouvaient mais. C'est comme si, aujourd'hui, on en voulait aux auteurs du grand siècle de la platitude des rimeurs modernes qui marchent sous leur invocation.

Se peut-il que Dubellay, qui recommande si fort d'enter sur le tronc national prêt à périr des branches étrangères, ne songe point même qu'une meilleure culture puisse lui rendre la vie et ne le croie pas capable de porter des fruits par lui-même ? Il conseille de faire des mots d'après le grec et le latin, comme si les sources eussent manqué pour en composer de nouveaux d'après le vieux français seul ; il appuie sur l'introduction des odes, élégies, satires, etc., comme si toutes ces formes poétiques n'avaient pas existé déjà sous d'autres noms ; du poème antique, comme si les chroniques normandes et les romans chevaleresques n'en remplissaient pas toutes les conditions, appropriées de plus au caractère et à l'histoire du moyen âge ; de la tragédie, comme s'il eût manqué aux mystères autre chose que d'être traités par des hommes de génie pour devenir la tragédie du moyen

---

d'aucun d'entre eux ; plusieurs cependant étaient déjà connus. Il me semble que Dubellay n'aurait pas manqué de citer ses amis s'il eût porté seul la parole.

âge, plus libre et plus vraie que l'ancienne. Supposons, en effet, un instant, les plus grands poëtes étrangers et les plus opposés au système classique de l'antiquité, nés en France au seizième siècle, et dans la même situation que Dubellay et ses amis. Croyez-vous qu'ils n'eussent pas été là, et avec les seules ressources et les éléments existant alors dans la littérature française, ce qu'ils furent à différentes époques et dans différents pays ? Croyez-vous que l'Arioste n'eût pas aussi bien composé son *Roland furieux* avec nos fabliaux et nos poëmes chevaleresques ; Shakspeare, ses drames avec nos romans, nos chroniques, nos farces et même nos mystères ; le Tasse sa *Jérusalem* avec nos livres de chevalerie et les éblouissantes couleurs poétiques de notre littérature romane, etc. ? Mais les poëtes de la réforme classique n'étaient point de cette taille, et peut-être est-il injuste de vouloir qu'ils aient vu dans l'ancienne littérature française ce que ces grands hommes y ont vu avec le regard du génie, et ce que nous n'y voyons aujourd'hui sans doute que par eux. Au moins rien ne peut-il justifier ce superbe dédain qui fait prononcer aux poëtes de la Pléiade qu'il n'y a absolument rien avant eux, non-seulement dans les genres sérieux, mais dans tous ; ne tenant pas plus compte de Rutebœuf que de Charles d'Anjou, de Villon que de Charles d'Orléans, de Clément Marot que de Saint-Gelais, et de Rabelais que de Joinville et de Froissart dans la prose. Sans cette ardeur d'exclure, de ne rebâtir que sur des ruines, on ne peut nier que l'étude et même l'imitation momentanée de la littérature antique n'eussent pu être, dans les circonstances d'alors, très-favorables aux progrès de la nôtre et de notre langue aussi ; mais l'excès a tout gâté : de la forme on a passé au fond ; on ne s'est pas contenté d'introduire le poëme antique, on a voulu qu'il dît l'histoire des anciens et non la nôtre ; la tragédie, on a voulu qu'elle ne célébrât que les infortunes des illustres familles d'Œdipe et d'Agamemnon : on a amené la poésie à ne reconnaître et n'invoquer d'autres dieux que ceux de la mythologie : en un mot, cette expédition, présentée si adroitement par Dubellay comme une conquête sur les étrangers, n'a fait, au contraire, que les amener vainqueurs dans nos murs ; elle a tendu à effacer petit à petit notre caractère de nation, à nous faire rougir de nos usages et même de notre langue au profit de l'antiquité ; à nous amener, en un mot, à ce comble de ridicule, que nous ayons représenté longtemps nos rois et nos héros en costumes romains, et que nous ayons employé le latin pour les inscriptions de nos monuments. C'est certainement à ce défaut d'accord et de sympathie de la littérature classique avec nos mœurs et notre caractère national qu'il faut attribuer, outre les ridicules anomalies que je viens de citer en partie, le peu de popularité qu'elle a obtenu.

Voici une digression qui m'entraîne bien loin : j'y ai jeté au hasard quelques raisons déjà rebattues ; il y en a des volumes de beaucoup meilleures, et cependant que de gens refusent encore de s'y rendre ! Une tendance plus raisonnable se fait, il est vrai, remarquer depuis quelques années : on se met à lire un peu d'histoire de France ; et, quand dans les collèges on sera parvenu à la savoir presque aussi bien que l'histoire ancienne, et quand aussi on consacrera à l'étude de la langue française quelques heures arrachées au grec et au latin, un grand progrès sera sans doute accompli pour l'esprit national, et peut-être s'ensuivra-t-il moins de dédain pour la vieille littérature française, car tout cela se tient.

*

J'ai accusé l'école de Ronsard de nous avoir imposé une littérature classique, quand nous pouvions fort bien nous en passer, et surtout de nous l'avoir imposée si exclusive, si dédaigneuse de tout le passé qui était à nous ; mais, à considérer ses travaux et ses innovations sous un autre point de vue, celui des progrès du style et de la couleur poétique, il faut avouer que nous lui devons beaucoup de reconnaissance ; il faut avouer que, dans tous les genres qui ne demandent pas une grande force de création, dans tous les genres de poésie gracieuse et légère, elle a surpassé et les poëtes qui l'avaient précédée, et beaucoup de ceux qui l'ont suivie[1]. Dans ces sortes de compositions aussi l'imitation classique est moins sensible : les petites odes de Ronsard, par exemple, semblent la plupart inspirées, plutôt par les chansons du douzième siècle, qu'elles surpassent souvent encore en naïveté et en fraîcheur ; ses sonnets aussi, et quelques-unes de ses élégies sont empreintes du véritable sentiment poétique, si rare quoi qu'on dise, que tout le dix-huitième siècle, si riche qu'il soit en poésies diverses, semble en être absolument dénué.

Il n'est pas en littérature de plus étrange destinée que celle de Ronsard : idole d'un siècle éclairé ; illustré de l'admiration d'hommes tels que les de Thou, les L'Hospital, les Pasquier, les Scaliger ; proclamé plus tard par Montaigne l'égal des plus grands poëtes anciens, traduit dans toutes les langues, entouré d'une considération telle, que le Tasse, dans un voyage à Paris, ambitionna l'avantage de lui être présenté ; honoré à sa mort de funérailles presque royales et des regrets de la France entière, il semblait devoir entrer en triomphateur dans la postérité. Non ! la postérité est venue, et elle a convaincu le seizième siècle de mensonge et de mauvais goût, elle a livré au rire et à l'injure les morceaux de l'idole brisée, et des dieux nouveaux se sont substitués à la trop célèbre Pléiade, en se parant de ses dépouilles.

La Pléiade, soit : qu'importent tous ces poëtes à la suite qui sont Baïf, Belleau, Ponthus, sous Ronsard ; qui sont Racan, Segrais, Sarrazin, sous Malherbe ; qui sont Desmahis, Bernis, Villette, sous Voltaire, etc. ?... Mais pour Ronsard il y a encore une postérité : et aujourd'hui surtout qu'on remet tout en question, et que les hautes renommées sont pesées, comme les âmes aux enfers, nues, dépouillées de toutes les préventions, favorables ou non, avec lesquelles elles s'étaient présentées à nous, qui sait si Malherbe se trouvera encore de poids à représenter le père de la poésie classique ? Ce ne serait point là le seul arrêt de Boileau qu'aurait cassé l'avenir.

Nous n'exprimons ici qu'un vœu de justice et d'ordre, selon nous, et nous n'avons pas jugé l'école de Ronsard assez favorablement pour qu'on nous soupçonne de partialité. Si notre conviction est erronée, ce ne sera pas faute d'avoir examiné les pièces du procès, faute d'avoir feuilleté des livres oubliés depuis près de trois cents ans. Si tous les auteurs d'histoires littéraires avaient eu cette conscience, on n'aurait pas vu des erreurs grossières se perpétuer dans mille volumes différents, composés les uns sur les autres ; on n'aurait pas vu des jugements définitifs se fonder sur d'aigres et partiales critiques échappées à l'acharnement momentané d'une lutte littéraire, ni de hautes réputations s'échafauder avec des œuvres admirées sur parole.

Non, sans doute, nous ne sommes pas indulgent envers l'école de Ronsard : et, en effet, on ne peut que s'indigner, au premier abord, de l'espèce de despotisme qu'elle a introduit en littérature, de cet orgueil avec lequel elle prononçait le *odi profanum vulgus* [1], d'Horace, repoussant toute popularité comme une injure, et n'estimant rien que le noble, et sacrifiant toujours à l'art le naturel et le vrai. Ainsi aucun poëte n'a célébré davantage et la nature et le printemps que ne l'ont fait ceux du seizième siècle, et croyez-vous qu'ils aient jamais songé à demander des inspirations à la nature et au printemps ? Jamais : ils se contentaient de rassembler ce que l'antiquité avait dit de plus gracieux sur ce sujet, et d'en composer un tout, digne d'être apprécié par les connaisseurs ; il arrivait de là qu'ils se gardaient de leur mieux d'avoir une pensée à eux, et cela est tellement vrai, que les savants commentaires dont on honorait leurs œuvres ne s'attachaient qu'à y découvrir le plus possible d'imitations de l'antiquité. Ces poëtes ressemblaient en cela beaucoup à

certains peintres qui ne composent leurs tableaux que
d'après ceux des maîtres, imitant un bras chez celui-ci,
une tête chez cet autre, une draperie chez un troisième,
le tout pour la plus grande gloire de l'art, et qui traitent
d'ignorants ceux qui se hasardent à leur demander s'il
ne vaudrait pas mieux imiter tout bonnement la nature.

Puis, après ces réflexions qui vous affectent désagréa-
blement à la première lecture des œuvres de la Pléiade,
une lecture plus particulière vous réconcilie avec elle:
les principes ne valent rien; l'ensemble est défectueux,
d'accord, et faux et ridicule; mais on se laisse aller à
admirer certaines parties des détails; ce style primitif et
verdissant assaisonne si bien de vieilles pensées déjà
banales chez les Grecs et les Romains, qu'elles ont pour
nous tout le charme de la nouveauté: quoi de plus rebattu,
par exemple, que cette espèce de syllogisme sur lequel
est fondée l'odelette de Ronsard: *Mignonne, allons voir
si la rose etc.* Eh bien! la mise en œuvre en a fait l'un des
morceaux les plus frais et les plus gracieux de notre poé-
sie légère. Celle de Belleau, intitulée: *Avril*, toute com-
posée au reste d'idées connues, n'en ravit pas moins
quiconque a de la poésie dans le cœur. Qui pourrait
dire en combien de façons est retournée dans beaucoup
d'autres pièces l'éternelle comparaison des fleurs et des
amours qui ne durent qu'un printemps; et tant d'autres
lieux communs que toutes les poésies fugitives nous
offrent encore aujourd'hui? Eh bien! nous autres Fran-
çais, qui attachons toujours moins de prix aux choses
qu'à la manière dont elles sont dites, nous nous en lais-
sons charmer, ainsi que d'un accord mille fois entendu,
si l'instrument qui le répète est mélodieux.

Voici pour la plus grande partie de l'école de Ronsard;
la part du maître doit être plus vaste: toutes ses pensées
à lui ne viennent pas de l'antiquité; tout ne se borne pas
dans ses écrits à la grâce et à la naïveté de l'expression:
on taillerait aisément chez lui plusieurs poëtes fort remar-
quables et fort distincts, et peut-être suffirait-il pour cela

d'attribuer à chacun d'eux quelques années successives
de sa vie. Le poëte pindarique se présente d'abord : c'est
au style de celui-là qu'ont pu s'adresser avec le plus de
justice les reproches d'obscurité, d'hellénisme, de lati-
nisme et d'enflure qui se sont perpétués sans examen jus-
qu'à nous de notice en notice ; l'étude des autres poëtes
du temps aurait cependant prouvé que ce style existait
avant lui : cette fureur de faire des mots d'après les
anciens a été attaquée par Rabelais, bien avant l'appari-
tion de Ronsard et de ses amis ; au total, il s'en trouve
peu chez eux qui ne fussent en usage déjà. Leur princi-
pale affaire était l'introduction des formes classiques, et,
bien qu'ils aient aussi recommandé celle des mots, il ne
paraît pas qu'ils s'en soient occupés beaucoup, et qu'ils
aient même employé les premiers ces doubles mots
qu'on a représentés comme si fréquents dans leur style.

Voici venir maintenant le poëte amoureux et ana-
créontique : à lui s'adressent les observations faites plus
haut, et c'est celui-là qui a le plus fait école. Vers les der-
niers temps, il tourne à l'élégie, et là seulement peu de
ses imitateurs ont pu l'atteindre, à cause de la supério-
rité avec laquelle il y manie l'alexandrin, employé fort
peu avant lui, et qu'il a immensément perfectionné.

Ceci nous conduit à la dernière époque du talent de
Ronsard, et ce me semble à la plus brillante, bien que
la moins célébrée. Ses *Discours* contiennent en germe
l'épître et la satire régulière, et, mieux que tout cela, une
perfection de style qui étonne plus qu'on ne peut dire[1].
Mais aussi combien peu de poëtes l'ont immédiatement
suivi dans cette région supérieure ! Régnier seulement
s'y présente longtemps après, et on ne se doute guère de
tout ce qu'il doit à celui qu'il avouait hautement pour
son maître.

Dans les discours surtout se déploie cet alexandrin
fort et bien rempli dont Corneille eut depuis le secret, et
qui fait contraster son style avec celui de Racine d'une
manière si remarquable : il est singulier qu'un étranger,

M. Schlegel, ait fait le premier cette observation : « Je regarde comme incontestable, dit-il, que le grand Corneille appartienne encore à certains égards, pour la langue surtout, à cette ancienne école de Ronsard, ou du moins la rappelle souvent[1]. » On se convaincra bien aisément de cette vérité en lisant les discours de Ronsard, et surtout celui des Misères du temps.

Depuis peu d'années, quelques poëtes, et Victor Hugo surtout, paraissent avoir étudié cette versification énergique et brillante de Ronsard, dégoûtés qu'ils étaient de l'autre : j'entends la versification *racinienne*, si belle à son commencement, et que depuis on a tant usée et aplatie à force de la limer et de la polir. Elle n'était point usée, au contraire, celle de Ronsard et de Corneille, mais rouillée, seulement, faute d'avoir servi.

Ronsard mort, après toute une vie de triomphes incontestés, ses disciples, tels que les généraux d'Alexandre, se partagèrent tout son empire, et achevèrent paisiblement d'asservir ce monde littéraire, dont certainement sans lui ils n'eussent pas fait la conquête. Mais, pour en conserver longtemps la possession, il eût fallu, ou qu'eux-mêmes ne fussent pas aussi secondaires qu'ils étaient, ou qu'un maître nouveau étendît sur tous ces petits souverains une main révérée et protectrice. Cela ne fut pas ; et dès lors on dut prévoir, aux divisions qui éclatèrent, aux prétentions qui surgirent, à la froideur et à l'hésitation du public envers les œuvres nouvelles, l'imminence d'une révolution analogue à celle de 1549, dont le grand souvenir de Ronsard, qui survivait encore craint des uns et vénéré du plus grand nombre, pouvait seul retarder l'explosion de quelques années.

Enfin Malherbe vint[2] ! et la lutte commença. Certes ! il était alors beaucoup plus aisé que du temps de Ronsard et de Dubellay de fonder en France une littérature originale : la langue poétique était toute faite grâce à eux, et, bien que nous nous soyons élevé contre la poésie antique substituée par eux à une poésie du moyen âge, nous ne pensons pas que cela eût nui à un homme de génie, à un véritable réformateur venu immédiatement après eux ; cet homme de génie ne se présenta pas : de là tout le mal ; le mouvement imprimé dans le sens classique, qui eût pu même être de quelque utilité comme secondaire, fut pernicieux, parce qu'il domina tout : la réforme prétendue de Malherbe ne consista absolument qu'à le régulariser, et c'est de cette opération qu'il a tiré toute sa gloire.

On sentait bien dès ce temps-là combien cette réforme annoncée si pompeusement était mesquine et conçue d'après des vues étroites. Régnier surtout, Régnier, poëte d'une tout autre force que Malherbe, et qui n'eut que le tort d'être trop modeste, et de se contenter d'exceller dans un genre à lui, sans se mettre à la tête d'aucune école, tance celle de Malherbe avec une sorte de mépris :

> Cependant leur savoir ne s'étend seulement
> Qu'à regratter un mot douteux au jugement ;
> Prendre garde qu'un *qui* ne heurte une diphthongue,
> Épier si des vers la rime est brève ou longue,
> Ou bien si la voyelle, à l'autre s'unissant,
> Ne rend point à l'oreille un vers trop languissant,
> Et laissent sur le vers le noble de l'ouvrage.

Le Critique outré.

Tout cela est très-vrai. Malherbe réformait en grammairien, en éplucheur de mots, et non pas en poëte, et, malgré toutes ses invectives contre Ronsard, il ne songeait pas même qu'il y eût à sortir du chemin qu'avaient frayé les poëtes de la Pléiade, ni par un retour à la vieille littérature nationale, ni par la création d'une littérature nouvelle, fondée sur les mœurs et les besoins du temps, ce qui, dans ces deux cas, eût probablement amené à un même résultat. Toute sa prétention, à lui, fut de purifier le fleuve qui coulait du limon que roulaient ses ondes, ce qu'il ne put faire sans lui enlever aussi en partie l'or et les germes précieux qui s'y trouvaient mêlés : aussi voyez ce qu'a été la poésie après lui : je dis la poésie.

L'art, toujours l'art, froid, calculé, jamais de douce rêverie, jamais de véritable sentiment religieux, rien que la nature ait immédiatement inspiré : le correct, le beau exclusivement ; une noblesse uniforme de pensées et d'expression ; c'est Midas qui a le don de changer en or tout ce qu'il touche. Décidément le branle est donné à la poésie classique : La Fontaine seul y résistera, aussi Boileau l'oubliera-t-il dans son *Art poétique*.

*

VII

EXPLICATIONS

Vous le voyez, mon ami — *en ce temps, je ronsardisais* [1] — pour me servir d'un mot de Malherbe. Considérez, toutefois, le paradoxe ingénieux qui fait le fond de ce travail : il s'agissait alors pour nous, jeunes gens, de rehausser la vieille versification française, affaiblie par les langueurs du dix-huitième siècle, troublée par les brutalités des novateurs trop ardents ; mais il fallait aussi maintenir le droit antérieur de la littérature nationale dans ce qui se rapporte à l'invention et aux formes générales. Cette distinction, que je devais à l'étude de Schlegel, parut obscure alors même à beaucoup de nos amis, qui voyaient dans Ronsard le précurseur du *romantisme*. — Que de peine on a en France pour se débattre contre les mots !

Je ne sais trop qui obtint le prix proposé alors par l'Académie [2] ; mais je crois bien que ce ne fut pas Sainte-Beuve, qui a fait couronner depuis, par le public, son

Histoire de la poésie au seizième siècle[1]. Quant à moi-même, il est évident qu'alors je n'avais droit d'aspirer qu'aux prix du collège, dont ce morceau ambitieux me détournait sans profit.

> Qui n'a pas l'esprit de son âge
> De son âge a tout le malheur[2]!

Je fus cependant si furieux de ma déconvenue, que j'écrivis une satire dialoguée contre l'Académie, qui parut chez Touquet[3]. Ce n'était pas bon, et cependant Touquet m'avait dit, avec ses yeux fins sous ses besicles ombragées par sa casquette à large visière: «Jeune homme, vous irez loin.» Le destin lui a donné raison en me donnant la passion des longs voyages.

Mais, me direz-vous, il faut enfin montrer ces premiers vers, ces *juvenilia*. «Sonnez-moi ces sonnets[4]», comme disait Dubellay.

Eh bien! étant admis à l'étude assidue de ces vieux poëtes, croyez bien que je n'ai nullement cherché à en faire le pastiche, mais que leurs formes de style m'impressionnaient malgré moi, comme il est arrivé à beaucoup de poëtes de notre temps.

Les *odelettes*, ou petites odes de Ronsard, m'avaient servi de modèle. C'était encore une forme classique, imitée par lui d'Anacréon, de Bion[5], et, jusqu'à un certain point, d'Horace. La force concentrée de l'odelette ne me paraissait pas moins précieuse à conserver que celle du sonnet, où Ronsard s'est inspiré si heureusement de Pétrarque, de même que, dans ses élégies, il a suivi les traces d'Ovide; toutefois, Ronsard a été généralement plutôt grec que latin, c'est là ce qui distingue son école de celle de Malherbe.

Odelettes
rhythmiques et lyriques

I
AVRIL

Déjà les beaux jours, la poussière,
Un ciel d'azur et de lumière,
Les murs enflammés, les longs soirs;
Et rien de vert: à peine encore
Un reflet rougeâtre décore
Les grands arbres aux rameaux noirs!

Ce beau temps me pèse et m'ennuie,
Ce n'est qu'après des jours de pluie
Que doit surgir, en un tableau,
Le printemps verdissant et rose;
Comme une nymphe fraîche éclose,
Qui, souriante, sort de l'eau.

II
FANTAISIE

Il est un air pour qui je donnerais
Tout Rossini, tout Mozart et tout Weber*;
Un air très-vieux, languissant et funèbre,
Qui pour moi seul a des charmes secrets.

Or, chaque fois que je viens à l'entendre,
De deux cents ans mon âme rajeunit:

* On prononce *Webre*.

C'est sous Louis treize... Et je crois voir s'étendre
Un coteau vert que le couchant jaunit,

Puis un château de brique à coins de pierre,
Aux vitraux teints de rougeâtres couleurs,
Ceint de grands parcs, avec une rivière
Baignant ses pieds, qui coule entre des fleurs.

Puis une dame, à sa haute fenêtre,
Blonde aux yeux noirs, en ses habits anciens...
Que, dans une autre existence peut-être,
J'ai déjà vue! — et dont je me souviens!

III

LA GRAND'MÈRE

Voici trois ans qu'est morte ma grand'mère,
— La bonne femme, — et, quand on l'enterra,
Parents, amis, tout le monde pleura
D'une douleur bien vraie et bien amère.

Moi seul j'errais dans la maison, surpris
Plus que chagrin; et, comme j'étais proche
De son cercueil, — quelqu'un me fit reproche
De voir cela sans larmes et sans cris.

Douleur bruyante est bien vite passée:
Depuis trois ans, d'autres émotions,
Des biens, des maux, — des révolutions, —
Ont dans les cœurs sa mémoire effacée.

Moi seul j'y songe, et la pleure souvent;
Depuis trois ans, par le temps prenant force.
Ainsi qu'un nom gravé dans une écorce,
Son souvenir se creuse plus avant!

IV

LA COUSINE

L'hiver a ses plaisirs ; et souvent, le dimanche,
Quand un peu de soleil jaunit la terre blanche,
Avec une cousine on sort se promener...
— Et ne vous faites pas attendre pour dîner,
Dit la mère.

Et quand on a bien, aux Tuileries,
Vu sous les arbres noirs les toilettes fleuries,
La jeune fille a froid... et vous fait observer
Que le brouillard du soir commence à se lever.

Et l'on revient, parlant du beau jour qu'on regrette,
Qui s'est passé si vite... et de flamme discrète :
Et l'on sent en rentrant, avec grand appétit,
Du bas de l'escalier, — le dindon qui rôtit.

V

PENSÉE DE BYRON

Par mon amour et ma constance
J'avais cru fléchir ta rigueur,
Et le souffle de l'espérance
Avait pénétré dans mon cœur ;
Mais le temps qu'en vain je prolonge
M'a découvert la vérité,
L'espérance a fui comme un songe...
Et mon amour seul m'est resté !

Il est resté comme un abîme
Entre ma vie et le bonheur,
Comme un mal dont je suis victime,

Comme un poids jeté sur mon cœur !
Dans le chagrin qui me dévore,
Je vois mes beaux jours s'envoler...
Si mon œil étincelle encore
C'est qu'une larme en va couler !

VI

GAIETÉ

Petit *piqueton* de Mareuil,
Plus clairet qu'un vin d'Argenteuil,
Que ta saveur est souveraine !
Les Romains ne t'ont pas compris
Lorsqu'habitant l'ancien Paris
Ils te préféraient le Surêne.

Ta liqueur rose, ô joli vin !
Semble faite du sang divin
De quelque nymphe bocagère ;
Tu perles au bord désiré
D'un verre à côtes, coloré
Par les teintes de la fougère.

Tu me guéris pendant l'été
De la soif qu'un vin plus vanté
M'avait laissé depuis la veille* ;
Ton goût suret, mais doux aussi,
Happant mon palais épaissi,
Me rafraîchit quand je m'éveille.

Eh quoi ! si gai dès le matin,
Je foule d'un pied incertain
Le sentier où verdit ton pampre !...

* Il y a une faute, mais elle est dans le goût du *temps*.

— Et je n'ai pas de Richelet
Pour finir ce docte couplet...
Et trouver une rime en *ampre**.

VII

POLITIQUE
1832

Dans Sainte-Pélagie,
Sous ce règne élargie,
Où, rêveur et pensif,
    Je vis captif,

Pas une herbe ne pousse
Et pas un brin de mousse
Le long des murs grillés
    Et frais taillés.

Oiseau qui fends l'espace...
Et toi, brise, qui passe
Sur l'étroit horizon
    De la prison,

Dans votre vol superbe
Apportez-moi quelque herbe,
Quelque gramen, mouvant
    Sa tête au vent !

Qu'à mes pieds tourbillonne
Une feuille d'automne
Peinte de cent couleurs
    Comme les fleurs !

---

* Lisez le *Dictionnaire des Rimes*, à l'article A M P R E, vous n'y trou-
vez que *pampre* ; pourquoi ce mot si sonore n'a-t-il pas de rime ?

Pour que mon âme triste
Sache encor qu'il existe
Une nature, un Dieu
    Dehors ce lieu.

Faites-moi cette joie,
Qu'un instant je revoie
Quelque chose de vert
    Avant l'hiver!

VIII

LE POINT NOIR

Quiconque a regardé le soleil fixement
Croit voir devant ses yeux voler obstinément
Autour de lui, dans l'air, une tache livide.

Ainsi tout jeune encore et plus audacieux,
Sur la gloire un instant j'osai fixer les yeux :
Un point noir est resté dans mon regard avide.

Depuis, mêlée à tout comme un signe de deuil,
Partout, sur quelque endroit que s'arrête mon œil,
Je la vois se poser aussi, la tache noire!

Quoi, toujours? Entre moi sans cesse et le bonheur!
Oh! c'est que l'aigle seul — malheur à nous, malheur! —
Contemple impunément le Soleil et la Gloire.

IX

LES CYDALISES

Où sont nos amoureuses?
Elles sont au tombeau:
Elles sont plus heureuses
Dans un séjour plus beau!

Elles sont près des anges,
Dans le fond du ciel bleu,
Et chantent les louanges
De la mère de Dieu!

Ô blanche fiancée!
Ô jeune vierge en fleur!
Amante délaissée,
Que flétrit la douleur:

L'éternité profonde
Souriait dans vos yeux...
Flambeaux éteints du monde
Rallumez-vous aux cieux!

X

NI BONJOUR, NI BONSOIR

Sur un air grec

Νὴ καλιμερα, νὴ ωρα καλὶ.

Le matin n'est plus! le soir pas encore:
Pourtant de nos yeux l'éclair a pâli.

Νὴ καλιμερα, νὴ ωρα καλὶ.

Mais le soir vermeil ressemble à l'aurore,
Et la nuit, plus tard, amène l'oubli!

*

VIII

MUSIQUE

Voyez, mon ami, si ces poésies déjà vieilles ont encore
conservé quelque parfum. — J'en ai écrit de tous les
rhythmes, imitant plus ou moins, comme l'on fait quand
on commence. Il y en a encore bien d'autres que je ne puis
plus retrouver: une notamment, sur les papillons, dont
je ne me rappelle que cette strophe [1]:

> Le papillon! fleur sans tige,
>   Qui voltige,
> Que l'on cueille en un réseau;
> Dans la nature infinie,
>   Harmonie
> Entre la fleur et l'oiseau.

C'est encore une coupe à la Ronsard, et cela peut se
chanter sur l'air du cantique de Joseph [2]. Remarquez
une chose, c'est que les odelettes se chantaient et deve-
naient même populaires, témoin cette phrase du *Roman
comique*: «Nous entendîmes la servante, qui, d'une
bouche imprégnée d'ail, chantait l'ode du vieux Ronsard:

> Allons de nos voix
> Et de nos luths d'ivoire
> Ravir les esprits [3]!»

Ce n'était, du reste, que renouvelé des odes antiques,
lesquelles se chantaient aussi. J'avais écrit les premières

sans songer à cela, de sorte qu'elles ne sont nullement lyriques. L'avant-dernière : « Où sont nos amoureuses ? » est venue malgré moi, sous forme de chant ; j'en avais trouvé en même temps les vers et la mélodie, que j'ai été obligé de faire noter, et qui a été trouvée très-concordante aux paroles. — La dernière est calquée sur un air grec.

Je suis persuadé que tout poëte ferait facilement la musique de ses vers s'il avait quelque connaissance de la notation[1]. Rousseau est cependant presque le seul qui, avant Pierre Dupont[2], ait réussi.

Je discutais dernièrement là-dessus avec S***[3], à propos des tentatives de Richard Wagner. Sans approuver le système musical actuel, qui fait du poëte un *parolier*, S*** paraissait craindre que l'innovation de l'auteur de *Lohengrin*, qui soumet entièrement la musique au rhythme poétique, ne la fît remonter à l'enfance de l'art. Mais n'arrive-t-il pas tous les jours qu'un art quelconque se rajeunit en se retrempant à ses sources ? S'il y a décadence, pourquoi le craindre ? s'il y a progrès, où est le danger ?

Il est très-vrai que les Grecs avaient quatorze modes lyriques fondés sur les rhythmes poétiques de quatorze chants ou chansons. Les Arabes en ont le même nombre, à leur imitation. De ces timbres primitifs résultent des combinaisons infinies, soit pour l'orchestre, soit pour l'opéra. Les tragédies antiques étaient des opéras, moins avancés sans doute que les nôtres ; les mystères aussi du moyen âge étaient des opéras complets avec récitatifs, airs et chœurs ; on y voit poindre même le duo, le trio, etc. On me dira que les chœurs n'étaient chantés qu'à l'unisson, — soit. Mais n'aurions-nous réalisé qu'un de ces progrès matériels qui perfectionnent la forme aux dépens de la grandeur et du sentiment ? Qu'un faiseur italien vole un air populaire qui court les rues de Naples ou de Venise, et qu'il en fasse le motif principal d'un duo, d'un trio ou d'un chœur, qu'il le dessine dans l'orchestre, le complète et le fasse suivre d'un autre motif également pillé, sera-t-il pour cela inventeur ? Pas plus

que poëte. Il aura seulement le mérite de la composi-
tion[1], c'est-à-dire de l'arrangement selon les règles et
selon son style ou son goût particuliers.

Mais cette esthétique nous entraînerait trop loin, et je
suis incapable de la soutenir avec les termes acceptés,
n'ayant jamais pu mordre au solfège.— Voici des pièces
choisies parmi celles que j'ai écrites pour plusieurs com-
positeurs.

I

LE ROI DE THULÉ

Il était un roi de Thulé,
À qui son amante fidèle
Légua, comme souvenir d'elle,
Une coupe d'or ciselé.

C'était un trésor plein de charmes
Où son amour se conservait :
À chaque fois qu'il y buvait
Ses yeux se remplissaient de larmes.

Voyant ses derniers jours venir,
Il divisa son héritage,
Mais il excepta du partage
La coupe, son cher souvenir.

Il fit à la table royale
Asseoir les barons, dans sa tour ;
Debout et rangée à l'entour
Brillait sa noblesse loyale.

Sous le balcon grondait la mer.
Le vieux roi se lève en silence,
Il boit, — frissonne, et sa main lance
La coupe d'or au flot amer !

Il la vit tourner dans l'eau noire,
La vague en s'ouvrant fit un pli,
Le roi pencha son front pâli...
Jamais on ne le vit plus boire.

Faust. Musique de Berlioz.

II

LA SÉRÉNADE

(D'UHLAND)

— Oh! quel doux chant m'éveille?
— Près de ton lit je veille,
Ma fille! et n'entends rien...
Rendors-toi, c'est chimère!
— J'entends dehors, ma mère,
Un chœur aérien!...

— Ta fièvre va renaître.
— Ces chants de la fenêtre
Semblent s'être approchés.
— Dors, pauvre enfant malade,
Qui rêves sérénade...
Les galants sont couchés!

— Les hommes! que m'importe?
Un nuage m'emporte...
Adieu le monde, adieu!
Mère, ces sons étranges
C'est le concert des anges
Qui m'appellent à Dieu!

Musique du prince Poniatowski.

III

VERS D'OPÉRA

ESPAGNE

Mon doux pays des Espagnes
Qui voudrait fuir ton beau ciel,
Tes cités et tes montagnes,
Et ton printemps éternel ?

Ton air pur qui nous enivre,
Tes jours moins beaux que tes nuits,
Tes champs, où Dieu voudrait vivre
S'il quittait son paradis.

Autrefois ta souveraine,
L'Arabie, en te fuyant,
Laissa sur ton front de reine
Sa couronne d'Orient !

Un écho redit encore
À ton rivage enchanté
L'antique refrain du Maure :
Gloire, amour et liberté !

PIQUILLO

IV

CHŒUR D'AMOUR

Ici l'on passe
Des jours enchantés !
L'ennui s'efface
Aux cœurs attristés
Comme la trace
Des flots agités.

Heure frivole
Et qu'il faut saisir,
Passion folle
Qui n'est qu'un désir,
Et qui s'envole
Après le plaisir!

PIQUILLO (avec Dumas)
— Musique de Monpou.

V

CHANSON GOTHIQUE

Belle épousée,
J'aime tes pleurs!
C'est la rosée
Qui sied aux fleurs.

Les belles choses
N'ont qu'un printemps,
Semons de roses
Les pas du Temps!

Soit brune ou blonde
Faut-il choisir?
Le Dieu du monde,
C'est le plaisir.

LES MONTÉNÉGRINS.

VI

CHANT DES FEMMES EN ILLYRIE

Pays enchanté,
C'est la beauté

Qui doit te soumettre à ses chaînes !
　　Là-haut sur ces monts
　　Nous triomphons :
L'infidèle est maître des plaines.

　　Chez nous
　　Son amour jaloux
Trouverait des inhumaines...
　　Mais pour nous conquérir
　　Que faut-il nous offrir ?
Un regard, un mot tendre, un soupir !...

　　Ô soleil riant
　　De l'Orient,
Tu fais supporter l'esclavage ;
　　Et tes feux vainqueurs
　　Domptent les cœurs,
Mais l'amour peut bien davantage.

　　Ses accents
　　Sont tout-puissants
Pour enflammer le courage...
　　À qui sait tout oser
　　Qui pourrait refuser
Une fleur, un sourire, un baiser ?

LES MONTÉNÉGRINS.

VII

CHANT MONTÉNÉGRIN

C'est l'empereur Napoléon,
Un nouveau César, nous dit-on,
Qui rassembla ses capitaines :
　　— Allez là-bas
Jusqu'à ces montagnes hautaines ;
　　N'hésitez pas !

Là sont des hommes indomptables
     Au cœur de fer,
Des rochers noirs et redoutables
Comme les abords de l'enfer.

Ils ont amené des canons
Et des houzards et des dragons.
— Vous marchez tous, ô capitaines !
     Vers le trépas ;
Contemplez ces roches hautaines,
     N'avancez pas !

Car la montagne a des abîmes
     Pour vos canons ;
Les rocs détachés de leurs cimes
Iront broyer vos escadrons.

Monténégro, Dieu te protège,
Et tu seras libre à jamais
          Comme la neige
          De tes sommets !

LES MONTÉNÉGRINS

VIII

CHŒUR SOUTERRAIN

Au fond des ténèbres,
Dans ces lieux funèbres,
Combattons le sort :
Et pour la vengeance
Tous d'intelligence,
Préparons la mort.

          Marchons dans l'ombre,
          Un voile sombre

Couvre les airs :
Quand tout sommeille
Celui qui veille
Brise ses fers.

LES MONTÉNÉGRINS.
— Musique de Limnander.

Ces dernières strophes, comme vous voyez, ont une couleur ancienne qui aurait réjoui le vieux Gluck...

*

Il est difficile de devenir un bon prosateur si l'on n'a pas été poëte — ce qui ne signifie pas que tout poëte puisse devenir un prosateur. Mais comment s'expliquer la séparation qui s'établit presque toujours entre ces deux talents ? Il est rare qu'on les accorde tous les deux au même écrivain : du moins l'un prédomine l'autre. Pourquoi aussi notre poésie n'est-elle pas populaire comme celle des Allemands[1] ? C'est, je crois, qu'il faut distinguer toujours ces deux styles et ces deux genres — chevaleresque — et gaulois, dans l'origine, qui, en perdant leurs noms, ont conservé leur division générale. On parle en ce moment d'une collection de chants nationaux recueillis et publiés à grands frais[2]. Là, sans doute, nous pourrons étudier les rhythmes anciens conformes au génie primitif de la langue, et peut-être en sortira-t-il quelque moyen d'assouplir et de varier ces coupes belles mais monotones que nous devons à la réforme classique. La rime riche est une grâce, sans doute, mais elle ramène trop souvent les mêmes formules. Elle rend le récit poétique ennuyeux et lourd le plus souvent, et est un grand obstacle à la popularité des poëmes.

Je voudrais citer quelques chants d'une province où j'ai été élevé et qu'on appelle spécialement « la France ». C'était en effet l'ancien domaine des empereurs et des rois, aujourd'hui découpé en mille possessions diverses. Permettez-moi d'abord de fixer le lieu de la scène, en citant un fragment de lettre que j'écrivais l'an dernier[1].

IX

UN JOUR À SENLIS

Ceux qui ne sont pas chasseurs ne comprennent point assez la beauté des paysages d'automne. — En ce moment, malgré la brume du matin, j'aperçois des tableaux dignes des grands maîtres flamands. Dans les châteaux et dans les musées, on retrouve encore l'esprit des peintres du Nord. Toujours des points de vue aux teintes roses ou bleuâtres dans le ciel, aux arbres à demi effeuillés — avec des champs dans le lointain, ou, sur le premier plan, des scènes champêtres.

Le *Voyage à Cythère*, de Watteau[2], a été conçu dans les brumes transparentes et colorées de ce pays. C'est une Cythère calquée sur quelque îlot de ces étangs créés par les débordements de l'Oise et de l'Aisne, — ces rivières si calmes et si paisibles en été.

Le lyrisme de ces observations ne doit pas vous étonner : — fatigué des querelles vaines et des stériles agitations de Paris, je me repose en revoyant ces campagnes si vertes et si fécondes ; — je reprends des forces sur cette terre maternelle[3].

Quoi qu'on puisse dire philosophiquement, nous tenons au sol par bien des liens. On n'emporte pas les cendres de ses pères à la semelle de ses souliers[4], — et le plus pauvre garde quelque part un souvenir sacré qui lui rappelle ceux qui l'ont aimé. Religion ou philosophie, tout indique à l'homme ce culte éternel des souvenirs.

C'est le jour des Morts que je vous écris ; — pardon de

ces idées mélancoliques. Arrivé à Senlis la veille, j'ai passé par les paysages les plus beaux et les plus tristes qu'on puisse voir dans cette saison. La teinte rougeâtre des chênes et des trembles sur le vert foncé des gazons, les troncs blancs des bouleaux se détachant du milieu des bruyères et des broussailles, — et surtout la majestueuse longueur de cette route de Flandre, qui s'élève parfois de façon à vous faire admirer un vaste horizon de forêts brumeuses, — tout cela m'avait porté à la rêverie. En arrivant à Senlis, j'ai vu la ville en fête. Les cloches, — dont Rousseau aimait tant le son lointain[1], — résonnaient de tous côtés ; — les jeunes filles se promenaient par compagnies dans la ville, ou se tenaient devant les portes des maisons en souriant et caquetant. Je ne sais si je suis victime d'une illusion : je n'ai pu rencontrer encore une fille laide à Senlis... Celles-là peut-être ne se montrent pas !

Non ; — le sang est beau généralement, ce qui tient sans doute à l'air pur, à la nourriture abondante, à la qualité des eaux. Senlis est une ville isolée de ce grand mouvement du chemin de fer du Nord qui entraîne les populations vers l'Allemagne[2].

Il est naturel, un jour de fête à Senlis, d'aller voir la cathédrale. Elle est fort belle, et nouvellement restaurée, avec l'écusson semé de fleurs de lis qui représente les armes de la ville, et qu'on a eu soin de replacer sur la porte latérale. L'évêque officiait en personne, — et la nef était remplie des notabilités châtelaines et bourgeoises qui se rencontrent encore dans cette localité.

En sortant, j'ai pu admirer, sous un rayon de soleil couchant, les vieilles tours des fortifications romaines, à demi démolies et revêtues de lierre. — En passant près du prieuré, j'ai remarqué un groupe de petites filles qui s'étaient assises sur les marches de la porte.

Elles chantaient sous la direction de la plus grande, qui, debout devant elles, frappait des mains en réglant la mesure.

— Voyons, mesdemoiselles, recommençons; les petites
ne vont pas!... Je veux entendre cette petite-là qui est à
gauche, la première sur la seconde marche: — Allons,
chante toute seule.

Et la petite se met à chanter avec une voix faible, mais
bien timbrée:

> Les canards dans la rivière... etc.

Encore un air avec lequel j'ai été bercé. Les souvenirs
d'enfance se ravivent quand on a atteint la moitié de la
vie. — C'est comme un manuscrit palympseste dont on
fait reparaître les lignes par des procédés chimiques[1].

Les petites filles reprirent ensemble une autre chanson
— encore un souvenir:

> Trois filles dedans un pré...
> Mon cœur vole! (*bis*.)
> Mon cœur vole à votre gré!

— Scélérats d'enfants! dit un brave paysan qui s'était
arrêté près de moi à les écouter... Mais vous êtes trop
gentilles!... Il faut danser à présent.

Les petites filles se levèrent de l'escalier et dansèrent
une danse singulière qui m'a rappelé celle des filles
grecques dans les îles.

Elles se mettent toutes, — comme on dit chez nous, —
à la queue leleu; puis un jeune garçon prend les mains
de la première et la conduit en reculant, pendant que les
autres se tiennent les bras, que chacune saisit derrière sa
compagne. Cela forme un serpent qui se meut d'abord en
spirale et ensuite en cercle, et qui se resserre de plus en
plus autour de l'auditeur, obligé d'écouter le chant, et,
quand la ronde se finit, d'embrasser les pauvres enfants,
qui font cette gracieuseté à l'étranger qui passe.

Je n'étais pas un étranger, mais j'étais ému jusqu'aux
larmes en reconnaissant, dans ces petites voix, des into-

nations, des roulades, des finesses d'accent, autrefois entendues, — et qui, des mères aux filles, se conservent les mêmes...

La musique, dans cette contrée, n'a pas été gâtée par l'imitation des opéras parisiens, des romances de salon ou des mélodies exécutées par les orgues[1]. On en est encore, à Senlis, à la musique du seizième siècle, conservée traditionnellement depuis les Médicis. L'époque de Louis XIV a aussi laissé des traces. Il y a, dans les souvenirs des filles de la campagne, des complaintes — d'un mauvais goût ravissant. On trouve là des restes de morceaux d'opéras du seizième siècle, peut-être, — ou d'oratorios du dix-septième.

J'ai assisté autrefois à une représentation donnée à Senlis dans une pension de demoiselles.

On jouait un mystère, — comme aux temps passés. — La vie du Christ avait été représentée dans tous ses détails, et la scène dont je me souviens était celle où l'on attendait la descente du Christ dans les enfers.

Une très-belle fille blonde parut avec une robe blanche, une coiffure de perles, une auréole et une épée dorée, sur un demi-globe, qui figurait un astre éteint.

Elle chantait :

> Anges ! descendez promptement
> Au fond du purgatoire !...

Et elle parlait de la gloire du Messie, qui allait visiter ces sombres lieux. — Elle ajoutait :

> Vous le verrez distinctement
> Avec une couronne...
> Assis *dessus* un trône[2] !

X
VIEILLES LÉGENDES [1]

On voit que ces rimes riches n'appartiennent pas à la poésie populaire. Écoutez un chant sublime de ce pays, — tout en assonances dans le goût espagnol.

Le duc Loys est sur *son pont**, — Tenant sa fille en son giron. — Elle lui demande un cavalier, — Qui n'a pas vaillant six deniers! — «Oh! oui, mon père, je l'aurai — Malgré ma mère qui m'a porté [*sic*]. — Aussi malgré tous mes parens, — Et vous, mon père... que j'aime tant[2]!»

C'est le caractère des filles dans cette contrée; — le père répond:

«— Ma fille, il faut changer d'amour, — Ou vous entrerez dans la tour...»

Réplique de la demoiselle:

«— J'aime mieux rester dans la tour, — Mon père! que de changer d'amour!»

Le père reprend:

«— Vite... où sont mes estafiers, — Aussi bien que mes gens de pied? — Qu'on mène ma fille à la tour, — Elle n'y verra jamais le jour!»

L'auteur de la romance ajoute:

* Les anciens seigneurs se tenaient le soir devant la porte de leur château, c'est-à-dire *sur le pont*, et recevaient là les hommages de leurs vassaux. Leur famille les entourait.

Elle y resta sept ans passés — Sans que personne pût la trou-
ver : — Au bout de la septième année — Son père vint la visiter.

« — Bonjour, ma fille !... comme vous en va ? — Ma foi, mon
père,... ça va bien mal ; — J'ai les pieds pourris dans la terre, —
Et les côtés mangés des vers. »

« — Ma fille, il faut changer d'amour... — Ou vous resterez
dans la tour. — J'aime mieux rester dans la tour, — Mon père,
que de changer d'amour ! »

Il est malheureux de ne pouvoir vous faire entendre les
airs, — qui sont aussi poétiques que ces vers sont musi-
calement rhythmés.

En voici une autre :

Dessous le rosier blanc — La belle se promène... — Blanche
comme la neige, — Belle comme le jour.

On a gâté depuis cette légende en y refaisant des vers,
et en prétendant qu'elle était du Bourbonnais. On l'a
même dédiée, avec de jolies illustrations, à l'ex-reine des
Français... Je ne puis vous la donner entière ; voici
encore les détails dont je me souviens :

Les trois capitaines passent à cheval près du rosier
blanc :

Le plus jeune des trois — La prit par sa main blanche : « —
Montez, montez, la belle, — Dessus mon cheval blanc... »

On voit encore, par ces quatre vers, qu'il est possible
de ne pas rimer en poésie ; — c'est ce que savent les Alle-
mands, qui, dans certaines pièces, emploient seulement
les longues et les brèves, à la manière antique.

Les trois cavaliers et la jeune fille, montée en croupe
derrière le plus jeune, arrivent à Senlis. « Aussitôt arri-
vés, l'hôtesse la regarde :

« — Entrez, entrez, la belle : — Entrez sans plus de bruit. —
Avec trois capitaines — Vous passerez la nuit ! »

Quand la belle comprend qu'elle a fait une démarche un peu légère, — après avoir présidé au souper, — elle *fait la morte*, et les trois cavaliers sont assez naïfs pour se prendre à cette feinte. — Ils se disent : « Quoi ! notre mie est morte ! » et se demandent où il faut la reporter :

« Au jardin de son père ! »

dit le plus jeune ; — et c'est sous le rosier blanc qu'ils s'en vont déposer le corps.

Le narrateur continue :

Et au bout des trois jours — La belle ressuscite !... « — Ouvrez, ouvrez, mon père, — Ouvrez, sans plus tarder ; — Trois jours j'ai fait la morte — Pour mon honneur garder ! »

Le père est en train de souper avec toute la famille. On accueille avec joie la jeune fille dont l'absence avait beaucoup inquiété ses parents depuis trois jours, — et il est probable qu'elle se maria plus tard fort honorablement.

*

XI

VIEILLES LÉGENDES
FRANÇAISES — SUITE[1]

Je crains encore que le travail qui se prépare ne soit fait purement au point de vue historique et scientifique. Nous aurons des ballades franques, normandes, des chants de guerre, des lais et des virelais, des guerz bretons, des noëls bourguignons et picards... Mais songera-t-on à recueillir ces chants de la vieille *France* dont je cite ici des fragments épars et qui n'ont jamais été complétés ni réunis ?

Les savants ne veulent pas admettre dans les livres des vers composés sans souci de la rime, de la prosodie et de la syntaxe.

La langue du berger, du marinier, du charretier qui passe, est bien la nôtre, à quelques élisions près, avec des tournures douteuses, des mots hasardés, des terminaisons et des liaisons de fantaisie ; mais elle porte un cachet d'ignorance qui révolte l'homme du monde, bien plus que ne le fait le patois. Pourtant ce langage a ses règles, ou du moins ses habitudes régulières, et il est fâcheux que des couplets tels que ceux de la célèbre romance : *Si j'étais hirondelle*, soient abandonnés, pour deux ou trois consonnes singulièrement placées, au répertoire chantant des concierges et des cuisinières.

Quoi de plus gracieux et de plus poétique pourtant :

Si j'étais hirondelle ! — Que je puisse voler, — Sur votre sein, ma belle, — J'irais me reposer !

Il faut continuer, il est vrai, par : *J'ai z'un coquin de frère...* ou risquer un hiatus terrible ; mais pourquoi aussi la langue a-t-elle repoussé ce *z* si commode, si liant, si séduisant, qui faisait tout le charme du langage de l'ancien Arlequin, et que la jeunesse dorée du Directoire a tenté en vain de faire passer dans le langage des salons ?

Ce ne serait rien encore, et de légères corrections rendraient à notre poésie légère, si pauvre, si peu inspirée, ces charmantes et naïves productions des poëtes modestes ; mais la rime, cette sévère rime française, comment s'arrangerait-elle encore du couplet suivant :

La fleur de l'olivier — Que vous avez aimé, — Charmante beauté, — Et vos beaux yeux charmants, — Que mon cœur aime tant, — Les faudra-t-il quiter !

Observez que la musique se prête admirablement à ces hardiesses ingénues, et trouve dans les assonances, ménagées suffisamment d'ailleurs, toutes les ressources que la poésie doit lui offrir. Voilà deux charmantes chansons, qui ont comme un parfum de la Bible, et dont la plupart des couplets sont perdus, parce que personne n'a jamais osé les écrire ou les imprimer. J'en dirai autant de celle où se trouve la strophe suivante :

> Enfin vous voilà donc, — Ma belle mariée, — Enfin vous voilà donc — À votre époux liée, — Avec un long fil d'or — Qui ne rompt qu'à la mort.

Quoi de plus pur, d'ailleurs, comme langue et comme pensée ? Mais l'auteur ne savait pas écrire, et l'imprimerie nous conserve les gravelures de Collé, de Piis et de Panard[1] !

Les étrangers reprochent à notre peuple de n'avoir aucun sentiment de la poésie et de la couleur ; mais où trouver une composition et une imagination plus orientales que dans cette chanson de nos mariniers :

> Ce sont les filles de La Rochelle — Qui ont armé un bâtiment — Pour aller faire la course — Dedans les mers du Levant.
> La coque en est en bois rouge, — Travaillé fort proprement ; — La mâture est en ivoire, — Les poulies en diamant.
> La grand'voile est en dentelle, — La misaine en satin blanc ; — Les cordages du navire — Sont de fils d'or et d'argent.
> L'équipage du navire, — C'est tout filles de quinze ans ; — Les gabiers de la grande hune — N'ont pas plus de dix-huit ans ! etc.

Les richesses poétiques n'ont jamais manqué au marin, ni au soldat français, qui ne rêvent dans leurs chants que filles de roi, sultanes, et même présidentes, comme dans la ballade trop connue :

> C'est dans la ville de Bordeaux
> Qu'il est arrivé trois vaisseaux, etc.

Mais le tambour des gardes françaises, où s'arrêtera-t-il, celui-là ?

> Un joli tambour s'en allait à la guerre, etc.

La fille du roi est à sa fenêtre, le tambour la demande en mariage : — Joli tambour, dit le roi, tu n'es pas assez riche ! — Moi ? dit le tambour sans se déconcerter,

> J'ai trois vaisseaux sur la mer gentille,
> L'un chargé d'or, l'autre de perles fines,
> Et le troisième pour promener ma mie.

— Touche là, tambour, lui dit le roi, tu n'auras pas ma fille ! — Tant pis, dit le tambour, j'en trouverai de plus gentilles !... Étonnez-vous, après ce tambour-là, de nos soldats devenus rois ! Voyons maintenant ce que va faire un capitaine :

> À Tours en Touraine — Cherchant ses amours ; — Il les a cherchées, — Il les a trouvées — En haut d'une tour.

Le père n'est pas un roi, mais un simple châtelain qui répond à la demande en mariage :

> Mon beau capitaine, — Ne te mets en peine, — Tu ne l'auras pas.

La réplique du capitaine est superbe :

> Je l'aurai par terre, — Je l'aurai par mer — Ou par trahison.

Il fait si bien, en effet, qu'il enlève la jeune fille sur son cheval ; et l'on va voir comme elle est bien traitée une fois en sa possession :

À la première ville, — Son amant l'habille — Tout en satin blanc! — À la seconde ville, — Son amant l'habille — Tout d'or et d'argent.
À la troisième ville — Son amant l'habille — Tout en diamants! — Elle était si belle, — Qu'elle passait pour reine — Dans le régiment!

Après tant de richesses dévolues à la verve un peu gasconne du militaire ou du marin, envierons-nous le sort du simple berger? Le voilà qui chante et qui rêve:

Au jardin de mon père, — Vole, mon cœur, vole! — Il y a z'un pommier doux, — Tout doux!
Trois belles princesses, — Vole, mon cœur, vole! — Trois belles princesses — Sont couchées dessous, etc.

Est-ce donc la vraie poésie, est-ce la soif mélancolique de l'idéal qui manque à ce peuple pour comprendre et produire des chants dignes d'être comparés à ceux de l'Allemagne et de l'Angleterre? Non, certes; mais il est arrivé qu'en France la littérature n'est jamais descendue au niveau de la grande foule; les poètes académiques du dix-septième et du dix-huitième siècle n'auraient pas plus compris de telles inspirations que les paysans n'eussent admiré leurs odes, leurs épîtres et leurs poésies fugitives, si incolores, si gourmées. Pourtant comparons encore la chanson que je vais citer à tous ces bouquets à Chloris qui faisaient vers ce temps l'admiration des belles compagnies.

Quand Jean Renaud de la guerre revint, — Il en revint triste et chagrin: — «Bonjour, ma mère — Bonjours mon fils! — Ta femme est accouchée d'un petit.»
«Allez, ma mère, allez devant; — Faites-moi dresser un beau lit blanc; — Mais faites-le dresser si bas, — Que ma femme ne l'entende pas!»
Et quand ce fut vers le minuit, — Jean Renaud a rendu l'esprit.

Ici la scène de la ballade change et se transporte dans la chambre de l'accouchée :

« Ah ! dites, ma mère, ma mie, — Ce que j'entends pleurer ici ? — Ma fille · ce sont les enfants — qui se plaignent du mal de dents ! »

« Ah ! dites, ma mère, ma mie, — Ce que j'entends clouer ici. — Ma fille, c'est le charpentier, — Qui raccommode le plancher ! »

« Ah ! dites, ma mère, ma mie, — Ce que j'entends chanter ici ? — Ma fille, c'est la procession, — Qui fait le tour de la maison ! »

« Mais dites, ma mère, ma mie, — Pourquoi donc pleurez-vous ainsi ? — Hélas ! je ne puis le cacher ; — c'est Jean Renaud qui est décédé ! »

« Ma mère ! dites au fossoyeux — Qu'il fasse la fosse pour deux, — Et que l'espace y soit si grand, — Qu'on y renferme aussi l'enfant ! »

Ceci ne le cède en rien aux plus touchantes ballades allemandes ; il n'y manque qu'une certaine exécution de détail qui manquait aussi à la légende primitive de Lénore et à celle du roi des Aulnes, avant Goëthe et Bürger. Mais quel parti encore un poëte eût tiré de la complainte de saint Nicolas, que nous allons citer en partie :

Il était trois petits enfants — Qui s'en allaient glaner aux champs,

S'en vont au soir chez un boucher. — « Boucher, voudrais-tu nous loger ? — Entrez, entrez, petits enfants, — Il y a de la place assurément. »

Ils n'étaient pas sitôt entrés, — Que le boucher les a tués, — Les a coupés en petits morceaux, — Mis au saloir comme pourceaux.

Saint Nicolas, au bout d' sept ans, — Saint Nicolas vint dans ce champ. — Il s'en alla chez le boucher : — « Boucher, voudrais-tu me loger ? »

« Entrez, entrez, saint Nicolas. — Il y a d' la place, il n'en manque pas. » — Il n'était pas sitôt entré, — Qu'il a demandé à souper.

«Voulez-vous un morceau d' jambon? — Je n'en veux pas, il n'est pas bon. — Voulez-vous un morceau de veau? — Je n'en veux pas, il n'est pas beau!

«Du p'tit salé je veux avoir — Qu'il y a sept ans qu'est dans l' saloir!» — Quand le boucher entendit cela, — Hors de sa porte il s'enfuya.

«Boucher, boucher, ne t'enfuis pas. — Repens-toi, Dieu te pardonn'ra. — Saint Nicolas posa trois doigts — Dessus le bord de ce saloir:

Le premier dit: «J'ai bien dormi!» — Le second dit: «Et moi aussi!» — Et le troisième répondit: «Je croyais être en paradis!»

N'est-ce pas là une ballade d'Uhland, moins les beaux vers? Mais il ne faut pas croire que l'exécution manque toujours à ces naïves inspirations populaires[1].

La vertu des filles du peuple attaquée par des seigneurs félons a fourni encore de nombreux sujets de romances. Il y a, par exemple, la fille d'un pâtissier, que son père envoie porter des gâteaux chez le seigneur de Dammartin. Celui-ci la retient jusqu'à la nuit close et ne veut plus la laisser partir. Pressée de son déshonneur, elle feint de céder, et demande au comte son poignard pour couper une agrafe de son corset. Elle se perce le cœur, et les pâtissiers instituent une fête pour cette martyre boutiquière.

Il y a des chansons de *causes célèbres* qui offrent un intérêt moins romanesque, mais souvent plein de terreur et d'énergie. Imaginez un homme qui revient de la chasse et qui répond à un autre qui l'interroge:

«J'ai tant tué de petits lapins blancs — Que mes souliers sont pleins de sang. — T'en as menti, faux, traître! — Je te ferai connaître. — Je vois, je vois à tes pâles couleurs — Que tu viens de tuer ma sœur!»

Quelle poésie sombre en ces lignes qui sont à peine des vers! Dans une autre, un déserteur rencontre la maréchaussée, cette terrible Némésis au chapeau bordé d'argent:

On lui a demandé : — Où est votre congé ? — «Le congé que j'ai pris, — Il est sous mes souliers[1]. »

Il y a toujours une amante éplorée mêlée à ces tristes récits :

La belle s'en va trouver son capitaine. — Son colonel et aussi son sergent...

Le refrain est cette phrase latine : «*Spiritus sanctus, quoniam bonus!*» chantée sur un air de plain-chant et qui prédit assez le sort du malheureux soldat.

*

XII
VISITE À ERMENONVILLE[2]

Mais nous trouverons d'autres chansons encore en allant réveiller les souvenirs des vieilles paysannes, des bûcherons et des vanneurs. — J'ai rencontré à Senlis un ancien compagnon de jeunesse. Il s'appelle Sylvain de son petit nom. C'est un garçon, — je veux dire un homme, car il ne faut pas trop nous rajeunir, — qui a toujours mené une vie assez sauvage, comme son nom. Il vit de je ne sais quoi dans des maisons qu'il se bâtit lui-même, à la manière des cyclopes, avec ces grès de la contrée qui apparaissent à fleur de sol entre les pins et les bruyères. L'été, sa maison de grès lui semble trop chaude, et il se construit des huttes en feuillage au milieu des bois. Un petit revenu qu'il a de quelques morceaux de terre lui procure du reste une certaine considération près des gardes, auxquels il paye quelquefois à boire. On l'a souvent suspecté de braconnage; mais le fait n'a jamais pu être démontré. C'est donc un homme que l'on peut voir. — Du reste, s'il n'a pas de profession bien définie, il a des idées sur tout comme plusieurs gens de ce pays, où l'on a, dit-on, inventé jadis les tourne-broches. — Lui, s'est essayé plusieurs fois à composer des montres ou des boussoles. Ce qui le gêne dans la montre, c'est la chaîne qui ne peut se prolonger assez... Ce qui le gêne dans la boussole, c'est que cela fait seulement reconnaître que l'aimant polaire du globe attire forcément les aiguilles; — mais que sur le reste, — sur la cause — et les moyens de s'en servir, les documents sont imparfaits.

Je quitte Senlis à regret; — mais mon ami le veut pour me faire obéir à la pensée que j'avais manifestée imprudemment d'aller le jour des Morts voir la tombe de Rousseau; — les amis sont comme les enfants, — *ce sont des tourments*, — c'est encore une locution du pays.

Je me plaisais tant dans cette ville, où la renaissance, le moyen âge et l'époque romaine se retrouvent çà et là — au détour d'une rue, dans un jardin, dans une écurie, dans une cave. — Je vous parlais «de ces tours des Romains recouvertes de lierre!» — L'éternelle verdure dont elles sont vêtues fait honte à la nature inconstante de nos pays froids. — En Orient, les bois sont toujours verts; — chaque arbre a sa saison de mue; mais cette saison varie selon la nature de l'arbre. C'est ainsi que j'ai vu, au Caire, les sycomores perdre leurs feuilles en été. En revanche, ils étaient verts au mois de janvier.

Les allées qui entourent Senlis et qui remplacent les antiques fortifications romaines, — restaurées plus tard, par suite du long séjour des rois carlovingiens, — n'offrent plus aux regards que des feuilles rouillées d'ormes et de tilleuls. Cependant la vue est encore belle aux alentours par un beau coucher de soleil. — Les forêts de Chantilly, de Compiègne et d'Ermenonville; — les bois de Châalis et de Pont-Armé, se dessinent avec leurs masses rougeâtres sur le vert clair des prairies qui les séparent. Des châteaux lointains élèvent encore leurs tours, — solidement bâties en pierres de *Senlis*, et qui généralement, ne servent plus que de pigeonniers.

Les clochers aigus, hérissés de saillies régulières, qu'on appelle dans le pays des *ossements* (je ne sais pourquoi) retentissent encore de ce bruit de cloches qui portait une douce mélancolie dans l'âme de Rousseau[1]...

Accomplissons le pèlerinage que nous nous sommes promis de faire, non pas près de ses cendres, qui reposent au Panthéon, — mais près de son tombeau, situé à Ermenonville, dans l'île dite des Peupliers.

La cathédrale de Senlis ; l'église Saint-Pierre, qui sert aujourd'hui de caserne aux cuirassiers ; le château de Henri IV, adossé aux vieilles fortifications de la ville ; les cloîtres byzantins de Charles le Gros et de ses successeurs, n'ont rien qui doive nous arrêter... C'est encore le moment de parcourir les bois malgré la brume obstinée du matin.

Nous sommes partis de Senlis à pied, à travers les bois, aspirant avec bonheur la brume d'automne. En regardant les grands arbres qui ne conservaient au sommet qu'un bouquet de feuilles jaunies, mon ami Sylvain me dit :

— Te souviens-tu du temps où nous parcourions ces bois, quand tes parents te laissaient venir chez nous, où tu avais d'autres parents ?... Quand nous allions tirer les écrevisses des pierres, sous les ponts de la Nonette et de l'Oise... tu avais soin d'ôter tes bas et tes souliers, et on t'appelait petit Parisien.

— Je me souviens, lui dis-je, que tu m'as abandonné une fois dans le danger. C'était à un remous de la Thève, vers Neufmoulin, — je voulais absolument passer l'eau pour revenir par un chemin plus court chez ma nourrice. — Tu me dis : On peut passer. Les longues herbes et cette écume verte qui surnage dans les coudes de nos rivières me donnèrent l'idée que l'endroit n'était pas profond. Je descendis le premier. Puis je fis un plongeon dans sept pieds d'eau. Alors tu t'enfuis, craignant d'être accusé d'avoir laissé se *nayer* le *petit Parisien*, et résolu à dire, si l'on t'en demandait des nouvelles, qu'il était allé *où il avait voulu.* — Voilà les amis !

Sylvain rougit et ne répondit pas.

— Mais ta sœur, ta sœur qui nous suivait, — pauvre petite fille ! — pendant que je m'abîmais les mains en me retenant, après mon plongeon, aux feuilles coupantes des iris, se mit à plat ventre sur la rive et me tira par les cheveux de toute sa force[1].

— Pauvre Sylvie ! dit en pleurant mon ami.

— Tu comprends, répondis-je, que je ne te dois rien...

— Si ; je t'ai appris à monter aux arbres. Vois ces nids de pies qui se balancent encore sur les peupliers et sur les châtaigniers, — je t'ai appris à les aller chercher, — ainsi que ceux des piverts, — situés plus haut au printemps. — Comme Parisien, tu étais obligé d'attacher à tes souliers des *griffes* en fer, tandis que moi je montais avec mes pieds nus !

— Sylvain, dis-je, ne nous livrons pas à des récriminations. Nous allons voir la tombe où manquent les cendres de Rousseau. Soyons calmes. — Les souvenirs qu'il a laissés ici valent bien ses restes.

Nous avions parcouru une route qui aboutit aux bois et au château de Mont-l'Évêque. — Des étangs brillaient çà et là à travers les feuilles rouges relevées par la verdure sombre des pins. Sylvain me chanta ce vieil air du pays :

> Courage ! mon ami, courage !
> Nous voici près du village.
> À la première maison,
>   Nous nous rafraîchirons !

On buvait dans le village un petit vin qui n'était pas désagréable pour des voyageurs. L'hôtesse nous dit, voyant nos barbes : — Vous êtes des artistes... vous venez donc pour voir Châalis ?

Châalis, — à ce nom je me ressouvins d'une époque bien éloignée... celle où l'on me conduisait à l'abbaye, une fois par an, pour entendre la messe et pour voir la foire qui avait lieu près de là.

— Châalis, dis-je... Est-ce que cela existe encore ?

— Mais, mon enfant, on a vendu le château, l'abbaye, les ruines, tout[1] ! Seulement, ce n'est pas à des personnes qui voudraient les détruire... Ce sont des gens de Paris qui ont acheté le domaine, — et qui veulent faire des réparations. La dame a déclaré qu'elle dépenserait quatre cent mille francs !

Nous avons voulu voir en détail le domaine avant qu'il soit restauré. Il y a d'abord une vaste enceinte entourée d'ormes ; puis on voit à gauche un bâtiment dans le style du seizième siècle, restauré sans doute plus tard selon l'architecture lourde du petit château de Chantilly.

Quand on a vu les offices et les cuisines, l'escalier suspendu du temps de Henri vous conduit aux vastes appartements des premières galeries, — grands appartements et petits appartements donnant sur les bois. Quelques peintures enchâssées, le Grand Condé à cheval et des vues de la forêt, voilà tout ce que j'ai remarqué. Dans une salle basse, on voit un portrait de Henri IV à trente-cinq ans.

C'est l'époque de Gabrielle, — et probablement ce château a été témoin de leurs amours. — Ce prince, qui, au fond, m'est peu sympathique, demeura longtemps à Senlis, surtout dans la première époque du siège, et l'on y voit, au-dessus de la porte de la mairie et des trois mots : *Liberté, égalité, fraternité*, son portrait en bronze avec une devise gravée, dans laquelle il est dit que son premier bonheur fut à Senlis, — en 1590. — Ce n'est pourtant pas là que Voltaire a placé la scène principale, imitée de l'Arioste, de ses amours avec Gabrielle d'Estrées[2].

C'était le fils du garde qui nous faisait voir le château, — abandonné depuis longtemps. — C'est un homme qui, sans être lettré, comprend le respect que l'on doit aux antiquités. Il nous fit voir dans une des salles un *moine* qu'il avait découvert dans les ruines. À voir ce squelette couché dans une auge de pierre, j'imaginai que ce n'était pas un moine, mais un guerrier celte ou franck, couché selon l'usage, — avec le visage tourné vers l'Orient dans cette localité, où les noms d'Erman ou d'Armen* sont communs dans le voisinage, sans parler même d'Ermenonville, située près de là, — et qu'on appelle dans le pays Arme-Nonville ou Nonval, qui est le terme ancien[1].

Pendant que j'en faisais l'observation à Sylvain, nous nous dirigions vers les ruines. Un passant vint dire au fils du garde qu'un cygne venait de se laisser tomber dans un fossé. — Va le chercher. — Merci!... pour qu'il me donne un mauvais coup.

Sylvain fit cette observation qu'un cygne n'était pas bien redoutable.

— Messieurs, dit le fils du garde, j'ai vu un cygne casser la jambe à un homme d'un coup d'aile.

Sylvain réfléchit et ne répondit pas.

Le pâté des ruines principales forme les restes de l'ancienne abbaye, bâtie probablement vers l'époque de Charles VII, dans le style du gothique fleuri, sur des voûtes carlovingiennes aux piliers lourds, qui recouvrent les tombeaux. Le cloître n'a laissé qu'une longue galerie d'ogives qui relie l'abbaye à un premier monument, où l'on distingue encore des colonnes byzantines taillées à l'époque de Charles le Gros et engagées dans de lourdes murailles du seizième siècle.

— On veut, nous dit le fils du garde, abattre le mur du cloître pour que, du château, l'on puisse avoir une vue sur les étangs. C'est un conseil qui a été donné à madame.

— Il faut conseiller, dis-je, à votre dame de faire ouvrir seulement les arcs des ogives qu'on a remplis de maçonnerie, et alors la galerie se découpera sur les étangs, ce qui sera beaucoup plus gracieux.

---

* Hermann, Arminius, ou peut-être Hermès.

Il a promis de s'en souvenir.

La suite des ruines amenait encore une tour et une chapelle. Nous montâmes à la tour. De là l'on distinguait toute la vallée, coupée d'étangs et de rivières, avec les longs espaces dénudés qu'on appelle le désert d'Ermenonville, et qui n'offrent que des grès de teinte grise, entremêlés de pins maigres et de bruyères.

Des carrières rougeâtres se dessinaient encore çà et là à travers les bois effeuillés et ravivaient la teinte verdâtre des plaines et des forêts, — où les bouleaux blancs, les troncs tapissés de lierre et les dernières feuilles d'automne se détachaient encore sur les masses rougeâtres des bois encadrés des teintes bleuâtres de l'horizon.

Nous redescendîmes pour voir la chapelle ; c'est une merveille d'architecture. L'élancement des piliers et des nervures, l'ornement sobre et fin des détails, révélaient l'époque intermédiaire entre le gothique fleuri et la renaissance. Mais, une fois entrés, nous admirâmes les peintures, — qui m'ont semblé être de cette dernière époque.

— Vous allez voir des saintes un peu décolletées, nous dit le fils du garde. En effet, on distinguait une sorte de Gloire peinte en fresque du côté de la porte, parfaitement conservée, malgré ses couleurs pâlies, sauf la partie inférieure couverte de peintures à la détrempe, — mais qu'il ne sera pas difficile de restaurer.

Les bons moines de Châalis auraient voulu supprimer quelques nudités trop voyantes du *style Médicis*. — En effet, tous ces anges et toutes ces saintes faisaient l'effet d'amours et de nymphes aux gorges et aux cuisses nues. L'abside de la chapelle offre dans les intervalles de ses nervures d'autres figures mieux conservées encore et du style allégorique usité postérieurement à Louis XII. En nous retournant pour sortir nous remarquâmes audessus de la porte des armoiries qui devaient indiquer l'époque des dernières ornementations.

Il nous fut difficile de distinguer les détails de l'écusson écartelé, qui avait été repeint postérieurement en bleu et en blanc. Au 1 et au 4, c'étaient d'abord des oiseaux que le fils du garde appelait des cygnes, — disposés par 2 et 1 ; — mais ce n'étaient pas des cygnes.

Sont-ce des aigles éployées, des merlettes ou des alérions, ou des ailettes attachées à des foudres ?

Au 2 et au 3, ce sont des fers de lance ou des fleurs de lis, ce qui est la même chose. Un chapeau de cardinal recouvrait l'écusson et laissait tomber des deux côtés ses résilles triangulaires ornées de glands ; mais, n'en pouvant compter les rangées, parce que la pierre était fruste, nous ignorions si ce n'était pas un chapeau d'abbé.

Je n'ai pas de livres ici ; mais il me semble que ce sont là les armes de Lorraine, écartelées de celles de France. Seraient-ce les armes du cardinal de Lorraine, qui fut proclamé roi dans ce pays, sous le nom de Charles X, ou celles de l'autre cardinal, qui aussi était soutenu par la Ligue ?... Je m'y perds, n'étant encore, je le reconnais, qu'un bien faible historien[1]...

*

XIII

ERMENONVILLE[2]

En quittant Châalis, il y a encore à traverser quelques bouquets de bois, puis nous entrons dans le désert. Il y a là assez de désert pour que, du centre, on ne voie point d'autre horizon, — pas assez pour qu'en une demi-heure de marche on n'arrive au paysage le plus calme, le plus charmant du monde... une nature suisse, découpée au milieu du bois, par suite de l'idée qu'a eue René de Girardin d'y transplanter l'image du pays dont sa famille était originaire.

Quelques années avant la Révolution, le château d'Ermenonville était le rendez-vous des *illuminés*, qui préparaient silencieusement l'avenir. Dans les *soupers* célèbres d'Ermenonville, on a vu successivement le comte de Saint-Germain, Mesmer et Cagliostro, développant, dans des causeries inspirées, des idées et des paradoxes dont l'école dite de Genève[1] hérita plus tard. Je crois bien que M. de Robespierre, le fils du fondateur de la loge écossaise d'Arras, — tout jeune encore, — peut-être encore plus tard Senancourt, Saint-Martin, Dupont de Nemours et Cazotte[2], vinrent exposer, soit dans ce château, soit dans celui de Le Peletier de Mortfontaine, les idées bizarres qui se proposaient les réformes d'une société vieillie, — laquelle, dans ses modes mêmes, avec cette poudre qui donnait aux plus jeunes fronts un faux air de la vieillesse, — indiquait la nécessité d'une complète transformation.

Saint-Germain appartient à une époque antérieure, mais il est venu là. — C'est lui qui avait fait voir à Louis XV, dans un miroir d'acier, son petit-fils sans tête[3], comme Nostradamus avait fait voir à Marie de Médicis[4] les rois de sa race, — dont le quatrième était également décapité.

Ceci est de l'enfantillage. Ce qui relève les mystiques, c'est le détail rapporté par Beaumarchais (le village de *Beaumarchais* est situé à une lieue d'Ermenonville, — pays de légendes) que les Prussiens, — arrivés jusqu'à trente lieues de Paris, — se replièrent tout à coup d'une manière inattendue d'après l'effet d'une apparition dont leur roi fut surpris, — et qui lui fit dire : « N'allons pas outre ! » comme en certains cas disaient les chevaliers.

Les *illuminés* français et allemands s'entendaient par des rapports d'affiliation. Les doctrines de Weisshaupt et de Jacob Bœhm[7] avaient pénétré chez nous, dans les anciens pays francs et bourguignons, — par l'antique sympathie et les relations séculaires des races de même origine. Le premier ministre du neveu de Frédéric II était lui-même un *illuminé*. — Beaumarchais suppose qu'à Verdun, sous couleur d'une séance de magnétisme, on fit apparaître devant Frédéric-Guillaume son oncle, qui lui aurait dit: «Retourne!» — comme le fit un fantôme à Charles VI.

Ces données bizarres confondent l'imagination; — seulement, Beaumarchais, qui était un sceptique, a prétendu que, pour cette scène de fantasmagorie, on fit venir de Paris l'acteur Fleury[1], qui avait joué précédemment aux Français le rôle de Frédéric II, — et qui aurait ainsi fait illusion au roi de Prusse, — lequel depuis se retira, comme on sait, de la confédération des rois ligués contre la France[2].

Un détail plus important à recueillir, c'est que le général prussien qui dans nos désastres de la Restauration prit possession du pays, — ayant appris que la tombe de Jean-Jacques Rousseau se trouvait à Ermenonville, exempta toute la contrée, depuis Compiègne, des charges de l'occupation militaire. — C'était, je crois, le prince d'Anhalt[3]: — souvenons-nous au besoin de ce trait.

Rousseau n'a séjourné que peu de temps à Ermenonville[4]. S'il y a accepté un asile, — c'est que depuis longtemps, dans les promenades qu'il faisait en partant de l'*Ermitage* de Montmorency, il avait reconnu que cette contrée présentait à un herboriseur des variétés de plantes remarquables dues à la variété des terrains.

Nous sommes allés descendre à l'auberge de la Croix-Blanche, où il demeura lui-même quelque temps à son arrivée. Ensuite, il logea encore de l'autre côté du château, dans une maison occupée aujourd'hui par un épicier. — M. René de Girardin[5] lui offrit un pavillon inoccupé, faisant face à un autre pavillon qu'occupait le concierge du château. — Ce fut là qu'il mourut.

En nous levant, nous allâmes parcourir les bois encore enveloppés des brouillards d'automne, — que peu à peu nous vîmes se dissoudre en laissant reparaître le miroir azuré des lacs; — j'ai vu de pareils effets de perspective

sur des tabatières du temps... — l'île des Peupliers[1], au-
delà des bassins qui surmontent une grotte factice, sur
laquelle l'eau tombe, — quand elle tombe... — Sa des-
cription pourrait se lire dans les idylles de Gessner[2].

Les rochers qu'on rencontre en parcourant les bois
sont couverts d'inscriptions poétiques. Ici :

> Sa masse indestructible a fatigué le temps.

Ailleurs :

> Ce lieu sert de théâtre aux courses valeureuses
> Qui signalent du cerf les fureurs amoureuses.

Ou encore avec un bas-relief représentant des druides
qui coupent le *gui* :

> Tels furent nos aïeux dans leurs bois solitaires !

Ces vers ronflants me semblent être de Roucher... —
Delille les aurait faits moins solides[3].

M. René de Girardin faisait aussi des vers. — C'était
en outre un homme de bien. Je pense qu'on lui doit les
vers suivants, sculptés sur une fontaine d'un endroit voi-
sin, que surmontaient un Neptune et une Amphytrite, —
légèrement *décolletés*, comme les anges et les saints de
Châalis :

> Des bords fleuris où j'aimais à répandre
> Le plus pur cristal de mes eaux,
> Passant, je viens ici me rendre
> Aux désirs, aux besoins de l'homme et des troupeaux,
> En puisant les trésors de mon urne féconde,
> Songe que tu les dois à des soins bienfaisants,
> Puissé-je n'abreuver du tribut de mes ondes
> Que des mortels paisibles et contents !

Je ne m'arrête pas à la forme des vers ; — c'est la pen-
sée d'un honnête homme que j'admire. — L'influence de

son séjour est profondément sentie dans le pays. Là, ce sont des salles de danse, — où l'on remarque encore le *banc des vieillards*; là des tirs à l'arc, avec la tribune d'où l'on distribuait les prix... Au bord des eaux, des temples ronds, à colonnes de marbre, consacrés soit à Vénus génitrice, soit à Hermès consolateur. — Toute cette mythologie avait alors un sens philosophique et profond.

La tombe de Rousseau est restée telle qu'elle était, avec sa forme antique et simple, et les peupliers, effeuillés, accompagnent encore d'une manière pittoresque le monument qui se reflète dans les eaux dormantes de l'étang. Seulement la barque qui y conduisait les visiteurs est aujourd'hui submergée. Les cygnes, je ne sais pourquoi, au lieu de nager gracieusement autour de l'île, préfèrent se baigner dans un ruisseau d'eau vive, qui coule, dans un rebord, entre des saules aux branches rougeâtres, et qui aboutit à un lavoir situé devant le château.

Nous sommes revenus au château. — C'est encore un bâtiment de l'époque de Henri IV, refait vers Louis XIV, et construit probablement sur des ruines antérieures, — car on a conservé une tour crénelée qui jure avec le reste, et les fondements massifs sont entourés d'eau, avec des poternes et des restes de pont-levis.

Le concierge ne nous a pas permis de visiter les appartements, parce que les maîtres y résidaient. — Les artistes ont plus de bonheur dans les châteaux princiers, dont les hôtes sentent qu'après tout ils doivent quelque chose à la nation.

On nous laissa seulement parcourir les bords du grand lac, dont la vue, à gauche, est dominée par la tour dite de Gabrielle, reste d'un ancien château. Un paysan qui nous accompagnait nous dit : «Voici la tour où était enfermée la belle Gabrielle... tous les soirs Rousseau venait pincer de la guitare sous sa fenêtre, et le roi, qui était jaloux, le guettait souvent, et a fini par le faire mourir.»

Voilà pourtant comment se forment les légendes. Dans quelques centaines d'années, on croira cela. — Henri IV,

Gabrielle et Rousseau sont les grands souvenirs du pays. On a confondu déjà, — à deux cents ans d'intervalle, — les deux souvenirs, et Rousseau devient peu à peu le contemporain de Henri IV. Comme la population l'aime, elle suppose que le roi a été jaloux de lui, et trahi par sa maîtresse — en faveur de l'homme sympathique aux races souffrantes. Le sentiment qui a dicté cette pensée est peut-être plus vrai qu'on ne croit. — Rousseau, qui a refusé cent louis de madame de Pompadour, — a ruiné profondément l'édifice royal fondé par Henri. Tout a croulé. — Son image immortelle demeure debout sur les ruines.

Quant à ses chansons, dont nous avons vu les dernières à Compiègne, elles célébraient d'autres que Gabrielle. Mais le type de la beauté n'est-il pas éternel comme le génie ?

En sortant du parc, nous nous sommes dirigés vers l'église, située sur la hauteur. Elle est fort ancienne, mais moins remarquable que la plupart de celles du pays. Le cimetière était ouvert ; nous y avons vu principalement le tombeau de de Vic, — ancien compagnon d'armes de Henri IV, — qui lui avait fait présent du domaine d'Ermenonville. C'est un tombeau de famille dont la légende s'arrête à un abbé. — Il reste ensuite des filles qui s'unissent à des bourgeois. — Tel a été le sort de la plupart des anciennes maisons. Deux tombes plates d'abbés, trèsvieilles, dont il est difficile de déchiffrer les légendes, se voient encore près de la terrasse. Puis, près d'une allée, une pierre simple sur laquelle on trouve inscrit : Ci-gît *Almazor*. Est-ce un fou ? — est-ce un laquais ? — Est-ce un chien ? La pierre ne dit rien de plus.

Du haut de la terrasse du cimetière, la vue s'étend sur la plus belle partie de la contrée ; les eaux miroitent à travers les grands arbres roux, les pins et les chênes verts. Les grès du désert prennent à gauche un aspect druidique. La tombe de Rousseau se dessine à droite, et, plus loin, sur le bord, le temple de marbre d'une déesse absente, — qui doit être la Vérité.

Ce dut être un beau jour que celui où une députation, envoyée par l'Assemblée nationale, vint chercher les cendres du philosophe pour les transporter au Panthéon. — Lorsqu'on parcourt le village, on est étonné de la fraîcheur et de la grâce des petites filles; — avec leurs grands chapeaux de paille, elles ont l'air de Suissesses... Les idées sur l'éducation de l'auteur d'*Émile* semblent avoir été suivies; les exercices de force et d'adresse, la danse, les travaux de précision, encouragés par des fondations diverses, ont donné sans doute à cette jeunesse la santé, la vigueur et l'intelligence des choses utiles.

*

XIV

VER[1]

J'aime beaucoup cette chaussée, — dont j'avais conservé un souvenir d'enfance, — et qui, passant devant le château, rejoint les deux parties du village, ayant quatre tours basses à ses deux extrémités.

Sylvain me dit: — Nous avons vu la tombe de Rousseau: il faudrait maintenant gagner Dammartin. Nous allons nous informer du chemin aux laveuses qui travaillent devant le château.

— Allez tout droit par la route à gauche, nous dirent-elles, ou également par la droite... Vous arriverez, soit à *Ver*, soit à *Ève*, — vous passerez par *Othys*, et, en deux heures de marche, vous serez à Dammartin.

Ces jeunes filles fallacieuses nous firent faire une route bien étrange; — il faut ajouter qu'il pleuvait.

— Les premiers que nous rencontrerons dans le bois, dit Sylvain (avec plus de raison que de français), nous les consulterons encore...

La route était fort dégradée, avec des ornières pleines d'eau, qu'il fallait éviter en marchant sur les gazons. D'énormes chardons, qui nous venaient à la poitrine, — chardons à demi gelés, mais encore vivaces, nous arrêtaient quelquefois.

Ayant fait une lieue, nous comprîmes que, ne voyant ni *Ver*, ni *Ève*, ni *Othys*, ni seulement la plaine, nous pouvions nous être fourvoyés.

Une éclaircie se manifesta tout à coup à notre droite, — quelqu'une de ces coupes sombres, qui éclaircissent singulièrement les forêts...

Nous aperçûmes une hutte fortement construite en branches rechampies de terre, avec un toit de chaume tout à fait primitif. Un bûcheron fumait sa pipe devant la porte.

— Pour aller à Ver?...

— Vous en êtes bien loin... En suivant la route, vous arriverez à Montaby.

— Nous demandons Ver ou Ève...

— Eh bien! vous allez retourner... vous ferez une demi-lieue (on peut traduire cela, si l'on veut, en mètres, à cause de la loi), puis, arrivés à la place où l'on tire l'arc, vous prendrez à droite. Vous sortirez des bois, vous trouverez la plaine, et ensuite *tout le monde* vous indiquera Ver.

Nous avons retrouvé la place du tir, avec sa tribune et son hémicycle destiné aux sept vieillards. Puis nous nous sommes engagés dans un sentier, qui doit être fort beau quand les arbres sont verts. Nous chantions encore, pour aider la marche et peupler la solitude, une chanson du pays, qui a dû bien des fois réjouir les compagnons:

Après ma journée faite... — Je m'en fus promener! — En mon chemin rencontre — Une fille à mon gré. — Je la pris par sa main blanche... — Dans les bois, je l'ai menée.

Quand elle fut dans les bois... — Elle se mit à pleurer. — «Ah! qu'avez-vous, la belle?... — Qu'avez-vous à pleurer?» — «Je pleure mon innocence... — Que vous me l'allez ôter!»

«Ne pleurez pas tant, la belle... — Je vous la laisserai.» — Je la pris par sa main blanche, — Dans les champs je l'ai menée. — Quand elle fut dans les champs... — Elle se mit à chanter.

«Ah! qu'avez-vous, la belle? — Qu'avez-vous à chanter?» — «Je chante votre bêtise — De me laisser aller: — Quand on tenait la poule, — Il fallait la plumer, etc.»

La route se prolongeait comme le diable, et l'on ne sait trop jusqu'où le diable se prolonge. — Sylvain m'apprit encore une fort jolie chanson, qui remonte évidemment à l'époque de la Régence[1]:

Y avait dix filles dans un pré, — Toutes les dix à marier, — Y avait Dine, — Y avait Chine, — Y avait Suzette et Martine. — Ah! ah! Catherinette et Catherina!

Y avait la jeune Lison, — La comtesse de Montbazon, — Y avait Madeleine, — Et puis la Dumaine!

Vous voyez, mon ami, que c'est là une chanson qu'il est bien difficile de faire rentrer dans les règles de la prosodie.

Toutes les dix à marier, — Le fils du roi vint à passer, — R'garda Dine, — R'garda Chine, — R'garda Suzette et Martine. — Ah! ah! Cath'rinette et Cath'rina!

R'garda la jeune Lison, — la comtesse de Montbazon, — R'garda Madeleine. — Sourit à la Dumaine.

La suite est la répétition de tous ces noms, et l'augmentation progressive des galanteries de la fin.

«Puis il nous a saluées. — Salut, Dine, — Salut, Chine, etc., — Sourire à la Dumaine.

«Et puis il nous a donné, — Bague à Dine, — Bague à Chine, etc., — Diamant à la Dumaine.

«Puis il nous mena souper. — Pomme à Dine, etc., — Diamant à la Dumaine.

«Puis, il nous fallut coucher. — Paille à Dine, paille à Chine, — Bon lit à la Dumaine.

«Puis il nous a renvoyées. — Renvoie Dine, etc., — Garda la Dumaine!»

Quelle folie galante que cette ronde, et qu'il est impossible d'en rendre la grâce à la fois aristocratique et populaire! Heureuse Dumaine, heureux fils du roi — Louis XV enfant, peut-être[1].

Au sortir de la forêt, nous nous sommes trouvés dans les terres labourées. Nous emportions beaucoup de notre patrie à la semelle de nos souliers; — mais nous finissions par la rendre plus loin dans les prairies... Enfin, nous sommes arrivés à Ver. — C'est un gros bourg.

L'hôtesse était aimable et sa fille fort avenante, — ayant de beaux cheveux châtains, une figure régulière et douce, et ce *parler* si charmant des pays de brouillard, qui donne aux plus jeunes filles des intonations de *contralto*, par moments.

— Vous voilà, mes enfants, dit l'hôtesse... Eh bien! on va mettre un fagot dans le feu!

— Nous vous demandons à souper, sans indiscrétion.

— Voulez-vous, dit l'hôtesse, qu'on vous fasse d'abord une soupe à l'oignon?

— Cela ne peut pas faire de mal; et ensuite?

— Ensuite, il y a aussi *de la chasse*.

Nous vîmes là que nous étions bien tombés.

Le souper terminé[2], nous avons erré un peu dans le hameau. Tout était sombre, hors une seule maison, ou plutôt une grange, où des éclats de rire bruyants nous appelèrent. Sylvain fut reconnu, et l'on nous invita à prendre place sur un tas de chenevottes. Les uns faisaient du filet, les autres des nasses ou des paniers. — C'est que nous sommes dans un pays de petites rivières et d'étangs. J'entendis là cette chanson:

La belle était assise — Près du ruisseau coulant, — Et dans l'eau qui frétille — Baignait ses beaux pieds blancs: — «Allons, ma mie, légèrement.»

Voici encore un couplet en assonances, et vous voyez qu'il est charmant, mais je ne puis vous faire entendre l'air. On dirait un de ceux de Charles d'Orléans, que Perne et Choron nous ont traduits en notation moderne[1]. — Il s'agit dans cette ballade d'un jeune seigneur qui rencontre une paysanne, et qui est parvenu à la séduire. — Sur le bord du ruisseau, tous deux raisonnent sur le sort de l'enfant probable qui sera le résultat de leur amour. — Le seigneur dit:

«En ferons-nous un prêtre — Ou bien un président?»

On sent bien ici qu'il est impossible de faire autre chose d'un enfant produit, à cette époque, dans de telles conditions. Mais la jeune fille a du cœur, malgré son imprudence, et, renonçant pour son fils aux avantages d'une position mixte, elle répond:

«Nous n'en ferons un prêtre, — Non plus un président. — Nous lui mettrons la hotte, — Et trois oignons dedans.
«Il s'en ira criant: — Qui veut mes oignons blancs?» — «Allons, ma mie, légèrement! — Légèrement, légèrement!»

En voilà encore une qui ne sera pas recueillie par le comité des chants nationaux, et cependant qu'elle est jolie! Elle peint même les mœurs d'une époque. — Il n'en est pas de même de celle-ci, qui ne décrit que des mœurs générales:

Ah! qu'y fait donc bon! — Qu'y fait donc bon — Garder les vaches — Dans l' paquis aux bœufs, — Quand on est deux. — Quand on est quatre, — On s'embarrasse — Quand on est deux, — Ça vaut bien mieux!

Qu'elle est nature, celle-là, et que c'est bien la chanson d'un berger!... Mais on la connaît par les Mémoires de Dumas[1]; — c'est, en effet, une chanson des environs de Villers-Cotterêts, où il a été élevé.

Citons pourtant les vers que dit le berger à la jeune Isabeau:

«Ton p'tit mollet rond — Passe sous ton jupon... — T'as quinze ans passés. — On le voit bien assez!»

C'est de l'idylle antique, et l'air est charmant.

*

XV
VER[2]

Dans les veillées on mêle les récits aux chansons. Sylvain eut du succès avec le suivant, qui fit surtout plaisir aux vanniers.

«Il y avait dans la province du Valois, auprès des bois de Villers-Cotterêts, un petit garçon et une petite fille qui se rencontraient de temps en temps sur les bords des petites rivières du pays, l'un, obligé par un bûcheron, nommé Tord-Chêne, qui était son oncle, d'aller ramasser du bois mort; l'autre, envoyée par ses parents pour saisir de petites anguilles que la baisse des eaux permet d'entrevoir dans la vase en certaines saisons. Elle devait encore, faute de mieux, atteindre, entre [les pierres[3],] les écrevisses, très nombreuses en quelques endroits.

«Mais la pauvre petite fille, toujours courbée et les

pieds dans l'eau, était si compatissante pour les souf-
frances des animaux, que, le plus souvent, voyant les
contorsions des poissons qu'elle tirait de la rivière, elle
les y remettait et ne rapportait guère que les écrevisses,
qui, souvent, lui pinçaient les doigts jusqu'au sang, et
pour lesquelles elle devenait alors moins indulgente.

« Le petit garçon, de son côté, faisant des fagots de bois
mort et des bottes de bruyères, se voyait exposé souvent
aux reproches de Tord-Chêne, soit parce qu'il n'en avait
pas assez rapporté, soit parce qu'il s'était trop occupé à
causer avec la petite pêcheuse.

« Il y avait un certain jour dans la semaine où ces deux
enfants ne se rencontraient jamais... Le même, sans
doute, où la fée Mélusine se changeait en poisson, et où
les princesses de l'Edda[1] se transformaient en cygnes.

« Le lendemain d'un de ces jours-là, le petit bûcheron
dit à la pêcheuse : — Te souviens-tu qu'hier je t'ai vue
passer là-bas dans les eaux de Challepont, avec tous les
poissons qui te faisaient cortège... jusqu'aux carpes et
aux brochets ; et tu étais toi-même un beau poisson
rouge, avec les côtés tout reluisants d'écailles en or ?

« — Je m'en souviens bien, dit la petite fille, puisque je
t'ai vu, toi, qui étais sur le bord de l'eau, et que tu res-
semblais à un beau chêne vert, dont les branches d'en
haut étaient d'or fin, et que tous les arbres du bois se
courbaient jusqu'à terre en te saluant.

« — C'est vrai, dit le petit garçon, j'ai rêvé cela.

« — Et moi aussi, j'ai rêvé ce que tu m'as dit ; mais
comment nous sommes-nous rencontrés tous deux dans
le rêve ?...

« En ce moment, l'entretien fut interrompu par l'appa-
rition de Tord-Chêne, qui frappa le petit avec un gros
gourdin, en lui reprochant de n'avoir pas seulement lié
encore un fagot.

« — Et puis, ajouta-t-il, est-ce que je ne t'ai pas recom-
mandé de tordre les branches qui cèdent facilement, et
de les ajouter à tes fagots ?

« — C'est que, dit le petit, le garde me mettrait en prison s'il trouvait dans mes fagots du bois vivant... et puis, quand j'ai voulu le faire comme vous me l'aviez dit, j'entendais l'arbre qui se plaignait !

« — C'est comme moi, dit la petite fille ; quand j'emporte des poissons dans mon panier, je les entends qui chantent si tristement, que je les rejette dans l'eau... Alors on me bat chez nous.

« — Tais-toi, petit masque ! dit Tord-Chêne, qui paraissait animé par la boisson, tu déranges mon neveu de son travail. Je te connais bien avec tes dents pointues, couleur de perle... Tu es la reine des poissons ! Mais je saurai bien te prendre à un certain jour de la semaine, et tu périras dans l'osier... dans l'osier !

« Les menaces que Tord-Chêne avait faites dans son ivresse ne tardèrent pas à s'accomplir. La petite fille se trouva pêchée sous la forme de poisson rouge, que le destin l'obligeait à prendre à de certains jours. Heureusement, lorsque Tord-Chêne voulut, en se faisant aider de son neveu, tirer de l'eau la nasse d'osier, ce dernier reconnut le beau poisson rouge à écailles d'or, qu'il avait vu en rêve, comme étant la transformation accidentelle de la petite pêcheuse.

« Il osa la défendre contre Tord-Chêne et le frappa même de sa galoche. Ce dernier, furieux, le prit par les cheveux cherchant à le renverser ; mais il s'étonna de trouver une grande résistance : c'est que l'enfant tenait des pieds à la terre avec tant de force, que son oncle ne pouvait venir à bout de le renverser ou de l'emporter, et le faisait en vain virer dans tous les sens.

« Au moment où la résistance de l'enfant allait se trouver vaincue, les arbres de la forêt frémirent d'un bruit sourd ; les branches agitées laissèrent siffler les vents, et la tempête fit reculer Tord-Chêne, qui se retira dans sa cabane de bûcheron.

« Il en sortit bientôt menaçant, terrible et transfiguré comme un fils d'Odin ; dans sa main brillait cette hache scandinave qui menace les arbres, pareille au marteau de Thor[1] brisant les rochers.

«Le jeune prince des forêts, victime de Tord-Chêne, — son oncle, usurpateur, — savait déjà quel était son rang, qu'on voulait lui cacher. Les arbres le protégeaient, mais seulement par leur masse et leur résistance passive...

«En vain les broussailles et les bourgeons s'entrelaçaient de tous côtés pour arrêter les pas de Tord-Chêne; celui-ci avait appelé ses bûcherons et se traçait un chemin à travers ces obstacles. Déjà plusieurs arbres, autrefois sacrés, du temps des vieux druides, étaient tombés sous les haches et les cognées.

«Heureusement la reine des poissons n'avait pas perdu de temps. Elle était allée se jeter aux pieds de la Marne, de l'Aisne et de l'Oise[2], les trois grandes rivières voisines, leur représentant que, si l'on n'arrêtait pas les projets de Tord-Chêne et de ses compagnons, les forêts, trop éclaircies, n'arrêteraient plus les vapeurs qui produisent les pluies, et qui fournissent l'eau aux ruisseaux, aux rivières et aux étangs; que les sources elles-mêmes seraient taries et ne feraient plus jaillir l'eau nécessaire à alimenter les rivières; sans compter que tous les poissons se verraient détruits en très peu de temps, ainsi que les bêtes sauvages et les oiseaux.

«Les trois grandes rivières prirent là-dessus de tels arrangements, que le sol où Tord-Chêne, avec ses terribles bûcherons, travaillait à la destruction des arbres, — sans toutefois avoir pu atteindre encore le jeune prince des forêts, — fut entièrement noyé par une immense inondation, qui ne se retira qu'après la destruction entière des agresseurs.

«Ce fut alors que le prince des forêts et la reine des poissons purent de nouveau reprendre leurs innocents entretiens.

«Ce n'étaient plus un petit bûcheron et une petite

pêcheuse, — mais un sylphe et une ondine, lesquels plus tard furent unis légitimement. »

Je ne fais que rédiger cette jolie légende, et je regrette de n'être pas resté assez longtemps dans le pays pour en écouter d'autres. Il est temps, d'ailleurs, de mettre fin à ce vagabondage poétique, que nous reprendrons plus tard sur un autre terrain[1].

PETITS CHÂTEAUX

DE

BOHÊME

PROSE ET POÉSIE

À UN AMI

O primavera, gioventù de l'anno,
Bella madre di fiori
D'herbe novelle e di novelli amori...

Pastor fido.

Mon ami, vous me demandez si je pourrais retrouver quelques-uns de mes anciens vers, et vous vous inquiétez même d'apprendre comment j'ai été poëte, longtemps avant de devenir un humble prosateur.

Je vous envoie les trois âges du poëte[1] — il n'y a plus en moi qu'un prosateur obstiné. J'ai fait les premiers vers par enthousiasme de jeunesse, les seconds par amour, les derniers par désespoir. La Muse est entrée dans mon cœur comme une déesse aux paroles dorées; elle s'en est échappée comme une pythie en jetant des cris de douleur. Seulement, ses derniers accents se sont adoucis à mesure qu'elle s'éloignait. Elle s'est détournée un instant, et j'ai revu comme en un mirage les traits adorés d'autrefois!

La vie d'un poëte est celle de tous. Il est inutile d'en définir toutes les phases. Et maintenant:

Rebâtissons, ami, ce château périssable
Que le souffle du monde a jeté sur le sable.
Replaçons le sopha sous les tableaux flamands...

PETITS CHÂTEAUX
DE BOHÊME

PREMIER CHÂTEAU

I
LA RUE DU DOYENNÉ

C'était dans notre logement commun de la rue du Doyenné, que nous nous étions reconnus frères — *Arcades ambo*, — dans un coin du vieux Louvre des Médicis, — bien près de l'endroit où exista l'ancien hôtel de Rambouillet.

Le vieux salon du doyen, aux quatre portes à deux battants, au plafond historié de rocailles et de guivres, — restauré par les soins de tant de peintres, nos amis, qui sont depuis devenus célèbres, retentissait de nos rimes galantes, traversées souvent par les rires joyeux ou les folles chansons des Cydalises.

Le bon Rogier souriait dans sa barbe, du haut d'une échelle, où il peignait sur un des trois dessus de glace un Neptune, — qui lui ressemblait! Puis, les deux battants d'une porte s'ouvraient avec fracas : c'était Théophile. — On s'empressait de lui offrir un fauteuil Louis XIII, et il lisait, à son tour, ses premiers vers, — pendant que Cydalise Iʳᵉ, ou Lorry, ou Victorine, se balançaient non-chalamment dans le hamac de Sarah la blonde, tendu à travers l'immense salon.

Quelqu'un de nous se levait parfois, et rêvait à des vers

nouveaux en contemplant, des fenêtres, les façades sculptées de la galerie du Musée, égayée de ce côté par les arbres du manége.

Vous l'avez bien dit :

> Théo, te souviens-tu de ces vertes saisons
> Qui s'effeuillaient si vite en ces vieilles maisons,
> Dont le front s'abritait sous une aile du Louvre ?

Ou bien, par les fenêtres opposées, qui donnaient sur l'impasse, on adressait de vagues provocations aux yeux espagnols de la femme du commissaire, qui apparaissaient assez souvent au-dessus de la lanterne municipale.

Quels temps heureux ! On donnait des bals, des soupers, des fêtes costumées, — on jouait de vieilles comédies, où mademoiselle Plessy, étant encore débutante, ne dédaigna pas d'accepter un rôle : — c'était celui de Béatrice dans *Jodelet*. — Et que notre pauvre Édouard était comique dans les rôles d'Arlequin* !

Nous étions jeunes, toujours gais, souvent riches... Mais je viens de faire vibrer la corde sombre : notre palais est rasé. J'en ai foulé les débris l'automne passée. Les ruines mêmes de la chapelle, qui se découpaient si gracieusement sur le vert des arbres, et dont le dôme s'était écroulé un jour, au dix-huitième siècle, sur six malheureux chanoines réunis pour dire un office, n'ont pas été respectées. Le jour où l'on coupera les arbres du manége, j'irai relire sur la place la *Forêt coupée* de Ronsard :

> Écoute, bûcheron, arreste un peu le bras :
> Ce ne sont pas des bois que tu jettes à bas ;
> Ne vois-tu pas le sang, lequel dégoutte à force,
> Des nymphes, qui vivaient dessous la dure écorce ?

Cela finit ainsi, vous le savez :

---

* Notamment dans le *Courrier de Naples*, du théâtre des grands boulevards.

La matière demeure et la forme se perd !

Vers cette époque, je me suis trouvé, un jour encore, assez riche pour enlever aux démolisseurs et racheter deux lots de boiseries du salon, peintes par nos amis. J'ai les deux dessus de porte de Nanteuil, le *Watteau* de Vattier, signé ; les deux panneaux longs de Corot, représentant deux *Paysages* de Provence ; le *Moine rouge*, de Châtillon, lisant la Bible sur la hanche cambrée d'une femme nue, qui dort* ; les *Bacchantes*, de Chassériau, qui tiennent des tigres en laisse comme des chiens ; les deux trumeaux de Rogier, où la Cydalise, en costume régence, — en robe de taffetas feuille morte, — triste présage, — sourit, de ses yeux chinois, en respirant une rose, en face du portrait en pied de Théophile, vêtu à l'espagnole. L'*affreux* propriétaire, qui demeurait au rez-de-chaussée, mais sur la tête duquel nous dansions trop souvent, après deux ans de souffrance qui l'avaient conduit à nous donner congé, a fait couvrir depuis toutes ces peintures d'une couche à la détrempe, parce qu'il prétendait que les nudités l'empêchaient de louer à des bourgeois. — Je bénis le sentiment d'économie qui l'a porté à ne pas employer la peinture à l'huile.

De sorte que tout cela est à peu près sauvé. Je n'ai pas retrouvé le *Siége de Lérida*, de Lorentz, où l'armée française monte à l'assaut, précédée par des violons ; ni les deux petits *Paysages* de Rousseau, qu'on aura sans doute coupés d'avance ; mais j'ai, de Lorentz, une *maréchale* poudrée, en uniforme Louis XV. — Quant au lit renaissance, à la console médicis, aux deux buffets**, au *Ribeira****, aux tapisseries des quatre éléments, il y a

---

* Même sujet que le tableau qui se trouvait chez Victor Hugo.
** Heureusement, Alphonse Karr possède le buffet aux trois femmes et aux trois Satyres, avec des ovales de peintures du temps sur les portes.
*** La *Mort de saint Joseph* est à Londres, chez Gavarni.

longtemps que tout cela s'était dispersé. — Où avez-vous perdu tant de belles choses? me dit un jour Balzac. — Dans les malheurs! lui répondis-je en citant un de ses mots favoris.

II

PORTRAITS

Reparlons de la Cydalise, ou plutôt, n'en disons qu'un mot: — Elle est embaumée et conservée à jamais, dans le pur cristal d'un sonnet de Théophile, — du Théo, comme nous disions.

Théophile a toujours passé pour solide; il n'a jamais cependant pris de ventre, et s'est conservé tel encore que nous le connaissions. Nos vêtements étriqués sont si absurdes, que l'Antinoüs, habillé d'un habit, semblerait énorme, comme la Vénus, habillée d'une robe moderne: l'un aurait l'air d'un fort de la halle endimanché, l'autre d'une marchande de poisson. L'armature colossale du corps de notre ami (on peut le dire, puisqu'il voyage en Grèce aujourd'hui), lui fait souvent du tort près des dames abonnées aux journaux de modes; une connaissance plus parfaite lui a maintenu la faveur du sexe le plus faible et le plus intelligent; il jouissait d'une grande réputation dans notre cercle, et ne se mourait pas toujours aux pieds chinois de la Cydalise.

En remontant plus haut dans mes souvenirs, je retrouve un Théophile maigre... Vous ne l'avez pas connu. Je l'ai vu, un jour, étendu sur un lit, — long et vert, — la poitrine chargée de ventouses. Il s'en allait rejoindre, peu à peu, son pseudonyme, Théophile de Viau, dont vous avez décrit les amours panthéistes, — par le chemin ombragé de l'*Allée de Sylvie*. Ces deux poëtes, séparés par deux siècles, se seraient serré la main, aux Champs-Élysées de Virgile, beaucoup trop tôt.

Voici ce qui s'est passé à ce sujet:

Nous étions plusieurs amis, d'une société antérieure, qui menions gaiement une existence de mode alors, même pour les gens sérieux. Le Théophile mourant nous faisait peine, et nous avions des idées nouvelles d'hygiène, que nous communiquâmes aux parents. Les parents comprirent, chose rare; mais ils aimaient leur fils. On renvoya le médecin, et nous dîmes à Théo: «Lève-toi... et viens souper.» La faiblesse de son estomac nous inquiéta d'abord. Il s'était endormi et senti malade à la première représentation de _Robert le Diable_.

On rappela le médecin. Ce dernier se mit à réfléchir, et, le voyant plein de santé au réveil, dit aux parents: «Ses amis ont peut-être raison.»

Depuis ce temps-là, le Théophile refleurit. — On ne parla plus de ventouses, et on nous l'abandonna. La nature l'avait fait poëte, nos soins le firent presque immortel. Ce qui réussissait le plus sur son tempérament, c'était une certaine préparation de cassis sans sucre, que ses sœurs lui servaient dans d'énormes amphores en grès de la fabrique de Beauvais; Ziégler a donné depuis des formes capricieuses à ce qui n'était alors que de simples cruches au ventre lourd. Lorsque nous nous communiquions nos inspirations poétiques, on faisait, par précaution, garnir la chambre de matelas, afin que le _paroxysme_, dû quelquefois au Bacchus du cassis, ne compromît pas nos têtes avec les angles des meubles.

Théophile, sauvé, n'a plus bu que de l'eau rougie, et un doigt de champagne dans les petits soupers.

III

LA REINE DE SABA

Revenons-y. — Nous avions désespéré d'attendrir la femme du commissaire. — Son mari, moins farouche qu'elle, avait répondu, par une lettre fort polie, à l'invitation collective que nous leur avions adressée. Comme il était impossible de dormir dans ces vieilles maisons, à cause des suites chorégraphiques de nos soupers, — munis du silence complaisant des autorités voisines, — nous invitions tous les locataires distingués de l'impasse, et nous avions une collection d'attachés d'ambassades, en habits bleus à boutons d'or, de jeunes conseillers d'État*, de référendaires en herbe, dont la nichée d'hommes déjà sérieux, mais encore aimables, se développait dans ce pâté de maisons, en vue des Tuileries et des ministères voisins. Ils n'étaient reçus qu'à condition d'amener des femmes du monde, protégées, si elles y tenaient, par des dominos et des loups.

Les propriétaires et les concierges étaient seuls condamnés à un sommeil troublé — par les accords d'un orchestre de guinguette choisi à dessein, et par les bonds éperdus d'un galop monstre, qui, de la salle aux escaliers et des escaliers à l'impasse, allait aboutir nécessairement à une petite place entourée d'arbres, — où un cabaret s'était abrité sous les ruines imposantes de la chapelle du Doyenné. Au clair de lune, on admirait encore les restes de la vaste coupole italienne qui s'était écroulée, au dix-huitième siècle, sur les six malheureux chanoines, — accident duquel le cardinal Dubois fut un instant soupçonné[1].

Mais vous me demanderez d'expliquer encore, en pâle prose, ces quatre vers de votre pièce intitulée : *Vingt ans.*

> D'où vous vient, ô Gérard, cet air académique ?
> Est-ce que les beaux yeux de l'Opéra-Comique
> S'allumeraient ailleurs ? La *reine du Sabbat*,
> Qui, depuis deux hivers, dans vos bras se débat,
> Vous échapperait-elle ainsi qu'une chimère ?
> Et Gérard répondait : « Que la femme est amère ! »

* L'un d'eux s'appelait Van Daël, jeune homme charmant, mais dont le nom a porté malheur à notre château.

Pourquoi *du Sabbat*... mon cher ami? et pourquoi jeter maintenant de l'absinthe dans cette coupe d'or, moulée sur un beau sein?

Ne vous souvenez-vous plus des vers de ce *Cantique des Cantiques*, où l'Ecclésiaste nouveau s'adresse à cette même reine du matin:

> La grenade qui s'ouvre au soleil d'Italie
> N'est pas si gaie encore, à mes yeux enchantés,
> Que ta lèvre entr'ouverte, ô ma belle folie,
> Où je bois à longs flots le vin des voluptés.

La reine de Saba, c'était bien celle, en effet, qui me préoccupait alors, — et doublement. — Le fantôme éclatant de la fille des Hémiarites tourmentait mes nuits sous les hautes colonnes de ce grand lit sculpté, acheté en Touraine, et qui n'était pas encore garni de sa brocatelle rouge à ramages. Les salamandres de François Ier me versaient leur flamme du haut des corniches, où se jouaient des amours imprudents. ELLE m'apparaissait radieuse, comme au jour où Salomon l'admira s'avançant vers lui dans les splendeurs pourprées du matin. Elle venait me proposer l'éternelle énigme que le Sage ne put résoudre, et ses yeux, que la malice animait plus que l'amour, tempéraient seuls la majesté de son visage oriental. — Qu'elle était belle! non pas plus belle cependant qu'une autre reine du matin, dont l'image tourmentait mes journées.

Cette dernière réalisait vivante mon rêve idéal et divin. Elle avait, comme l'immortelle Balkis, le don communiqué par la huppe miraculeuse. Les oiseaux se taisaient en entendant ses chants, — et l'auraient certainement suivie à travers les airs.

La question était de la faire débuter à l'Opéra. Le triomphe de Meyerbeer devenait le garant d'un nouveau succès. J'osai en entreprendre le poëme. J'aurais réuni ainsi dans un trait de flamme les deux moitiés de mon double amour. — C'est pourquoi, mon ami, vous m'avez vu si préoccupé dans une de ces nuits splendides où notre Louvre était en fête. — Un mot de Dumas m'avait averti que Meyerbeer nous attendait à sept heures du matin.

IV

UNE FEMME EN PLEURS

Je ne songeais qu'à cela au milieu du bal. Une femme, que vous vous rappelez sans doute, pleurait à chaudes larmes dans un coin du salon, et ne voulait, pas plus que moi, se résoudre à danser. Cette belle éplorée ne pouvait parvenir à cacher ses peines. Tout à coup, elle me prit le bras et me dit : « Ramenez-moi, je ne puis rester ici. »

Je sortis en lui donnant le bras. Il n'y avait pas de voiture sur la place. Je lui conseillai de se calmer et de sécher ses yeux, puis de rentrer ensuite dans le bal ; elle consentit seulement à se promener sur la petite place.

Je savais ouvrir une certaine porte en planches qui donnait sur le manége, et nous causâmes longtemps au clair de la lune, sous les tilleuls. Elle me raconta longuement tous ses désespoirs.

Celui qui l'avait amenée s'était épris d'une autre ; de là une querelle intime ; puis elle avait menacé de s'en retourner seule, ou accompagnée ; il lui avait répondu qu'elle pouvait bien agir à son gré. De là les soupirs, de là les larmes.

Le jour ne devait pas tarder à poindre. La grande sarabande commençait. Trois ou quatre peintres d'histoire, peu danseurs de leur nature, avaient fait ouvrir le petit cabaret et chantaient à gorge déployée : *Il était un raboureur*, ou bien : *C'était un calonnier qui revenait de Flandre*, souvenir des réunions joyeuses de la mère Saguet. — Notre asile fut bientôt troublé par quelques masques qui avaient trouvé ouverte la petite porte. On parlait d'aller déjeuner à Madrid — au Madrid du bois de Boulogne — ce qui se faisait quelquefois. Bientôt le signal fut donné, on nous entraîna, et nous partîmes à pied, escortés par trois gardes françaises, dont deux étaient simplement MM. d'Egmont et de Beauvoir; — le troisième, c'était Giraud, le peintre ordinaire des gardes françaises.

Les sentinelles des Tuileries ne pouvaient comprendre cette apparition inattendue qui semblait le fantôme d'une scène d'il y a cent ans, où des gardes françaises auraient mené au violon une troupe de masques tapageurs. De plus, l'une des deux petites marchandes de tabac si jolies, qui faisaient l'ornement de nos bals, n'osa se laisser emmener à Madrid sans prévenir son mari, qui gardait la maison.

Nous l'accompagnâmes à travers les rues. Elle frappa à sa porte. Le mari parut à une fenêtre de l'entresol. Elle lui cria : «Je vais déjeuner avec ces messieurs.» Il répondit : «Va-t'en au diable!... C'était bien la peine de me réveiller pour cela!»

La belle désolée faisait une résistance assez faible pour se laisser entraîner à Madrid, et moi je faisais mes adieux à Rogier en lui expliquant que je voulais aller travailler à mon *scenario*. — Comment! tu ne nous suis pas; cette dame n'a plus d'autre cavalier que toi... et elle t'avait choisi pour la reconduire. — Mais j'ai rendez-vous à sept heures chez Meyerbeer, entends-tu bien?

Rogier fut pris d'un fou rire. Un de ses bras appartenait à la Cydalise; il offrit l'autre à la belle dame, qui me salua d'un petit air moqueur. J'avais servi du moins à faire succéder un sourire à ses larmes.

J'avais quitté la proie pour l'ombre... comme toujours!

V

PRIMAVERA

En ce temps, je ronsardisais — pour me servir d'un mot
de Malherbe. Il s'agissait alors pour nous, jeunes gens, de
rehausser la vieille versification française, affaiblie par
les langueurs du dix-huitième siècle, troublée par les bru-
talités des novateurs trop ardents ; mais il fallait aussi
maintenir le droit antérieur de la littérature nationale
dans ce qui se rapporte à l'invention et aux formes géné-
rales.

Mais, me direz-vous, il faut enfin montrer ces premiers
vers, ces *juvenilia*. «Sonnez-moi ces sonnets,» comme
disait Dubellay.

Eh bien ! étant admise l'étude assidue de ces vieux
poëtes, croyez bien que je n'ai nullement cherché à en
faire le pastiche, mais que leurs formes de style m'im-
pressionnaient malgré moi, comme il est arrivé à beau-
coup de poëtes de notre temps.

Les *odelettes*, ou petites odes de Ronsard, m'avaient
servi de modèle. C'était encore une forme classique, imi-
tée par lui d'Anacréon, de Bion, et, jusqu'à un certain
point, d'Horace. La force concentrée de l'odelette ne me
paraissait pas moins précieuse à conserver que celle
du sonnet, où Ronsard s'est inspiré si heureusement de
Pétrarque, de même que, dans ses élégies, il a suivi les
traces d'Ovide ; toutefois, Ronsard a été généralement
plutôt grec que latin : c'est là ce qui distingue son école
de celle de Malherbe.

Vous verrez, mon ami, si ces poésies déjà vieilles ont
encore conservé quelque parfum. — J'en ai écrit de tous
les rhythmes, imitant plus ou moins, comme l'on fait
quand on commence.

L'ode sur les papillons est encore une coupe à la Ron-
sard, et cela peut se chanter sur l'air du cantique de

Joseph. Remarquez une chose, c'est que les odelettes se chantaient et devenaient même populaires, témoin cette phrase du *Roman comique* : « Nous entendîmes la servante, qui, d'une bouche imprégnée d'ail, chantait l'ode du vieux Ronsard :

> « Allons de nos voix
> Et de nos luths d'ivoire
> Ravir les esprits ! »

Ce n'était, du reste, que renouvelé des odes antiques, lesquelles se chantaient aussi. J'avais écrit les premières sans songer à cela, de sorte qu'elles ne sont nullement lyriques. La dernière : « Où sont nos amoureuses ? » est venue malgré moi, sous forme de chant ; j'en avais trouvé en même temps les vers et la mélodie, que j'ai été obligé de faire noter, et qui a été trouvée très-concordante aux paroles.

ODELETTES

À ARSÈNE HOUSSAYE

AVRIL

Déjà les beaux jours, la poussière,
Un ciel d'azur et de lumière,
Les murs enflammés, les longs soirs;
Et rien de vert: à peine encore
Un reflet rougeâtre décore
Les grands arbres aux rameaux noirs!

Ce beau temps me pèse et m'ennuie,
Ce n'est qu'après des jours de pluie
Que doit surgir, en un tableau,
Le printemps verdissant et rose;
Comme une nymphe fraîche éclose,
Qui, souriante, sort de l'eau.

FANTAISIE

Il est un air pour qui je donnerais
Tout Rossini, tout Mozart et tout Weber;
Un air très-vieux, languissant et funèbre,
Qui pour moi seul a des charmes secrets.

Or, chaque fois que je viens à l'entendre,
De deux cents ans mon âme rajeunit :
C'est sous Louis treize… Et je crois voir s'étendre
Un coteau vert que le couchant jaunit,

Puis un château de brique à coins de pierre,
Aux vitraux teints de rougeâtres couleurs,
Ceint de grands parcs, avec une rivière
Baignant ses pieds, qui coule entre des fleurs.

Puis une dame, à sa haute fenêtre,
Blonde aux yeux noirs, en ses habits anciens…
Que, dans une autre existence peut-être,
J'ai déjà vue ! — et dont je me souviens !

LA GRAND'MÈRE

Voici trois ans qu'est morte ma grand'mère,
— La bonne femme, — et, quand on l'enterra,
Parents, amis, tout le monde pleura
D'une douleur bien vraie et bien amère.

Moi seul j'errais dans la maison, surpris
Plus que chagrin ; et, comme j'étais proche
De son cercueil, — quelqu'un me fit reproche
De voir cela sans larmes et sans cris.

Douleur bruyante est bien vite passée
Depuis trois ans, d'autres émotions,
Des biens, des maux, — des révolutions, —
Ont dans les cœurs sa mémoire effacée.

Moi seul j'y songe, et la pleure souvent ;
Depuis trois ans, par le temps prenant force,
Ainsi qu'un nom gravé dans une écorce,
Son souvenir se creuse plus avant !

LA COUSINE

L'hiver a ses plaisirs ; et souvent, le dimanche,
Quand un peu de soleil jaunit la terre blanche,
Avec une cousine on sort se promener...
— Et ne vous faites pas attendre pour dîner,

Dit la mère. Et quand on a bien, aux Tuileries
Vu sous les arbres noirs les toilettes fleuries,
La jeune fille a froid... et vous fait observer
Que le brouillard du soir commence à se lever.

Et l'on revient, parlant du beau jour qu'on regrette,
Qui s'est passé si vite... et de flamme discrète :
Et l'on sent en rentrant, avec grand appétit,
Du bas de l'escalier, — le dindon qui rôtit.

PENSÉE DE BYRON

Par mon amour et ma constance
J'avais cru fléchir ta rigueur,
Et le souffle de l'espérance
Avait pénétré dans mon cœur ;
Mais le temps qu'en vain je prolonge
M'a découvert la vérité,
L'espérance a fui comme un songe...
Et mon amour seul m'est resté !

Il est resté comme un abîme
Entre ma vie et le bonheur,
Comme un mal dont je suis victime,
Comme un poids jeté sur mon cœur !
Dans le chagrin qui me dévore,
Je vois mes beaux jours s'envoler...

Si mon œil étincelle encore
C'est qu'une larme en va couler !

GAIETÉ

Petit *piqueton* de Mareuil,
Plus clairet qu'un vin d'Argenteuil,
Que ta saveur est souveraine !
Les Romains ne t'ont pas compris
Lorsqu'habitant l'ancien Paris
Ils te préféraient le Surène.

Ta liqueur rose, ô joli vin !
Semble faite du sang divin
De quelque nymphe bocagère ;
Tu perles au bord désiré
D'un verre à côtes, coloré
Par les teintes de la fougère.

Tu me guéris pendant l'été
De la soif qu'un vin plus vanté
M'avait laissé depuis la veille* ;
Ton goût suret, mais doux aussi,
Happant mon palais épaissi,
Me rafraîchit quand je m'éveille.

Eh quoi ! si gai dès le matin,
Je foule d'un pied incertain
Le sentier où verdit ton pampre !...
— Et je n'ai pas de Richelet
Pour finir ce docte couplet...
Et trouver une rime en *ampre***.

---

* Il y a une faute, mais dans le goût *du temps*.
** Richelet. AMPRE : pampre — pas de rime.

POLITIQUE

1832

Dans Sainte-Pélagie,
Sous ce règne élargie,
Où, rêveur et pensif,
        Je vis captif,

Pas une herbe ne pousse
Et pas un brin de mousse
Le long des murs grillés
        Et frais taillés.

Oiseau qui fends l'espace...
Et toi, brise, qui passe
Sur l'étroit horizon
        De la prison,

Dans votre vol superbe
Apportez-moi quelque herbe,
Quelque gramen, mouvant
        Sa tête au vent!

Qu'à mes pieds tourbillonne
Une feuille d'automne
Peinte de cent couleurs
        Comme les fleurs!

Pour que mon âme triste
Sache encor qu'il existe
Une nature, un Dieu
        Dehors ce lieu.

Faites-moi cette joie,
Qu'un instant je revoie

Quelque chose de vert
Avant l'hiver !

LE POINT NOIR

Quiconque a regardé le soleil fixement
Croit voir devant ses yeux voler obstinément
Autour de lui, dans l'air, une tache livide.

Ainsi tout jeune encore et plus audacieux,
Sur la gloire un instant j'osai fixer les yeux :
Un point noir est resté dans mon regard avide.

Depuis, mêlée à tout comme un signe de deuil,
Partout, sur quelque endroit que s'arrête mon œil,
Je la vois se poser aussi, la tache noire !

Quoi, toujours ? Entre moi sans cesse et le bonheur !
Oh ! c'est que l'aigle seul — malheur à nous, malheur ! —
Contemple impunément le Soleil et la Gloire.

LES PAPILLONS

I

Le papillon ! fleur sans tige,
    Qui voltige,
Que l'on cueille en un réseau ;
Dans la nature infinie
    Harmonie
Entre la plante et l'oiseau !…

Quand revient l'été superbe,
Je m'en vais au bois tout seul :
Je m'étends dans la grande herbe,

Perdu dans ce vert linceul.
Sur ma tête renversée,
Là, chacun d'eux à son tour,
Passe, comme une pensée
De poésie ou d'amour!

Voici le papillon *Faune*,
    Noir et jaune:
Voici le *Mars* azuré,
Agitant des étincelles
    Sur ses ailes,
D'un velours riche et moiré.

Voici le *Vulcain* rapide,
Qui vole comme un oiseau:
Son aile noire et splendide
Porte un grand ruban ponceau
Dieux! le *Soufré*, dans l'espace,
Comme un éclair a relui...
Mais le joyeux *Nacré* passe,
Et je ne vois plus que lui!

II

Comme un éventail de soie
    Il déploie
Son manteau semé d'argent;
Et sa robe bigarrée
    Est dorée
D'un or verdâtre et changeant.

Voici le *Machaon-Zèbre*,
De fauve et de noir rayé;
Le *Deuil*, en habit funèbre,
Et le *Miroir* bleu strié:
Voici l'*Argus*, feuille-morte,
Le *Morio*, le *Grand-Bleu*,

Et le *Paon-de-jour* qui porte
Sur chaque aile un œil de feu!

Mais le soir brunit nos plaines;
        Les *Phalènes*
Prennent leur essor bruyant,
Et les *Sphinx* aux couleurs sombres
        Dans les ombres
Voltigent en tournoyant.

C'est le *Grand-Paon*, à l'œil rose
Dessiné sur un fond gris,
Qui ne vole qu'à nuit close,
Comme les chauves-souris:
Le *Bombice* du troène,
Rayé de jaune et de vert,
Et le papillon du chêne,
Qui ne meurt pas en hiver!...

III

Malheur, papillons que j'aime,
        Doux emblème,
À vous pour votre beauté!...
Un doigt de votre corsage,
        Au passage,
Froisse, hélas! le velouté!...

Une toute jeune fille,
Au cœur tendre, au doux souris,
Perçant vos cœurs d'une aiguille,
Vous contemple, l'œil surpris:
Et vos pattes sont coupées
Par l'ongle blanc qui les mord,
Et vos antennes crispées
Dans les douleurs de la mort!...

NI BONJOUR, NI BONSOIR
Sur un air grec

Νὴ καλιμερα, νὴ ωρα καλὶ.

Le matin n'est plus! le soir pas encore :
Pourtant de nos yeux l'éclair a pâli.

Νὴ καλιμερα, νὴ ωρα καλὶ.

Mais le soir vermeil ressemble à l'aurore,
Et la nuit, plus tard, amène l'oubli!

LES CYDALISES

Où sont nos amoureuses?
Elles sont au tombeau :
Elles sont plus heureuses
Dans un séjour plus beau!

Elles sont près des anges,
Dans le fond du ciel bleu,
Et chantent les louanges
De la Mère de Dieu!

Ô blanche fiancée!
Ô jeune vierge en fleur!
Amante délaissée,
Que flétrit la douleur :

L'éternité profonde
Souriait dans vos yeux...
Flambeaux éteints du monde
Rallumez-vous aux cieux!

SECOND CHÂTEAU

Celui-là fut un château d'Espagne, construit avec des châssis, des *fermes* et des praticables... Vous en dirai-je la radieuse histoire, poétique et lyrique à la fois ? Revenons d'abord au rendez-vous donné par Dumas, et qui m'en avait fait manquer un autre.

J'avais écrit avec tout le feu de la jeunesse un scenario fort compliqué, qui parut faire plaisir à Meyerbeer. J'emportai avec effusion l'espérance qu'il me donnait, seulement un autre opéra, les *Frères Corses*[1], lui était déjà destiné par Dumas, et le mien n'avait qu'un avenir assez lointain. J'en avais écrit un acte lorsque j'apprends, tout d'un coup, que le traité fait entre le grand poëte et le grand compositeur se trouve rompu, je ne sais pourquoi. — Dumas partait pour son voyage de la Méditerranée, Meyerbeer avait déjà repris la route de l'Allemagne. La pauvre *Reine de Saba*, abandonnée de tous, est devenue depuis un simple conte oriental qui fait partie des *Nuits du Rhamazan*[2].

C'est ainsi que la poésie tomba dans la prose et mon château théâtral dans le *troisième* dessous. — Toutefois, les idées scéniques et lyriques s'étaient éveillées en moi, j'écrivis en prose un acte d'opéra-comique, me réservant d'y intercaler, plus tard, des morceaux. Je viens d'en retrouver le manuscrit primitif, qui n'a jamais tenté les musiciens auxquels je l'ai soumis. Ce n'est donc qu'un simple proverbe que je n'insère ici qu'à titre d'épisode de ces petits mémoires littéraires.

CORILLA

FABIO. — MARCELLI. — MAZETTO, garçon de théâtre.
CORILLA, prima dona.

Le boulevard de Sainte-Lucie[1], près de l'Opéra,
à Naples.

FABIO, MAZETTO.

FABIO. — Si tu me trompes, Mazetto, c'est un triste
métier que tu fais là...

MAZETTO. — Le métier n'en est pas meilleur; mais je
vous sers fidèlement. Elle viendra ce soir, vous dis-je;
elle a reçu vos lettres et vos bouquets.

FABIO. — Et la chaîne d'or, et l'agrafe de pierres fines?

MAZETTO. — Vous ne devez pas douter qu'elles ne lui
soient parvenues aussi, et vous les reconnaîtrez peut-être
à son cou et à sa ceinture; seulement, la façon de ces
bijoux est si moderne, qu'elle n'a trouvé encore aucun
rôle où elle pût les porter comme faisant partie de son
costume.

FABIO. — Mais, m'a-t-elle vu seulement? m'a-t-elle
remarqué à la place où je suis assis tous les soirs pour
l'admirer et l'applaudir, et puis-je penser que mes pré-
sents ne seront pas la seule cause de sa démarche?

MAZETTO. — Fi, monsieur ! ce que vous avez donné n'est rien pour une personne de cette volée ; et, dès que vous vous connaîtrez mieux, elle vous répondra par quelque portrait entouré de perles qui vaudra le double. Il en est de même des dix ducats que vous m'avez remis déjà, et des vingt autres que vous m'avez promis dès que vous aurez l'assurance de votre premier rendez-vous ; ce n'est qu'argent prêté, je vous l'ai dit, et ils vous reviendront un jour avec de gros intérêts.

FABIO. — Va, je n'en attends rien.

MAZETTO. — Non, monsieur, il faut que vous sachiez à quels gens vous avez affaire, et que, loin de vous ruiner, vous êtes ici sur le vrai chemin de votre fortune ; veuillez donc me compter la somme convenue, car je suis forcé de me rendre au théâtre pour y remplir mes fonctions de chaque soir.

FABIO. — Mais pourquoi n'a-t-elle pas fait de réponse, et n'a-t-elle pas marqué de rendez-vous ?

MAZETTO. — Parce que, ne vous ayant encore vu que de loin, c'est-à-dire de la scène aux loges, comme vous ne l'avez vue vous-même que des loges à la scène, elle veut connaître avant tout votre tenue et vos manières, entendez-vous ? votre son de voix, que sais-je ! Voudriez-vous que la première cantatrice de San-Carlo acceptât les hommages du premier venu sans plus d'information ?

FABIO. — Mais l'oserai-je aborder seulement ? et dois-je m'exposer, sur ta parole, à l'affront d'être rebuté, ou d'avoir, à ses yeux, la mine d'un galant de carrefour ?

MAZETTO. — Je vous répète que vous n'avez rien à faire qu'à vous promener le long de ce quai, presque désert à cette heure ; elle passera, cachant son visage baissé sous la frange de sa mantille ; elle vous adressera la parole elle-même, et vous indiquera un rendez-vous pour ce soir, car l'endroit est peu propre à une conversation suivie. Serez-vous content ?

FABIO. — Ô, Mazetto, si tu dis vrai, tu me sauves la vie !

MAZETTO. — Et, par reconnaissance, vous me prêtez les vingt louis convenus.

FABIO. — Tu les recevras quand je lui aurai parlé.

MAZETTO. — Vous êtes méfiant ; mais votre amour m'intéresse, et je l'aurais servi par pure amitié, si je n'avais à nourrir ma famille. Tenez-vous là comme rêvant en vous-même et composant quelque sonnet ; je vais rôder aux environs pour prévenir toute surprise.

(*Il sort.*)

FABIO, seul.

Je vais la voir ! la voir pour la première fois à la lumière du ciel, entendre, pour la première fois, des paroles qu'elle aura pensées ! Un mot d'elle va réaliser mon rêve, ou le faire envoler pour toujours ! Ah ! j'ai peur de risquer ici plus que je ne puis gagner ; ma passion était grande et pure, et rasait le monde sans le toucher, elle n'habitait que des palais radieux et des rives enchantées ; la voici ramenée à la terre et contrainte à cheminer comme toutes les autres. Ainsi que Pygmalion[1], j'adorais la forme extérieure d'une femme ; seulement la statue se mouvait tous les soirs sous mes yeux avec une grâce divine, et, de sa bouche, il ne tombait que des perles de mélodie. Et maintenant voici qu'elle descend à moi. Mais l'amour qui a fait ce miracle est un honteux valet de comédie, et le rayon qui fait vivre pour moi cette idole adorée est de ceux que Jupiter versait au sein de Danaé[2] !... Elle vient, c'est bien elle ; oh ! le cœur me manque, et je serais tenté de m'enfuir si elle ne m'avait aperçu déjà !

FABIO, UNE DAME en mantille.

LA DAME, *passant près de lui*. — Seigneur cavalier, donnez-moi le bras, je vous prie, de peur qu'on ne nous observe, et marchons naturellement. Vous m'avez écrit...

FABIO. — Et je n'ai reçu de vous aucune réponse...

LA DAME. — Tiendriez-vous plus à mon écriture qu'à mes paroles ?

FABIO. — Votre bouche ou votre main m'en voudrait si j'osais choisir.

LA DAME. — Que l'une soit le garant de l'autre : vos lettres m'ont touchée, et je consens à l'entrevue que vous me demandez. Vous savez pourquoi je ne puis vous recevoir chez moi ?

FABIO. — On me l'a dit.

LA DAME. — Je suis très-entourée, très-gênée dans toutes mes démarches. Ce soir, à cinq heures de la nuit, attendez-moi au rond-point de la Villa-Reale[1], j'y viendrai sous un déguisement, et nous pourrons avoir quelques instants d'entretien.

FABIO. — J'y serai.

LA DAME. — Maintenant, quittez mon bras, et ne me suivez pas, je me rends au théâtre. Ne paraissez pas dans la salle ce soir... Soyez discret et confiant. (*Elle sort.*)

FABIO, *seul.* — C'était bien elle !... En me quittant, elle s'est toute révélée dans un mouvement, comme la Vénus de Virgile[2]. J'avais à peine reconnu son visage, et pourtant l'éclair de ses yeux me traversait le cœur, de même qu'au théâtre, lorsque son regard vient croiser le mien dans la foule. Sa voix ne perd pas de son charme en prononçant de simples paroles ; et, cependant, je croyais jusqu'ici qu'elle ne devait avoir que le chant, comme les oiseaux ! Mais ce qu'elle m'a dit vaut tous les vers de Métastase[3], et ce timbre si pur, et cet accent si doux, n'empruntent rien pour séduire aux mélodies de Paesiello ou de Cimarosa[4]. Ah ! toutes ces héroïnes que j'adorais en elle, Sophonisbe, Alcime, Herminie, et même cette blonde Molinara[5], qu'elle joue à ravir avec des habits moins splendides, je les voyais toutes enfermées à la fois sous

cette mantille coquette, sous cette coiffe de satin... Encore
Mazetto !

FABIO, MAZETTO.

MAZETTO. — Eh bien ! seigneur, suis-je un fourbe, un
homme sans parole, un homme sans honneur ?

FABIO. — Tu es le plus vertueux des mortels ! Mais,
tiens, prends cette bourse, et laisse-moi seul.

MAZETTO. — Vous avez l'air contrarié.

FABIO. — C'est que le bonheur me rend triste ; il me
force à penser au malheur qui le suit toujours de près.

MAZETTO. — Peut-être avez-vous besoin de votre argent
pour jouer au lansquenet cette nuit ? Je puis vous le
rendre, et même vous en prêter d'autre.

FABIO. — Cela n'est point nécessaire. Adieu.

MAZETTO. — Prenez garde à la *jettatura* [1], seigneur
Fabio ! (*Il sort.*)

FABIO, seul.

Je suis fatigué de voir la tête de ce coquin faire ombre
sur mon amour ; mais, Dieu merci, ce messager va me
devenir inutile. Qu'a-t-il fait, d'ailleurs, que de remettre
adroitement mes billets et mes fleurs, qu'on avait long-
temps repoussés ? Allons, allons, l'affaire a été habilement
conduite et touche à son dénoûment... Mais pourquoi
suis-je donc si morose ce soir, moi qui devrais nager
dans la joie et frapper ces dalles d'un pied triomphant ?
N'a-t-elle pas cédé un peu vite, et surtout depuis l'envoi
de mes présents ?... Bon, je vois les choses trop en noir,
et je ne devrais songer plutôt qu'à préparer ma rhéto-
rique amoureuse. Il est clair que nous ne nous contente-
rons pas de causer amoureusement sous les arbres, et
que je parviendrai bien à l'emmener souper dans quelque

hôtellerie de Chiaia[1]; mais il faudra être brillant, passionné, fou d'amour, monter ma conversation au ton de mon style, réaliser l'idéal que lui ont présenté mes lettres et mes vers... et c'est à quoi je ne me sens nulle chaleur et nulle énergie... J'ai envie d'aller me remonter l'imagination avec quelques verres de vin d'Espagne.

FABIO, MARCELLI.

MARCELLI. — C'est un triste moyen, seigneur Fabio; le vin est le plus traître des compagnons; il vous prend dans un palais et vous laisse dans un ruisseau.

FABIO. — Ah! c'est vous, seigneur Marcelli; vous m'écoutiez?

MARCELLI. — Non, mais je vous entendais.

FABIO. — Ai-je rien dit qui vous ait déplu?

MARCELLI. — Au contraire; vous vous disiez triste et vous vouliez boire, c'est tout ce que j'ai surpris de votre monologue. Moi, je suis plus gai qu'on ne peut dire. Je marche le long de ce quai comme un oiseau; je pense à des choses folles, je ne puis demeurer en place, et j'ai peur de me fatiguer. Tenons-nous compagnie l'un à l'autre un instant; je vaux bien une bouteille pour l'ivresse, et cependant je ne suis rempli que de joie; j'ai besoin de m'épancher comme un flacon de sillery[2], et je veux jeter dans votre oreille un secret étourdissant.

FABIO. — De grâce, choisissez un confident moins préoccupé de ses propres affaires. J'ai la tête prise, mon cher; je ne suis bon à rien ce soir, et, eussiez-vous à me confier que le roi Midas a des oreilles d'âne[3], je vous jure que je serais incapable de m'en souvenir demain pour le répéter.

MARCELLI. — Et c'est ce qu'il me faut, vrai Dieu! un confident muet comme une tombe.

FABIO. — Bon! ne sais-je pas vos façons?... Vous voulez publier une bonne fortune, et vous m'avez choisi pour le héraut de votre gloire.

MARCELLI. — Au contraire, je veux prévenir une indiscrétion, en vous confiant bénévolement certaines choses que vous n'avez pas manqué de soupçonner.

FABIO. — Je ne sais ce que vous voulez dire.

MARCELLI. — On ne garde pas un secret surpris, au lieu qu'une confidence engage.

FABIO. — Mais je ne soupçonne rien qui vous puisse concerner.

MARCELLI. — Il convient alors que je vous dise tout.

FABIO. — Vous n'allez donc pas au théâtre?

MARCELLI. — Non, pas ce soir; et vous?

FABIO. — Moi, j'ai quelque affaire en tête, j'ai besoin de me promener seul.

MARCELLI. — Je gage que vous composez un opéra?

FABIO. — Vous avez deviné.

MARCELLI. — Et qui s'y tromperait? Vous ne manquez pas une seule des représentations de San-Carlo; vous arrivez dès l'ouverture, ce que ne fait aucune personne du bel air; vous ne vous retirez pas au milieu du dernier acte, et vous restez seul dans la salle avec le public du parquet. Il est clair que vous étudiez votre art avec soin et persévérance. Mais une seule chose m'inquiète: êtes-vous poëte ou musicien?

FABIO. — L'un et l'autre.

MARCELLI. — Pour moi, je ne suis qu'amateur et n'ai fait que des chansonnettes. Vous savez donc très-bien que mon assiduité dans cette salle, où nous nous rencontrons continuellement depuis quelques semaines, ne peut avoir d'autre motif qu'une intrigue amoureuse…

FABIO. — Dont je n'ai nulle envie d'être informé.

MARCELLI. — Oh! vous ne m'échapperez point par ces faux-fuyants, et ce n'est que quand vous saurez tout que je me croirai certain du mystère dont mon amour a besoin.

FABIO. — Il s'agit donc de quelque actrice... de la Borsella ?

MARCELLI. — Non, de la nouvelle cantatrice espagnole, de la divine Corilla !... Par Bacchus ! vous avez bien remarqué les furieux clins d'œil que nous nous lançons ?

FABIO, *avec humeur*. — Jamais !

MARCELLI. — Les signes convenus entre nous à de certains instants où l'attention du public se porte ailleurs ?

FABIO. — Je n'ai rien vu de pareil.

MARCELLI. — Quoi ! vous êtes distrait à ce point ? J'ai donc eu tort de vous croire informé d'une partie de mon secret ; mais la confidence étant commencée...

FABIO, *vivement*. — Oui, certes ! vous me voyez maintenant curieux d'en connaître la fin.

MARCELLI. — Peut-être n'avez-vous jamais fait grande attention à la signora Corilla ? Vous êtes plus occupé, n'est-ce pas, de sa voix que de sa figure ? Eh bien ! regardez-la, elle est charmante !

FABIO. — J'en conviens.

MARCELLI. — Une blonde d'Italie ou d'Espagne, c'est toujours une espèce de beauté fort singulière et qui a du prix par sa rareté.

FABIO. — C'est également mon avis.

MARCELLI. — Ne trouvez-vous pas qu'elle ressemble à la Judith de Caravagio, qui est dans le Musée royal[1] ?

FABIO. — Eh ! monsieur, finissez. En deux mots, vous êtes son amant, n'est-ce pas ?

MARCELLI. — Pardon ; je ne suis encore que son amoureux.

FABIO. — Vous m'étonnez.

MARCELLI. — Je dois vous dire qu'elle est fort sévère.

FABIO. — On le prétend.

MARCELLI. — Que c'est une tigresse, une Bradamante[2]...

FABIO. — Une Alcimadure[3].

MARCELLI. — Sa porte demeurant fermée à mes bouquets, sa fenêtre à mes sérénades, j'en ai conclu qu'elle

avait des raisons pour être insensible... chez elle, mais
que sa vertu devait tenir pied moins solidement sur les
planches d'une scène d'opéra... Je sondai le terrain,
j'appris qu'un certain drôle nommé Mazetto avait accès
près d'elle, en raison de son service au théâtre...

FABIO. — Vous confiâtes vos fleurs et vos billets à ce
coquin.

MARCELLI. — Vous le saviez donc ?

FABIO. — Et aussi quelques présents qu'il vous
conseilla de faire.

MARCELLI. — Ne disais-je pas bien que vous étiez
informé de tout ?

FABIO. — Vous n'avez pas reçu de lettres d'elle ?

MARCELLI. — Aucune.

FABIO. — Il serait trop singulier que la dame elle-
même, passant près de vous dans la rue, vous eût, à voix
basse, indiqué un rendez-vous...

MARCELLI. — Vous êtes le diable, ou moi-même !

FABIO. — Pour demain ?

MARCELLI. — Non, pour aujourd'hui.

FABIO. — À cinq heures de la nuit ?

MARCELLI. — À cinq heures.

FABIO. — Alors, c'est au rond-point de la Villa-Reale ?

MARCELLI. — Non ! devant les bains de Neptune[1].

FABIO. — Je n'y comprends plus rien.

MARCELLI. — Pardieu ! vous voulez tout deviner, tout
savoir mieux que moi. C'est particulier. Maintenant que
j'ai tout dit, il est de votre honneur d'être discret.

FABIO. — Bien. Écoutez-moi, mon ami... nous sommes
joués l'un ou l'autre.

MARCELLI. — Que dites-vous ?

FABIO. — Ou l'un et l'autre, si vous voulez. Nous avons
rendez-vous de la même personne, à la même heure :
vous, devant les bains de Neptune ; moi, à la Villa-Reale !

MARCELLI. — Je n'ai pas le temps d'être stupéfait ; mais
je vous demande raison de cette lourde plaisanterie.

FABIO. — Si c'est la raison qui vous manque, je ne me

charge pas de vous en donner; si c'est un coup d'épée qu'il vous faut, dégainez la vôtre.

MARCELLI. — Je fais une réflexion : vous avez sur moi tout avantage en ce moment.

FABIO. — Vous en convenez ?

MARCELLI. — Pardieu! vous êtes un amant malheureux, c'est clair; vous alliez vous jeter du haut de cette rampe, ou vous pendre aux branches de ces tilleuls, si je ne vous eusse rencontré. Moi, au contraire, je suis reçu, favorisé, presque vainqueur; je soupe ce soir avec l'objet de mes vœux. Je vous rendrais service en vous tuant; mais, si c'est moi qui suis tué, vous conviendrez qu'il serait dommage que ce fût avant, et non après. Les choses ne sont pas égales; remettons l'affaire à demain.

FABIO. — Je fais exactement la même réflexion que vous, et pourrais vous répéter vos propres paroles. Ainsi, je consens à ne vous punir que demain de votre folle vanterie. Je ne vous croyais qu'indiscret.

MARCELLI. — Bon! séparons-nous sans un mot de plus. Je ne veux point vous contraindre à des aveux humiliants, ni compromettre davantage une dame qui n'a pour moi que des bontés. Je compte sur votre réserve et vous donnerai demain matin des nouvelles de ma soirée.

FABIO. — Je vous en promets autant; mais ensuite nous ferraillerons de bon cœur. À demain donc.

MARCELLI. — À demain, seigneur Fabio.

———

FABIO, seul.

Je ne sais quelle inquiétude m'a porté à le suivre de loin, au lieu d'aller de mon côté. Retournons! (*Il fait quelques pas.*) Il est impossible de porter plus loin l'assurance, mais aussi ne pouvait-il guère revenir sur sa prétention et me confesser son mensonge. Voilà de nos jeunes fous à la mode; rien ne leur fait obstacle, ils sont les vain-

queurs et les préférés de toutes les femmes, et la liste de
don Juan ne leur coûterait que la peine de l'écrire. Cer-
tainement, d'ailleurs, si cette beauté nous trompait l'un
pour l'autre, ce ne serait pas à la même heure. Allons, je
crois que l'instant approche, et que je ferais bien de me
diriger du côté de la Villa-Reale, qui doit être déjà débar-
rassée de ses promeneurs et rendue à la solitude. Mais
en vérité n'aperçois-je pas là-bas Marcelli qui donne le
bras à une femme ?... Je suis fou véritablement ; si c'est
lui, ce ne peut être elle... Que faire ? Si je vais de leur
côté, je manque l'heure de mon rendez-vous... et, si je
n'éclaircis pas le soupçon qui me vient, je risque, en me
rendant là-bas, de jouer le rôle d'un sot. C'est là une
cruelle incertitude. L'heure se passe, je vais et reviens, et
ma position est la plus bizarre du monde. Pourquoi faut-
il que j'aie rencontré cet étourdi, qui s'est joué de moi
peut-être ? Il aura su mon amour par Mazetto, et tout ce
qu'il m'est venu conter tient à quelque obscure fourberie
que je saurai bien démêler. — Décidément, je prends
mon parti, je cours à la Villa-Reale. (*Il revient.*) Sur mon
âme, ils approchent ; c'est la même mantille garnie de
longues dentelles ; c'est la même robe de soie grise...
en deux pas ils vont être ici. Oh ! si c'est elle, si je suis
trompé... je n'attendrai pas à demain pour me venger de
tous les deux !... Que vais-je faire ? un éclat ridicule...
retirons-nous derrière ce treillis pour mieux nous assu-
rer que ce sont bien eux-mêmes.

FABIO, caché ; MARCELLI ;
la signora CORILLA, lui donnant le bras.

MARCELLI. — Oui, belle dame, vous voyez jusqu'où va
la suffisance de certaines gens. Il y a par la ville un cava-
lier qui se vante d'avoir aussi obtenu de vous une entrevue
pour ce soir. Et, si je n'étais sûr de vous avoir mainte-

nant à mon bras, fidèle à une douce promesse trop long-
temps différée...

CORILLA. — Allons, vous plaisantez, seigneur Marcelli.
Et ce cavalier si avantageux... le connaissez-vous ?

MARCELLI. — C'est à moi justement qu'il a fait des
confidences...

FABIO, *se montrant.* — Vous vous trompez, seigneur,
c'est vous qui me faisiez les vôtres... Madame, il est inutile
d'aller plus loin ; je suis décidé à ne point supporter
un pareil manége de coquetterie. Le seigneur Marcelli
peut vous reconduire chez vous, puisque vous lui avez
donné le bras ; mais ensuite, qu'il se souvienne bien que
je l'attends, moi.

MARCELLI. — Écoutez, mon cher, tâchez, dans cette
affaire-ci, de n'être que ridicule.

FABIO. — Ridicule, dites-vous ?

MARCELLI. — Je le dis. S'il vous plaît de faire du bruit,
attendez que le jour se lève ; je ne me bats pas sous les
lanternes, et je ne me soucie point de me faire arrêter
par la garde de nuit.

CORILLA. — Cet homme est fou ; ne le voyez-vous pas ?
Éloignons-nous.

FABIO. — Ah ! madame ! il suffit... ne brisez pas entiè-
rement cette belle image que je portais pure et sainte au
fond de mon cœur. Hélas ! content de vous aimer de loin,
de vous écrire... j'avais peu d'espérance, et je demandais
moins que vous ne m'avez promis !

CORILLA. — Vous m'avez écrit ? à moi !...

MARCELLI. — Eh ! qu'importe ? ce n'est pas ici le lieu
d'une telle explication...

CORILLA. — Et que vous ai-je promis, monsieur ?... je
ne vous connais pas et ne vous ai jamais parlé.

MARCELLI. — Bon ! quand vous lui auriez dit quelques
paroles en l'air, le grand mal ! Pensez-vous que mon
amour s'en inquiète ?

CORILLA. — Mais quelle idée avez-vous aussi, sei-
gneur ? Puisque les choses sont allées si loin, je veux que

tout s'explique à l'instant. Ce cavalier croit avoir à se plaindre de moi : qu'il parle et qu'il se nomme avant tout ; car j'ignore ce qu'il est et ce qu'il veut.

FABIO. — Rassurez-vous, madame ! j'ai honte d'avoir fait cet éclat et d'avoir cédé à un premier mouvement de surprise. Vous m'accusez d'imposture, et votre belle bouche ne peut mentir. Vous l'avez dit, je suis fou, j'ai rêvé. Ici même, il y a une heure, quelque chose comme votre fantôme passait, m'adressait de douces paroles et promettait de revenir... Il y avait de la magie, sans doute, et cependant tous les détails restent présents à ma pensée. J'étais là, je venais de voir le soleil se coucher derrière le Pausilippe, en jetant sur Ischia[1] le bord de son manteau rougeâtre, la mer noircissait dans le golfe, et les voiles blanches se hâtaient vers la terre comme des colombes attardées... Vous voyez, je suis un triste rêveur, mes lettres ont dû vous l'apprendre, mais vous n'entendrez plus parler de moi, je le jure, et vous dis adieu.

CORILLA. — Vos lettres... Tenez, tout cela a l'air d'un imbroglio de comédie, permettez-moi de ne m'y point arrêter davantage ; seigneur Marcelli, veuillez reprendre mon bras et me reconduire en toute hâte chez moi. (*Fabio salue et s'éloigne.*)

MARCELLI. — Chez vous, madame ?

CORILLA. — Oui, cette scène m'a bouleversée !... Vit-on jamais rien de plus bizarre ? Si la place du Palais n'est pas encore déserte, nous trouverons bien une chaise, ou tout au moins un falot. Voici justement les valets du théâtre qui sortent ; appelez un d'entre eux...

MARCELLI. — Holà ! quelqu'un ! par ici... Mais, en vérité, vous sentez-vous malade ?

CORILLA. — À ne pouvoir marcher plus loin...

FABIO, MAZETTO, les précédents.

FABIO, *entraînant Mazetto*. — Tenez, c'est le ciel qui nous l'amène ; voilà le traître qui s'est joué de moi.

MARCELLI. — C'est Mazetto ! le plus grand fripon des Deux-Siciles. Quoi ! c'était aussi votre messager ?

MAZETTO. — Au diable ! vous m'étouffez.

FABIO. — Tu vas nous expliquer…

MAZETTO. — Et que faites-vous ici, seigneur ? je vous croyais en bonne fortune ?

FABIO. — C'est la tienne qui ne vaut rien. Tu vas mourir si tu ne confesses pas toute ta fourberie.

MARCELLI. — Attendez, seigneur Fabio, j'ai aussi des droits à faire valoir sur ses épaules. À nous deux, maintenant.

MAZETTO. — Messieurs, si vous voulez que je comprenne, ne frappez pas tous les deux à la fois. De quoi s'agit-il ?

FABIO. — Et de quoi peut-il être question, misérable ? Mes lettres, qu'en as-tu fait ?

MARCELLI. — Et de quelle façon as-tu compromis l'honneur de la signora Corilla ?

MAZETTO. — Messieurs, l'on pourrait nous entendre.

MARCELLI. — Il n'y a ici que la signora elle-même et nous deux, c'est-à-dire deux hommes qui vont s'entre-tuer demain à cause d'elle ou à cause de toi.

MAZETTO. — Permettez : ceci dès lors est grave, et mon humanité me défend de dissimuler davantage…

FABIO. — Parle.

MAZETTO. — Au moins, remettez vos épées.

FABIO. — Alors nous prendrons des bâtons.

MARCELLI. — Non ; nous devons le ménager s'il dit la vérité tout entière, mais à ce prix-là seulement.

CORILLA. — Son insolence m'indigne au dernier point.

MARCELLI. — Le faut-il assommer avant qu'il ait parlé ?

CORILLA. — Non ; je veux tout savoir, et que, dans une si noire aventure, il ne reste du moins aucun doute sur ma loyauté.

MAZETTO. — Ma confession est votre panégyrique, madame ; tout Naples connaît l'austérité de votre vie. Or, le seigneur Marcelli, que voilà, était passionnément épris de vous ; il allait jusqu'à promettre de vous offrir son nom si vous vouliez quitter le théâtre ; mais il fallait qu'il pût du moins mettre à vos genoux l'hommage de son cœur, je ne dis pas de sa fortune ; mais vous en avez bien pour deux, on le sait, et lui aussi.

MARCELLI. — Faquin !...

FABIO. — Laissez-le finir.

MAZETTO. — La délicatesse du motif m'engagea dans son parti. Comme valet du théâtre, il m'était aisé de mettre ses billets sur votre toilette. Les premiers furent brûlés ; d'autres, laissés ouverts, reçurent un meilleur accueil. Le dernier vous décida à accorder un rendez-vous au seigneur Marcelli, lequel m'en a fort bien récompensé !...

MARCELLI. — Mais qui te demande tout ce récit ?

FABIO. — Et moi, traître ! âme à double face ! comment m'as-tu servi ? Mes lettres, les as-tu remises ? Quelle est cette femme voilée que tu m'as envoyée tantôt, et que tu m'as dit être la signora Corilla elle-même ?

MAZETTO. — Ah ! seigneurs, qu'eussiez-vous dit de moi et quelle idée madame en eût-elle pu concevoir, si je lui avais remis des lettres de deux écritures différentes et des bouquets de deux amoureux ? Il faut de l'ordre en toute chose, et je respecte trop madame pour lui avoir supposé la fantaisie de mener de front deux amours. Cependant le désespoir du seigneur Fabio, à mon premier refus de le servir, m'avait singulièrement touché. Je le laissai d'abord épancher sa verve en lettres et en sonnets que je feignis de remettre à la signora, supposant que son amour pourrait bien être de ceux qui viennent si fréquemment se brûler les ailes aux flammes de la rampe ; passions d'écoliers et de poëtes, comme nous en voyons tant... Mais c'était plus sérieux, car la bourse du seigneur Fabio s'épuisait à fléchir ma résolution vertueuse...

MARCELLI. — En voilà assez! Signora, nous n'avons point affaire, n'est-ce pas, de ces divagations...

CORILLA. — Laissez-le dire, rien ne nous presse, monsieur.

MAZETTO. — Enfin, j'imaginai que le seigneur Fabio étant épris par les yeux seulement, puisqu'il n'avait jamais pu réussir à s'approcher de madame et n'avait jamais entendu sa voix qu'en musique, il suffirait de lui procurer la satisfaction d'un entretien avec quelque créature de la taille et de l'air de la signora Corilla... Il faut dire que j'avais déjà remarqué une petite bouquetière qui vend ses fleurs le long de la rue de Tolède ou devant les cafés de la place du Môle[1]. Quelquefois elle s'arrête un instant, et chante des chansonnettes espagnoles avec une voix d'un timbre fort clair...

MARCELLI. — Une bouquetière qui ressemble à la signora; allons donc! ne l'aurais-je point aussi remarquée?

MAZETTO. — Seigneur, elle arrive tout fraîchement par le galion de Sicile, et porte encore le costume de son pays.

CORILLA. — Cela n'est pas vraisemblable, assurément.

MAZETTO. — Demandez au seigneur Fabio si, le costume aidant, il n'a pas cru tantôt voir passer madame elle-même?

FABIO. — Eh bien! cette femme...

MAZETTO. — Cette femme, seigneur, est celle qui vous attend à la Villa-Reale, ou plutôt qui ne vous attend plus, l'heure étant de beaucoup passée.

FABIO. — Peut-on imaginer une plus noire complication d'intrigues?

MARCELLI. — Mais non; l'aventure est plaisante. Et, voyez, la signora elle-même ne peut s'empêcher d'en rire... Allons, beau cavalier, séparons-nous sans rancune, et corrigez-moi ce drôle d'importance... Ou plutôt, tenez, profitez de son idée : la nuée qu'embrassait Ixion[1] valait bien pour lui la divinité dont elle était l'image, et je vous crois assez poëte pour vous soucier peu des réalités. — Bonsoir, seigneur Fabio !

FABIO, MAZETTO.

FABIO, *à lui-même*. — Elle était là ! et pas un mot de pitié, pas un signe d'attention ! Elle assistait, froide et morne, à ce débat qui me couvrait de ridicule, et elle est partie dédaigneusement sans dire une parole, riant seulement, sans doute, de ma maladresse et de ma simplicité !... Oh ! tu peux te retirer, va, pauvre diable si inventif, je ne maudis plus ma mauvaise étoile, et je vais rêver le long de la mer à mon infortune, car je n'ai plus même l'énergie d'être furieux.

MAZETTO. — Seigneur, vous feriez bien d'aller rêver du côté de la Villa-Reale. La bouquetière vous attend peut-être encore...

FABIO, seul.

En vérité, j'aurais été curieux de rencontrer cette créature et de la traiter comme elle le mérite. Quelle femme est-ce donc que celle qui se prête à une telle manœuvre ? Est-ce une niaise enfant à qui l'on fait la leçon, ou quelque effrontée qu'on n'a eu que la peine de payer et de mettre en campagne ? Mais il faut l'âme d'un plat valet pour m'avoir jugé digne de donner dans ce piége un instant. Et pourtant elle ressemble à celle que j'aime... et moi-même quand je la rencontrai voilée, je crus reconnaître et sa démarche et le son si pur de sa voix... Allons, il est bientôt six heures de nuit, les derniers promeneurs

s'éloignent vers Sainte-Lucie et vers Chiaia, et les terrasses des maisons se garnissent de monde... À l'heure
qu'il est, Marcelli soupe gaiement avec sa conquête
facile. Les femmes n'ont d'amour que pour ces débauchés sans cœur.

FABIO, UNE BOUQUETIÈRE.

FABIO. — Que me veux-tu, petite?

LA BOUQUETIÈRE. — Seigneur, je vends des roses, je
vends des fleurs du printemps. Voulez-vous acheter tout
ce qui me reste pour parer la chambre de votre amoureuse? On va bientôt fermer le jardin, et je ne puis remporter cela chez mon père; je serais battue. Prenez le
tout pour trois carlins.

FABIO. — Crois-tu donc que je sois attendu ce soir, et
me trouves-tu la mine d'un amant favorisé?

LA BOUQUETIÈRE. — Venez ici à la lumière. Vous
m'avez l'air d'un beau cavalier, et, si vous n'êtes pas
attendu, c'est que vous attendez... Ah! mon Dieu!

FABIO. — Qu'as-tu, ma petite? Mais vraiment, cette
figure... Ah! je comprends tout maintenant: tu es la
fausse Corilla!... À ton âge, mon enfant, tu entames un
vilain métier!

LA BOUQUETIÈRE. — En vérité, seigneur, je suis une
honnête fille, et vous allez me mieux juger. On m'a
déguisée en grande dame, on m'a fait apprendre des mots
par cœur; mais, quand j'ai vu que c'était une comédie
pour tromper un honnête gentilhomme, je me suis
échappée et j'ai repris mes habits de pauvre fille, et je
suis allée, comme tous les soirs, vendre mes fleurs sur la
place du Môle et dans les allées du jardin royal.

FABIO. — Cela est-il bien vrai?

LA BOUQUETIÈRE. — Si vrai, que je vous dis adieu, seigneur; et puisque vous ne voulez pas de mes fleurs, je les

jetterai dans la mer en passant; demain elles seraient
fanées.

FABIO. — Pauvre fille, cet habit te sied mieux que
l'autre, et je te conseille de ne plus le quitter. Tu es, toi, la
fleur sauvage des champs; mais qui pourrait se tromper
entre vous deux? Tu me rappelles sans doute quelques-
uns de ses traits, et ton cœur vaut mieux que le sien,
peut-être. Mais qui peut remplacer dans l'âme d'un amant
la belle image qu'il s'est plu tous les jours à parer d'un
nouveau prestige? Celle-là n'existe plus en réalité sur la
terre; elle est gravée seulement au fond du fond du cœur
fidèle, et nul portrait ne pourra jamais rendre son impé-
rissable beauté.

LA BOUQUETIÈRE. — Pourtant on m'a dit que je la valais
bien, et, sans coquetterie, je pense qu'étant parée comme
la signora Corilla, aux feux des bougies, avec l'aide du
spectacle et de la musique, je pourrais bien vous plaire
autant qu'elle, et cela sans blanc de perle et sans carmin.

FABIO. — Si ta vanité se pique, petite fille, tu m'ôteras
même le plaisir que je trouve à te regarder un instant.
Mais, vraiment, tu oublies qu'elle est la perle de l'Espagne
et de l'Italie, que son pied est le plus fin et sa main la
plus royale du monde. Pauvre enfant! la misère n'est pas
la culture qu'il faut à des beautés si accomplies, dont le
luxe et l'art prennent soin tour à tour.

LA BOUQUETIÈRE. — Regardez mon pied sur ce banc
de marbre; il se découpe encore assez bien dans sa chaus-
sure brune. Et ma main, l'avez-vous seulement touchée?

FABIO. — Il est vrai que ton pied est charmant, et ta
main... Dieu! qu'elle est douce!... Mais, écoute, je ne
veux pas te tromper, mon enfant, c'est bien elle seule
que j'aime, et le charme qui m'a séduit n'est pas né dans
une soirée. Depuis trois mois que je suis à Naples, je n'ai
pas manqué de la voir un seul jour d'Opéra. Trop pauvre
pour briller près d'elle, comme tous les beaux cavaliers
qui l'entourent aux promenades, n'ayant ni le génie des
musiciens, ni la renommée des poëtes qui l'inspirent et

qui la servent dans son talent, j'allais sans espérance
m'enivrer de sa vue et de ses chants, et prendre ma part
dans ce plaisir de tous, qui pour moi seul était le bonheur
et la vie. Oh! tu la vaux bien peut-être, en effet... mais
as-tu cette grâce divine qui se révèle sous tant d'aspects?
As-tu ces pleurs et ce sourire? As-tu ce chant divin, sans
lequel une divinité n'est qu'une belle idole? Mais alors
tu serais à sa place, et tu ne vendrais pas des fleurs aux
promeneurs de la Villa-Reale...

LA BOUQUETIÈRE. — Pourquoi donc la nature, en me
donnant son apparence, aurait-elle oublié la voix? Je
chante fort bien, je vous jure; mais les directeurs de San-
Carlo n'auraient jamais l'idée d'aller ramasser une prima
donna sur la place publique... Écoutez ces vers d'opéra
que j'ai retenus pour les avoir entendus seulement au
petit théâtre de la Fenice[1].

(*Elle chante.*)

AIR ITALIEN[2].

Qu'il m'est doux de conserver la paix du cœur, le calme de la
pensée.

Il est sage d'aimer dans la belle saison de l'âge; plus sage de
n'aimer pas.

FABIO, *tombant à ses pieds.* — Oh! madame, qui vous
méconnaîtrait maintenant? Mais cela ne peut être...
Vous êtes une déesse véritable, et vous allez vous envoler!
Mon Dieu! qu'ai-je à répondre à tant de bontés? je suis
indigne de vous aimer, pour ne vous avoir point d'abord
reconnue!

CORILLA. — Je ne suis donc plus la bouquetière?... Eh
bien! je vous remercie; j'ai étudié ce soir un nouveau
rôle, et vous m'avez donné la réplique admirablement.

FABIO. — Et Marcelli?

CORILLA. — Tenez, n'est-ce pas lui que je vois errer
tristement le long de ces berceaux, comme vous faisiez
tout à l'heure?

FABIO. — Évitons-le, prenons une allée.

CORILLA. — Il nous a vus, il vient à nous.

FABIO, CORILLA, MARCELLI.

MARCELLI. — Hé! seigneur Fabio, vous avez donc trouvé la bouquetière? Ma foi, vous avez bien fait, et vous êtes plus heureux que moi ce soir.

FABIO. — Eh bien! qu'avez-vous donc fait de la signora Corilla? vous alliez souper ensemble gaiement.

MARCELLI. — Ma foi, l'on ne comprend rien aux caprices des femmes. Elle s'est dite malade, et je n'ai pu que la reconduire chez elle; mais demain...

FABIO. — Demain ne vaut pas ce soir, seigneur Marcelli.

MARCELLI. — Voyons donc cette ressemblance tant vantée... Elle n'est pas mal, ma foi!... mais ce n'est rien; pas de distinction, pas de grâce. Allons, faites-vous illusion à votre aise... Moi, je vais penser à la prima donna de San-Carlo, que j'épouserai dans huit jours.

CORILLA, *reprenant son ton naturel.* — Il faudra réfléchir là-dessus, seigneur Marcelli. Tenez, moi, j'hésite beaucoup à m'engager. J'ai de la fortune, je veux choisir. Pardonnez-moi d'avoir été comédienne en amour comme au théâtre, et de vous avoir mis à l'épreuve tous deux. Maintenant, je vous l'avouerai, je ne sais trop si aucun de vous m'aime, et j'ai besoin de vous connaître davantage. Le seigneur Fabio n'adore en moi que l'actrice peut-être, et son amour a besoin de la distance et de la rampe allumée[1]; et vous, seigneur Marcelli, vous me paraissez vous aimer avant tout le monde, et vous émouvoir difficilement dans l'occasion. Vous êtes trop mondain, et lui trop poëte. Et maintenant, veuillez tous deux m'accompagner. Chacun de vous avait gagé de souper avec moi: j'en avais fait la promesse à chacun de vous; nous souperons tous ensemble; Mazetto nous servira.

MAZETTO, *paraissant et s'adressant au public*. — Sur quoi, messieurs, vous voyez que cette aventure scabreuse va se terminer le plus moralement du monde. Excusez les fautes de l'auteur.

TROISIÈME CHÂTEAU

Château de cartes, château de Bohême, château en
Espagne, — telles sont les premières stations à parcourir
pour tout poëte. Comme ce fameux roi dont Charles
Nodier a raconté l'histoire[1], nous en possédons au moins
sept de ceux-là pendant le cours de notre vie errante, —
et peu d'entre nous arrivent à ce fameux château de
briques et de pierre, rêvé dans la jeunesse, — d'où
quelque belle aux longs cheveux nous sourit amoureuse-
ment à la seule fenêtre ouverte, tandis que les vitrages
treillissés reflètent les splendeurs du soir[2].

En attendant, je crois bien que j'ai passé une fois par
le château du diable. Ma cydalise, à moi, perdue, à jamais
perdue!... Une longue histoire, qui s'est dénouée dans
un pays du nord, — et qui ressemble à tant d'autres! Je
ne veux ici que donner le motif des vers suivants, conçus
dans la fièvre et dans l'insomnie. Cela commence par le
désespoir et cela finit par la résignation.

Puis, revient un souffle épuré de la première jeunesse,
et quelques fleurs poétiques s'entr'ouvrent encore, dans
la forme de l'odelette aimée, — sur le rhythme sautillant
d'un orchestre d'opéra.

MYSTICISME

LE CHRIST AUX OLIVIERS

> Dieu est mort! le ciel est vide...
> Pleurez! enfants, vous n'avez plus de père!

JEAN PAUL.

I

Quand le Seigneur, levant au ciel ses maigres bras,
Sous les arbres sacrés, comme font les poëtes,
Se fut longtemps perdu dans ses douleurs muettes,
Et se jugea trahi par des amis ingrats ;

Il se tourna vers ceux qui l'attendaient en bas
Rêvant d'être des rois, des sages, des prophètes...
Mais engourdis, perdus dans le sommeil des bêtes,
Et se prit à crier : « Non, Dieu n'existe pas ! »

Ils dormaient. « Mes amis, savez vous *la nouvelle* ?
J'ai touché de mon front à la voûte éternelle ;
Je suis sanglant, brisé, souffrant pour bien des jours !

Frères, je vous trompais : Abîme ! abîme ! abîme !
Le dieu manque à l'autel, où je suis la victime...
Dieu n'est pas ! Dieu n'est plus ! » Mais ils dormaient toujours !

II

Il reprit: «Tout est mort! J'ai parcouru les mondes;
Et j'ai perdu mon vol dans leurs chemins lactés,
Aussi loin que la vie, en ses veines fécondes,
Répand des sables d'or et des flots argentés:

Partout le sol désert côtoyé par des ondes,
Des tourbillons confus d'océans agités...
Un souffle vague émeut les sphères vagabondes,
Mais nul esprit n'existe en ces immensités.

En cherchant l'œil de Dieu, je n'ai vu qu'un orbite
Vaste, noir et sans fond; d'où la nuit qui l'habite
Rayonne sur le monde et s'épaissit toujours;

Un arc-en-ciel étrange entoure ce puits sombre,
Seuil de l'ancien chaos dont le néant est l'ombre,
Spirale, engloutissant les Mondes et les Jours!»

III

«Immobile Destin, muette sentinelle,
Froide Nécessité!... Hasard qui t'avançant,
Parmi les mondes morts sous la neige éternelle,
Refroidis, par degrés l'univers pâlissant,

Sais-tu ce que tu fais, puissance originelle,
De tes soleils éteints, l'un l'autre se froissant...
Es-tu sûr de transmettre une haleine immortelle,
Entre un monde qui meurt et l'autre renaissant?...

Ô mon père! est-ce toi que je sens en moi-même?
As-tu pouvoir de vivre et de vaincre la mort?
Aurais-tu succombé sous un dernier effort

De cet ange des nuits que frappa l'anathème...
Car je me sens tout seul à pleurer et souffrir,
Hélas! et si je meurs, c'est que tout va mourir!»

IV

Nul n'entendait gémir l'éternelle victime,
Livrant au monde en vain tout son cœur épanché;
Mais prêt à défaillir et sans force penché,
Il appela le *seul* — éveillé dans Solyme:

«Judas! lui cria-t-il, tu sais ce qu'on m'estime,
Hâte-toi de me vendre, et finis ce marché:
Je suis souffrant, ami! sur la terre couché...
Viens! ô toi qui, du moins, as la force du crime!»

Mais Judas s'en allait, mécontent et pensif,
Se trouvant mal payé, plein d'un remords si vif
Qu'il lisait ses noirceurs sur tous les murs écrites...

Enfin Pilate seul, qui veillait pour César,
Sentant quelque pitié, se tourna par hasard:
«Allez chercher ce fou!» dit-il aux satellites.

V

C'était bien lui, ce fou, cet insensé sublime...
Cet Icare oublié qui remontait les cieux,
Ce Phaéton perdu sous la foudre des dieux,
Ce bel Atys meurtri que Cybèle ranime!

L'augure interrogeait le flanc de la victime.
La terre s'enivrait de ce sang précieux...

L'univers étourdi penchait sur ses essieux,
Et l'Olympe un instant chancela vers l'abîme :

« Réponds ! criait César à Jupiter Ammon,
Quel est ce nouveau dieu qu'on impose à la terre ?
Et si ce n'est un dieu, c'est au moins un démon... »

Mais l'oracle invoqué pour jamais dut se taire ;
Un seul pouvait au monde expliquer ce mystère :
— Celui qui donna l'âme aux enfants du limon.

DAPHNÉ

Jam redit et virgo...

La connais-tu, Daphné, cette ancienne romance,
Au pied du sycomore, ou sous les mûriers blancs,
Sous l'olivier, le myrthe, ou les saules tremblants,
Cette chanson d'amour, qui toujours recommence !

Reconnais-tu le Temple au péristyle immense,
Et les citrons amers où s'imprimaient tes dents,
Et la grotte, fatale aux hôtes imprudents,
Où du dragon vaincu dort l'antique semence ?...

Ils reviendront, ces Dieux, que tu pleures toujours...
Le temps va ramener l'ordre des anciens jours,
La terre a tressailli d'un souffle prophétique :

Cependant la sibylle, au visage latin,
Est endormie encor sous l'arc de Constantin...
Et rien n'a dérangé le sévère Portique.

VERS DORÉS

Eh quoi! tout est sensible!

PYTHAGORE.

Homme, libre penseur! te crois-tu seul pensant
Dans ce monde où la vie éclate en toute chose?
Des forces que tu tiens ta liberté dispose,
Mais de tous tes conseils l'univers est absent.

Respecte dans la bête un esprit agissant:
Chaque fleur est une âme à la Nature éclose;
Un mystère d'amour dans le métal repose;
« Tout est sensible! » Et tout sur ton être est puissant.

Crains, dans le mur aveugle, un regard qui t'épie:
À la matière même un verbe est attaché...
Ne la fais pas servir à quelque usage impie!

Souvent dans l'être obscur habite un Dieu caché;
Et comme un œil naissant couvert par ses paupières,
Un pur esprit s'accroît sous l'écorce des pierres!

LYRISME

ESPAGNE

Mon doux pays des Espagnes
Qui voudrait fuir ton beau ciel,
Tes cités et tes montagnes,
Et ton printemps éternel ?

Ton air pur qui nous enivre,
Tes jours, moins beaux que tes nuits,
Tes champs, où Dieu voudrait vivre
S'il quittait son paradis.

Autrefois ta souveraine,
L'Arabie, en te fuyant,
Laissa sur ton front de reine
Sa couronne d'Orient !

Un écho redit encore
À ton rivage enchanté
L'antique refrain du Maure :
Gloire, amour et liberté !

CHŒUR D'AMOUR

Ici l'on passe
Des jours enchantés !

L'ennui s'efface
Aux cœurs attristés
Comme la trace
Des flots agités.

Heure frivole
Et qu'il faut saisir,
Passion folle
Qui n'est qu'un désir,
Et qui s'envole
Après le plaisir !

Piquillo (avec Dumas) — Mus. de Monpou.

CHANSON GOTHIQUE

Belle épousée,
J'aime tes pleurs !
C'est la rosée
Qui sied aux fleurs.

Les belles choses
N'ont qu'un printemps,
Semons de roses
Les pas du Temps !

Soit brune ou blonde
Faut-il choisir ?
Le Dieu du monde,
C'est le plaisir.

Les Monténégrins. — Mus. de Limnander.

LA SÉRÉNADE

(D'UHLAND)

— Oh! quel doux chant m'éveille?
— Près de ton lit je veille,
Ma fille! et n'entends rien...
Rendors-toi, c'est chimère!
— J'entends dehors, ma mère,
Un chœur aérien!...

— Ta fièvre va renaître.
— Ces chants de la fenêtre
Semblent s'être approchés.
— Dors, pauvre enfant malade,
Qui rêves sérénade...
Les galants sont couchés!

— Les hommes! que m'importe?
Un nuage m'emporte...
Adieu le monde, adieu!
Mère, ces sons étranges
C'est le concert des anges
Qui m'appellent à Dieu!

Musique du p^{ce} Poniatowski.

FIN

Vers retrouvés

À VICTOR HUGO

qui m'avait donné ~~le Rhin~~ son livre
du Rhin

De votre amitié, Maître, emportant cette preuve
Je tiens donc sous mon bras le *Rhin*. — J'ai l'air d'un
   Fleuve
Et je me sens grandir par la comparaison.

Mais le Fleuve sait-il, lui pauvre dieu sauvage,
Ce qui lui donne un nom, une source, un rivage,
Et s'il coule pour tous quelle en est la raison

Assis au mamelon de l'immense nature,
Peut-être ignore-t-il comme la créature
D'où lui vient ce bienfait qu'il doit aux Immortels :

Moi je sais que de vous, douce et sainte habitude,
Me vient l'Enthousiasme et l'Amour et l'Étude,
Et que mon peu de feu s'allume à vos autels.

[SUR L'ALBUM
DE MATHILDE HEINE]

Vous avez les yeux noirs, et vous êtes si belle
Que le poète en vous voit luire l'étincelle
Dont s'anime sa force et que nous envions :
Le génie à son tour embrase toute chose
Il vous rend sa lumière, et vous êtes la rose
      Qui s'embellit sous ses rayons !

LA BALLADE DE MERLIN

   Brocéliande la belle
   Reparais avec tes tours
      Jumelle
   Aux feux du matin vermeil
   Voici les tours du Soleil

De l'Enchanteur Merlin qui connaît l'aventure ?
Il est resté captif dans la forêt obscure...
    Ô Viviane, ma sœur !
    Retiens le noble Enchanteur !

Le cor des paladins retentit dans la plaine
C'est le cor de Roland sonnant à Roncevaux :
L'Empereur Charle Magne à la barbe griffaigne
Cherche ses chevaliers et par mont et par vaux...
. . . .
1ᵉʳ Novembre 1854

CHANSON

Je vous ai vue ô Reine un soir
Toute vêtue de velours noir
Je vous ai vue, ô mes amours
Toute vêtue de noir velours!

> Reine de France,
> Mon espérance
> Est dans vos yeux
> Couleur des cieux.

> L'astre qui brille
> Et qui scintille
> À moins de feux
> Que tes beaux yeux
> Tout bleus!

Je vous ai vue... Etc.

. . . .

feu Buckingam

«QUATRAIN SUR UN REÇU DE MILLE FRANCS...»

Quatrain
sur un reçu de mille francs que m'avait
rendu M. Millaud
à qui j'avais rendu sept cents francs.

> Je n'ai pris que cent écus,
> C'est bien mesquin pour mon paraphe,
> Ce papier banal n'aura plus
> Que la valeur de l'autographe!

1er novembre 1854

À EUGÉNIE

15 novembre

Ô mère des infortunés,
Plaignez tous ceux qu'on abandonne :
Soyez heureuse ; et pardonnez,
Si vous voulez que Dieu pardonne.

*Poèmes attribués
à Nerval*

« OH ! QU'ON ÉTAIT HEUREUX... »

Oh ! qu'on était heureux jadis en rhétorique,
Quand, bien loin du présent, loin du monde rieur,
Avec la Muse Sainte on vivait dans l'antique,
Que quelque chose encor battait en votre cœur !

À UNE PETITE CHATTE
QUI ME REGARDAIT
AVEC DE GRANDS YEUX BLEUS

Je voudrais te faire un sonnet,
Petite chatte, et te surprendre ;
Mais si je sais comment m'y prendre,
Que je sois perdu, s'il vous plaît !

Bah ! Le premier quatrain est fait,
Le second est facile à faire :
Je t'aime ! Hé ! las ! Quel air sévère !
Rentrez vos griffes, s'il vous plaît ?

Ai-je rien dit qui vous déplaise ?
Vos grands yeux bleus me font mal aise,
Vite, fermez-les, s'il vous plaît ?

Mais si mon vers ne vous offense,
Accordez-moi, pour récompense,
Un baiser, — veux-tu, s'il vous plaît ?

« UNE FEMME EST L'AMOUR... »

Une femme est l'amour, la gloire et l'espérance ;
Aux enfants qu'elle guide, à l'homme consolé,
Elle élève le cœur et calme la souffrance,
Comme un esprit des cieux sur la terre exilé.

Courbé par le travail ou par la destinée,
L'homme à sa voix s'élève et son front s'éclaircit ;
Toujours impatient dans sa course bornée,
Un sourire le dompte et son cœur s'adoucit.

Dans ce siècle de fer la gloire est incertaine :
Bien longtemps à l'attendre il faut se résigner.
Mais qui n'aimerait pas dans sa grâce sereine
La beauté qui la donne ou qui la fait gagner ?

DOSSIER

À la mémoire de Jean Guillaume et de Claude Pichois

BIOGRAPHIE
1808-1855

1808. 22 mai. Naissance à Paris, 96 rue Saint-Martin, de Gérard Labrunie, fils du docteur Étienne Labrunie et de Marie Antoinette Marguerite Laurent.

23 mai. Baptême à Saint-Merry. Peu après, mis en nourrice à Loisy dans le Valois.

Juin. Le docteur Labrunie est nommé médecin dans la Grande Armée, où il servira en Allemagne et en Autriche.

1810. 29 novembre. Mort de Mme Labrunie, qui suivait son mari, à Gross-Glogau en Silésie, où elle est enterrée au cimetière catholique polonais. Gérard est élevé par son grand-oncle Antoine Boucher à Mortefontaine.

1814. Printemps. Retour du docteur Labrunie, qui s'installe avec son fils rue Saint-Martin.

1822. Entre en 3e au collège Charlemagne où il restera jusqu'en 1827. Il y a pour condisciple Théophile Gautier, qui entre la même année en 6e.

1826. Premières publications poétiques : *Napoléon et la France guerrière, Élégies nationales, Monsieur Dentscourt, ou le Cuisinier d'un grand homme, Les Hauts Faits des jésuites, Napoléon et Talma, L'Académie*.

1827. Mai. *Élégies nationales et satires politiques*.

Août. Gérard, qui achève sa Philosophie, ne se présente pas au baccalauréat.

Novembre. Traduction de *Faust*.

1829. Avril. Berlioz, *Huit scènes de «Faust»*, d'après la traduction de Gérard.

10 août. Enfin bachelier.

Octobre. Commence à collaborer au *Mercure de France au dix-neuvième siècle*.

1830. Février. Donne à la Bibliothèque choisie un choix de *Poésies allemandes* avec une importante introduction.

25 février. Bataille d'*Hernani*, à laquelle Gérard, qui fréquente Hugo depuis plusieurs mois, participe avec les Jeunes France.

27-29 juillet. Les Trois Glorieuses. Gérard, qui y a participé, les célèbre dans son poème «Le Peuple» (14 août).

Octobre. Donne à la Bibliothèque choisie un *Choix des poésies de Ronsard, Dubellay, Baïf, Belleau, Dubartas, Chassignet, Desportes, Régnier* avec une importante introduction[1].

1831. Automne. À la suite d'un tapage nocturne, Gérard passe une nuit à la prison Sainte-Pélagie.

Décembre. Publication dans *L'Almanach des Muses* de sept odelettes.

Fréquente le Petit Cénacle réuni dans l'atelier du sculpteur Jehan Duseigneur rue de Vaugirard, et le salon de Nodier à l'Arsenal.

1832. Février. Séjour à la prison Sainte-Pélagie. Gérard aurait été arrêté par erreur à l'occasion du complot légitimiste de la rue des Prouvaires.

Mars-novembre. Épidémie de choléra. Gérard assiste son père.

14 novembre. Inscription à l'École de médecine.

1834. Janvier. À la mort de son grand-père Laurent, Gérard hérite de près de 30 000 francs.

Septembre-novembre. Voyage dans le midi de la France (Avignon, Aix), à Nice et en Italie (Florence, Rome et surtout Naples). Retour par Marseille et Agen, berceau des Labrunie.

Décembre. Publication dans les *Annales romantiques* de quatre odelettes.

1835. La bohème du Doyenné (avec Théophile Gautier, Arsène Houssaye, Camille Rogier...) prend le relais du Petit Cénacle.

Mai. Grâce à l'argent de son héritage, Gérard crée avec

1. Voir cette introduction, légèrement abrégée, dans *La Bohême galante* (p. 117 de ce volume).

Anatole Bouchardy une revue consacrée au théâtre, *Le Monde dramatique*, qui fera faillite moins d'un an plus tard.

Décembre. Deuxième édition du *Faust*.

1836. Juillet-septembre. Voyage en Belgique avec Gautier.

15 décembre. Première attestation du pseudonyme « Gérard de Nerval[1] » dans *Le Figaro* (qui vient de renaître) : annonce (sans suite) de la publication du « Canard de Vaucanson ».

1837. 17 juillet. Premier article (critique dramatique) dans *La Presse*.

31 octobre. Création de *Piquillo*, livret de Dumas et Nerval (signé de Dumas seul), musique de Monpou. Le rôle principal est tenu par Jenny Colon.

1838. 11 avril. Mariage de Jenny Colon avec le flûtiste Leplus.

Août-septembre. Voyage en Allemagne.

30-31 juillet. Premier article dans *Le Messager*, dont le nouveau propriétaire est Alexandre Colonna, comte Walewski, fils naturel de Napoléon Ier.

1839. 16 avril. Création de *Léo Burckart*, écrit en collaboration avec Dumas mais signé par Nerval seul.

25-28 juin. « Le Fort de Bitche. Souvenir de la Révolution française » [qui deviendra « Émilie » dans *Les Filles du feu*] dans *Le Messager*.

15 août. « Les Deux Rendez-vous. Intermède » [qui deviendra « Corilla » dans les *Petits châteaux de Bohême* puis dans *Les Filles du feu*] dans *La Presse*.

Novembre-décembre. Séjour à Vienne où il rencontre la pianiste Marie Pleyel.

1840. Mars. Retour à Paris.

Juillet. Troisième édition de *Faust, suivi du second Faust*.

Octobre. Départ pour la Belgique.

19 décembre. Quatre jours après la cérémonie du retour des cendres aux Invalides, représentation de *Piquillo* à Bruxelles avec Jenny Colon, en présence de Louise d'Orléans, reine des Belges. Au cours de ce séjour en Belgique, Nerval retrouve aussi Marie Pleyel.

---

1. Ce pseudonyme a pour origine le clos de Nerval à Mortefontaine, hérité de ses grands-parents en 1834.

1841. Février. Première crise attestée, et internement à la clinique de Mme Sainte-Colombe rue de Picpus.

1er mars. Jules Janin, dans son feuilleton du *Journal des Débats*, révèle la folie de son « ami ».

(?) Envoie, probablement à Gautier, six sonnets adressés à des dames (sonnets qui préfigurent les *Chimères*), pour obtenir sa libération (manuscrit Dumesnil de Gramont).

21 mars. Nouvelle crise, peu après sa sortie de la clinique (16 mars) et nouvel internement, à la clinique du docteur Blanche à Montmartre.

Novembre. Sortie de la clinique.

(?) Lettre à Victor Loubens évoquant sa crise et comportant quatre sonnets « faits non au plus fort de ma maladie, mais au milieu même de mes hallucinations », dont les sonnets I et IV du futur « Christ aux Oliviers ».

1842. 5 juin. Mort de Jenny Colon.

10 juillet. « Les Vieilles Ballades françaises » [qui deviendra « Chansons et légendes du Valois » dans *Les Filles du feu*] dans *La Sylphide*.

Décembre. Départ pour l'Orient.

25 décembre. « Un roman à faire » dans *La Sylphide*.

1843. En Orient.

19-26 mars. « Jemmy O'Dougherty » [qui deviendra « Jemmy » dans *Les Filles du feu*] dans *La Sylphide*.

Novembre. Passe par Naples à son retour d'Orient.

1844. Janvier. Retour à Paris.

10 mars. « Le Roman tragique » dans *L'Artiste*.

31 mars. « Poésie. Le Christ aux Oliviers » dans *L'Artiste*.

Septembre-octobre. Voyage en Belgique et aux Pays-Bas avec Arsène Houssaye.

1845. 16 mars. « Poésie. Pensée antique » [« Vers dorés »] dans *L'Artiste*.

6 juillet. « L'Illusion » [troisième lettre d'« Un roman à faire »] dans *L'Artiste*.

Décembre. « Le Temple d'Isis. Souvenir de Pompéi » [qui deviendra « Isis » dans *Les Filles du feu*] dans *La Phalange*.

28 décembre. « Poésie. Vers dorés » [« Delfica »] dans *L'Artiste*.

1846. Mai. Début de la publication des « Femmes du Caire » dans la *Revue des deux mondes*.

1847. 2 et 9 mai. «Jemmy O'Dougherty» [«Jemmy»] dans le *Journal du dimanche*.

27 juin et 4 juillet. «L'Iseum. Souvenir de Pompéi» [«Isis»] dans *L'Artiste*.

1848. 15 juillet et 15 septembre. Articles sur Heine, avec traductions, dans la *Revue des deux mondes*.

1849. 1er mars. Le premier numéro du *Temps* commence la publication en feuilleton du *Marquis de Fayolle*.

31 mars. Création des *Monténégrins*, livret d'Alboise et Nerval, musique de Limnander.

Mai-juin. Voyage à Londres avec Gautier.

1850. 16 juillet. Amendement Riancey à la loi sur la presse, frappant d'une taxe dissuasive les journaux publiant des romans-feuilletons.

Août-septembre. Voyage en Allemagne (Cologne, Weimar), via Bruxelles.

24 octobre-22 décembre. *Les Faux Saulniers* en feuilleton dans *Le National*.

1851. Mai. *Voyage en Orient*.

2 décembre. Coup d'État.

1852. 23 janvier-15 février. Hospitalisation à la maison Dubois.

Mai. Voyage en Belgique et en Hollande. *Les Illuminés*.

1er juillet-15 décembre. *La Bohême galante* en feuilleton dans *L'Artiste*.

Août. *Lorely*, dédié à Jules Janin.

9 octobre-13 novembre. *Les Nuits d'octobre* en feuilleton dans *L'Illustration*.

2 décembre. Louis-Napoléon devient Napoléon III.

1853. Janvier. *Petits châteaux de Bohême*.

6 février-27 mars. Hospitalisation à la maison Dubois.

15 août. «Sylvie» dans la *Revue des deux mondes*.

27 août-fin septembre. Crise et internement à la clinique du docteur Blanche à Passy.

12 octobre. Rechute.

14 novembre. Lettre à Dumas intitulée «Trois jours de folie».

22 novembre. Lettre délirante à George Sand.

10 décembre. «El Desdichado» dans *Le Mousquetaire* avec l'article de Dumas révélant la folie de Nerval.

17 décembre. «Octavie» dans *Le Mousquetaire*.

1854. Janvier. *Les Filles du feu*.

27 mai-fin juillet. Voyage en Allemagne.

8 août-19 octobre. Rentre à la clinique du docteur Blanche.

31 octobre. «Amours de Vienne. Pandora» dans *Le Mousquetaire*.

30 décembre. *Promenades et souvenirs* [chap. I-III] dans *L'Illustration*.

1855. 1er janvier. Début d'*Aurélia* dans la *Revue de Paris*.

6 janvier. *Promenades et souvenirs* [chap. IV-VI] dans *L'Illustration*.

Nuit du 25 au 26 janvier. Retrouvé pendu rue de la Vieille-Lanterne (près du Châtelet).

30 janvier. Obsèques à Notre-Dame et inhumation au Père-Lachaise.

3 février. *Promenades et souvenirs* [chap. VII-VIII] dans *L'Illustration*.

15 février. Seconde partie d'*Aurélia* dans la *Revue de Paris*.

NOTE SUR L'ÉDITION

Ce volume regroupe l'ensemble de la production strictement poétique de Nerval de 1830 aux *Chimères* qui lui donnent son titre. Pourquoi 1830? Parce que 1830 n'est pas seulement une date dans l'histoire du romantisme et dans l'histoire de France. Après les *Élégies nationales* et les *Satires politiques* d'un poète apprenti au goût encore classique, cette date représente sans doute le véritable acte de naissance poétique de Nerval comme lui-même le reconnaîtra, dans *La Bohême galante* et *Petits châteaux de Bohême*, en récapitulant une expérience poétique qui ne remonte jamais, à l'exception près de «Pensée de Byron» repris des *Élégies nationales*, en deçà de 1830.

On pourra s'étonner cependant, dans ce volume de poésie, de trouver l'intégralité de *La Bohême galante* et de *Petits châteaux de Bohême*. Mais précisément parce que ces deux œuvres sont celles où Nerval propose à la fois l'histoire et l'anthologie de sa poésie, nous n'avons pas cru devoir extraire les poèmes de ces recueils en prose qui leur donnent sens. Dans le cas des *Chimères*, l'idéal eût été de les faire précéder des *Filles du feu*. Pour des raisons pratiques (les dimensions de ce volume) et aussi pour des raisons qui tiennent aux circonstances tout à fait particulières de la publication des douze sonnets en appendice du recueil de nouvelles — ces sonnets n'étaient pas destinés à compléter le volume des *Filles du feu*, et les huit nouvelles du recueil, à la différence de *La Bohême galante* et de *Petits châteaux de Bohême*, n'ont pas le statut de mise en récit d'une expérience poétique —, nous avons pris le parti d'une publication autonome des *Chimères*, non sans inviter le lecteur, par les commentaires et les notes, à recontextualiser sa lecture comme il pourra le faire dans le volume des *Filles du feu* que nous donnons conjointement dans la collection « Folio classique ».

NOTE SUR LE TEXTE

Le texte de cette édition a été établi, pour les œuvres publiées par Nerval, sur les éditions originales en volume (*Les Filles du feu*, 1854, pour *Les Chimères*, *Petits châteaux de Bohême*, 1853) ou en revue ([*Poèmes 1830-1835*], [*Poèmes 1841-1846*], *La Bohême galante*, 1852). Pour les textes non publiés par Nerval, nous avons recouru aux manuscrits ou aux fac-similés. Nous avons limité la normalisation au strict minimum (coquilles manifestes).

Cette édition ne saurait payer toute sa dette aux trois volumes des *Œuvres complètes* de Nerval publiés sous la direction de Jean Guillaume et de Claude Pichois, et notamment aux notices et notes de Jacques Bony, Michel Brix, Jean Guillaume, Claude Pichois, Jean-Luc Steinmetz pour les œuvres ici réunies.

Que soient particulièrement remerciés Catherine Fotiadi pour ses relectures précieuses, Jean-Paul Avice et Michel Brix.

Sigles et abréviation :

BG	*La Bohême galante*
Cat.	Catalogue
fs	fac-similé
GDU	*Grand dictionnaire universel du XIXᵉ siècle*
HD	Hôtel Drouot
Ms	Manuscrit
NPl I, II, III	Nouvelle Pléiade, tome I, II, III
PCB	*Petits châteaux de Bohême*

< >	addition d'auteur
[ ]	restitution de l'éditeur
/	alinéa
//	saut de ligne

1. À ALEXANDRE DUMAS

Je vous dédie ce livre, mon cher maître, comme j'ai dédié
Lorely à Jules Janin. J'avais à le remercier au même titre que
vous. Il y a quelques années, on m'avait cru mort et il avait écrit
ma biographie[1]. Il y a quelques jours, on m'a cru fou, et vous
avez consacré quelques-unes de vos lignes des plus charmantes
à l'épitaphe de mon esprit. Voilà bien de la gloire qui m'est
échue en avancement d'hoirie. Comment oser, de mon vivant,
porter au front ces brillantes couronnes? Je dois afficher un air
modeste et prier le public de rabattre beaucoup de tant d'éloges
accordés à mes cendres, ou au vague contenu de cette bouteille
que je suis allé chercher dans la lune à l'imitation d'Astolfe[2], et
que j'ai fait rentrer, j'espère, au siége habituel de la pensée.

Or, maintenant que je ne suis plus sur l'hippogriffe[3] et qu'aux
yeux des mortels j'ai recouvré ce qu'on appelle vulgairement la
raison, — raisonnons.

Voici un fragment de ce que vous écriviez sur moi le
10 décembre dernier:

«C'est un esprit charmant et distingué, comme vous avez pu
en juger, — chez lequel, de temps en temps, un certain phéno-
mène se produit, qui, par bonheur, nous l'espérons, n'est sérieu-
sement inquiétant ni pour lui, ni pour ses amis; — de temps en
temps, lorsqu'un travail quelconque l'a fort préoccupé, l'imagi-
nation, cette folle du logis, en chasse momentanément la raison,
qui n'en est que la maîtresse; alors la première reste seule, toute
puissante, dans ce cerveau nourri de rêves et d'hallucinations,

ni plus ni moins qu'un fumeur d'opium du Caire, ou qu'un mangeur de hatchis d'Alger, et alors, la vagabonde qu'elle est, le jette dans les théories impossibles, dans les livres infaisables[1]. Tantôt il est le roi d'Orient Salomon, il a retrouvé le sceau qui évoque les esprits, il attend la reine de Saba ; et alors, croyez-le bien, il n'est conte de fée, ou des *Mille et une Nuits*, qui vaille ce qu'il raconte à ses amis, qui ne savent s'ils doivent le plaindre ou l'envier, de l'agilité et de la puissance de ces esprits, de la beauté et de la richesse de cette reine ; tantôt il est sultan de Crimée, comte d'Abyssinie, duc d'Égypte, baron de Smyrne[2]. Un autre jour il se croit fou, et il raconte comment il l'est devenu, et avec un si joyeux entrain, en passant par des péripéties si amusantes, que chacun désire le devenir pour suivre ce guide entraînant dans le pays des chimères et des hallucinations, plein d'oasis plus fraîches et plus ombreuses que celles qui s'élèvent sur la route brûlée d'Alexandrie à Ammon ; tantôt, enfin, c'est la mélancolie qui devient sa muse, et alors retenez vos larmes si vous pouvez, car jamais Werther, jamais René, jamais Antony, n'ont eu plaintes plus poignantes, sanglots plus douloureux, paroles plus tendres, cris plus poétiques[3] !...»

Je vais essayer de vous expliquer, mon cher Dumas, le phénomène dont vous avez parlé plus haut. Il est, vous le savez, certains conteurs qui ne peuvent inventer sans s'identifier aux personnages de leur imagination. Vous savez avec quelle conviction notre vieil ami Nodier racontait comment il avait eu le malheur d'être guillotiné à l'époque de la Révolution ; on en devenait tellement persuadé que l'on se demandait comment il était parvenu à se faire recoller la tête...

Hé bien, comprenez-vous que l'entraînement d'un récit puisse produire un effet semblable ; que l'on arrive pour ainsi dire à s'incarner dans le héros de son imagination, si bien que sa vie devienne la vôtre et qu'on brûle des flammes factices de ses ambitions et de ses amours ! C'est pourtant ce qui m'est arrivé en entreprenant l'histoire d'un personnage qui a figuré, je crois bien, vers l'époque de Louis XV[4], sous le pseudonyme de Brisacier. Où ai-je lu la biographie fatale de cet aventurier ? J'ai retrouvé celle de l'abbé de Bucquoy[5] ; mais je me sens bien incapable de renouer la moindre preuve historique à l'existence de cet illustre inconnu ! Ce qui n'eût été qu'un jeu pour vous, maître, — qui avez su si bien vous jouer avec nos chroniques et nos mémoires, que la postérité ne saura plus démêler le vrai du faux, et chargera de vos inventions tous les personnages historiques que vous avez appelés à figurer dans vos romans, — était devenu pour moi une obsession, un vertige. Inventer au fond c'est se ressouvenir[1], a dit un moraliste ; ne pouvant trouver les preuves de l'existence matérielle de mon héros, j'ai cru tout à coup à la transmigration des âmes non moins fermement que Pythagore ou Pierre Leroux[2]. Le dix-huitième siècle même, où je m'imaginais avoir vécu, était plein de ces illusions. Voisenon, Moncriff et Crébillon fils[3] en ont écrit mille aventures. Rappelez-vous ce courtisan qui se souvenait d'avoir été sopha ; sur quoi Schahabaham s'écrie avec enthousiasme : quoi ! vous avez été sopha ! mais c'est fort galant... Et, dites-moi, étiez-vous brodé[4] ?

Moi, je m'étais brodé sur toutes les coutures. — Du moment que j'avais cru saisir la série de toutes mes existences antérieures, il ne m'en coûtait pas plus d'avoir été prince, roi, mage, génie et même Dieu, la chaîne était brisée et marquait les heures pour des minutes. Ce serait le Songe de Scipion[5], la Vision du Tasse[6], ou *la Divine Comédie* du Dante, si j'étais parvenu à concentrer mes souvenirs en un chef-d'œuvre. Renonçant désormais à la renommée d'inspiré, d'illuminé ou de prophète, je n'ai à vous offrir que ce que vous appelez si justement des théories impossibles, un *livre infaisable*, dont voici le premier chapitre, qui semble faire suite au *Roman comique* de Scarron... jugez-en[7] :

Me voici encore dans ma prison, madame ; toujours imprudent, toujours coupable à ce qu'il semble, et toujours confiant, hélas ! dans cette belle *étoile* de comédie, qui a bien voulu m'appeler un instant son destin. L'Étoile et le Destin : quel couple aimable dans le roman du poëte Scarron[8] ! mais qu'il est difficile de jouer convenablement ces deux rôles aujourd'hui. La lourde charrette qui nous cahotait jadis sur l'inégal pavé du Mans, a été remplacée par des carrosses, par des chaises de poste et autres inventions nouvelles. Où sont les aventures, désormais ? où est la charmante misère qui nous faisait vos égaux et vos camarades, mesdames les comédiennes, nous les pauvres poëtes toujours et les poëtes pauvres bien souvent ? Vous nous avez trahis, reniés ! et vous vous plaigniez de notre orgueil ! Vous avez commencé par suivre de riches seigneurs, chamarrés, galants et hardis, et vous nous avez abandonnés dans quelque misérable auberge pour payer la dépense de vos folles orgies. Ainsi, moi, le brillant comédien naguère, le prince ignoré, l'amant mystérieux, le déshérité, le banni de liesse, le beau ténébreux[1], adoré des marquises comme des présidentes, moi, le favori bien indigne de madame Bouvillon, je n'ai pas été mieux traité que ce pauvre Ragotin, un poétereau de province, un robin!... Ma bonne mine, défigurée d'un vaste emplâtre, n'a servi même qu'à me perdre plus sûrement. L'hôte, séduit par les discours de La Rancune, a bien voulu se contenter de tenir en gage le propre fils du grand khan de Crimée[2] envoyé ici pour faire ses études, et avantageusement connu dans toute l'Europe chrétienne sous le pseudonyme de Brisacier. Encore si ce misérable, si cet intrigant suranné m'eût laissé quelques vieux louis, quelques carolus, ou même une pauvre montre entourée de faux brillants, j'eusse pu sans doute imposer le respect à mes accusateurs et éviter la triste péripétie d'une aussi sotte combinaison. Bien mieux, vous ne m'aviez laissé pour tout costume qu'une méchante souquenille puce, un justaucorps rayé de noir et de bleu, et des chausses d'une conservation équivoque. Si bien, qu'en soulevant ma valise après votre départ, l'aubergiste inquiet a soupçonné une partie de la triste vérité, et m'est venu dire tout net que j'étais *un prince de contrebande*[3]. À ces mots, j'ai voulu sauter sur mon épée, mais La Rancune l'avait enlevée, prétextant qu'il fallait m'empêcher de m'en percer le cœur sous les yeux de l'ingrate qui m'avait trahi! Cette dernière supposition était inutile, ô La Rancune! on ne se perce pas le cœur avec une épée de comédie, on n'imite pas le cuisinier Vatel[4], on n'essaie pas de parodier les héros de roman, quand on est un héros de tragédie: et je prends tous nos camarades à témoin qu'un tel trépas est impossible à mettre en scène un peu noblement. Je sais bien qu'on peut piquer l'épée en terre et se jeter dessus les bras ouverts; mais nous sommes ici dans une chambre parquetée, où le tapis manque, nonobstant la froide saison. La fenêtre est d'ailleurs assez ouverte et assez haute sur la rue pour qu'il soit loisible à tout désespoir tragique de terminer par là son cours. Mais... mais, je vous l'ai dit mille fois, je suis un comédien qui a de la religion.

Vous souvenez-vous de la façon dont je jouais Achille[5], quand par hasard passant dans une ville de troisième ou de quatrième ordre, il nous prenait la fantaisie d'étendre le culte négligé des anciens tragiques français[6]? J'étais noble et puissant, n'est-ce pas, sous le casque doré aux crins de pourpre, sous la cuirasse étincelante, et drapé d'un manteau d'azur ? Et quelle pitié c'était alors de voir un père aussi lâche qu'Agamemnon disputer au prêtre Calchas l'honneur de livrer plus vite au couteau la pauvre Iphigénie en larmes ! J'entrais comme la foudre au milieu de cette action forcée et cruelle ; je rendais l'espérance aux mères et le courage aux pauvres filles, sacrifiées toujours à un devoir, à un Dieu, à la vengeance d'un peuple, à l'honneur ou au profit d'une famille !... car on comprenait bien partout que c'était là l'histoire éternelle des mariages humains. Toujours le père livrera sa fille par ambition, et toujours la mère la vendra avec avidité ; mais l'amant ne sera pas toujours cet honnête Achille, si beau, si bien armé, si galant et si terrible, quoiqu'un peu rhéteur pour un homme d'épée ! Moi, je m'indignais parfois d'avoir à débiter de si longues tirades dans une cause aussi limpide et devant un auditoire aisément convaincu de mon droit. J'étais tenté de sabrer pour en finir toute la cour imbécile du roi des rois, avec son espalier de figurants endormis ! Le public en eût été charmé ; mais il aurait fini par trouver la pièce trop courte, et par réfléchir qu'il lui faut le temps de voir souffrir une princesse, un amant et une reine ; de les voir pleurer, s'emporter et répandre un torrent d'injures harmonieuses contre la vieille autorité du prêtre et du souverain. Tout cela vaut bien cinq actes et deux heures d'attente, et le public ne se contenterait pas à moins ; il lui faut sa revanche de cet éclat d'une famille unique, pompeusement assise sur le trône de la Grèce, et devant laquelle Achille lui-même ne peut s'emporter qu'en paroles ; il faut qu'il sache tout ce qu'il y a de misères sous cette pourpre, et pourtant d'irrésistible majesté ! Ces pleurs tombés des plus beaux yeux du monde sur le sein rayonnant d'Iphigénie, n'enivrent pas moins la foule que sa beauté, ses grâces et l'éclat de son costume royal ! Cette voix si douce, qui demande la vie en rappelant qu'elle n'a pas encore vécu ; le doux sourire de cet œil, qui fait trêve aux larmes pour caresser les faiblesses d'un père, première agacerie, hélas ! qui ne sera pas pour l'amant !... Oh ! comme chacun est attentif pour en recueillir quelque chose ! La tuer ? elle ! qui donc y songe ? Grands dieux ! personne peut-être ?... Au contraire ; chacun s'est dit déjà qu'il fallait qu'elle mourût pour tous, plutôt que de vivre pour un seul ; chacun a trouvé Achille trop beau, trop grand, trop superbe ! Iphigénie sera-t-elle emportée encore par ce vautour thessalien, comme l'autre, la fille de Léda[1], l'a été naguère par un prince berger de la voluptueuse côte d'Asie ?

Là est la question pour tous les Grecs, et là est aussi la question pour le public qui nous juge dans ces rôles de héros! Et moi, je me sentais haï des hommes autant qu'admiré des femmes quand je jouais un de ces rôles d'amant superbe et victorieux. C'est qu'à la place d'une froide princesse de coulisse, élevée à psalmodier tristement ces vers immortels, j'avais à défendre, à éblouir, à conserver une véritable fille de la Grèce, une perle de grâce, d'amour et de pureté, digne en effet d'être disputée par les hommes aux dieux jaloux! Était-ce Iphigénie seulement? Non, c'était Monime, c'était Junie, c'était Bérénice, c'étaient toutes les héroïnes inspirées par les beaux yeux d'azur de mademoiselle Champmeslé[1], ou par les grâces adorables des vierges nobles de Saint-Cyr[2]! Pauvre Aurélie[3]! notre compagne, notre sœur, n'auras-tu point regret toi-même à ces temps d'ivresse et d'orgueil? Ne m'as-tu pas aimé un instant, froide Étoile! à force de me voir souffrir, combattre, ou pleurer pour toi! L'éclat nouveau dont le monde t'environne aujourd'hui prévaudra-t-il sur l'image rayonnante de nos triomphes communs? On se disait chaque soir: Quelle est donc cette comédienne si au-dessus de tout ce que nous avons applaudi? Ne nous trompons-nous pas? Est-elle bien aussi jeune, aussi fraîche, aussi honnête qu'elle le paraît? Sont-ce de vraies perles et de fines opales qui ruissellent parmi ses blonds cheveux cendrés, et ce voile de dentelle appartient-il bien légitimement à cette malheureuse enfant? N'a-t-elle pas honte de ces satins brochés, de ces velours à gros plis, de ces peluches et de ces hermines? Tout cela est d'un goût suranné qui accuse des fantaisies au-dessus de son âge. Ainsi parlaient les mères, en admirant toutefois un choix constant d'atours et d'ornements d'un autre siècle qui leur rappelaient de beaux souvenirs. Les jeunes femmes enviaient, critiquaient ou admiraient tristement. Mais moi, j'avais besoin de la voir à toute heure pour ne pas me sentir ébloui près d'elle, et pour pouvoir fixer mes yeux sur les siens autant que le voulaient nos rôles. C'est pourquoi celui d'Achille était mon triomphe; mais que le choix des autres m'avait embarrassé souvent! quel malheur de n'oser changer les situations à mon gré et sacrifier même les pensées du génie à mon respect et à mon amour! Les Britannicus et les Bajazet, ces amants captifs et timides, n'étaient pas pour me convenir. La pourpre du jeune César me séduisait bien davantage! mais quel malheur ensuite de ne rencontrer à dire que de froides perfidies! Hé quoi! ce fut là ce Néron, tant célébré de

Rome? ce beau lutteur, ce danseur, ce poëte ardent, dont la seule envie était de plaire à tous? Voilà donc ce que l'histoire en a fait, et ce que les poëtes en ont rêvé d'après l'histoire! Oh! donnez-moi ses fureurs à rendre, mais son pouvoir, je craindrais de l'accepter. Néron! je t'ai compris, hélas! non pas d'après Racine, mais d'après mon cœur déchiré quand j'osais emprunter ton nom! Oui, tu fus un dieu, toi qui voulais brûler Rome, et qui en avais le droit, peut-être, puisque Rome t'avait insulté!...

Un sifflet, un sifflet indigne, *sous ses yeux*, près d'elle, à cause d'elle! Un sifflet qu'elle s'attribue — par ma faute (comprenez bien!) Et vous demanderez ce qu'on fait quand on tient la foudre!... Oh! tenez, mes amis! j'ai eu un moment l'idée d'être vrai, d'être grand, de me faire immortel enfin, sur votre théâtre de planches et de toiles, et dans votre comédie d'oripeaux! Au lieu de répondre à l'insulte par une insulte, qui m'a valu le *châtiment* dont je souffre encore, au lieu de provoquer tout un public vulgaire à se ruer sur les planches et à m'assommer lâchement..., j'ai eu un moment l'idée, l'idée sublime, et digne de César lui-même, l'idée que cette fois nul n'aurait osé mettre au-dessous de celle du grand Racine, l'idée auguste enfin de brûler le théâtre[1] et le public, et vous tous! et de l'emporter seule à travers les flammes, échevelée, à demi-nue, selon son rôle, ou du moins selon le récit classique de Burrhus[2]. Et soyez sûrs alors que rien n'aurait pu me la ravir, depuis cet instant jusqu'à l'échafaud! et de là dans l'éternité!

Ô remords de mes nuits fiévreuses et de mes jours mouillés de larmes! Quoi! j'ai pu le faire et ne l'ai pas voulu? Quoi! vous m'insultez encore, vous qui devez la vie à ma pitié plus qu'à ma crainte! Les brûler tous, je l'aurais fait! jugez-en: Le théâtre de P*** n'a qu'une seule sortie; la nôtre donnait bien sur une petite rue de derrière, mais le foyer où vous vous teniez tous est de l'autre côté de la scène. Moi, je n'avais qu'à détacher un quinquet pour incendier les toiles, et cela sans danger d'être surpris, car le surveillant ne pouvait me voir, et j'étais seul à écouter le fade dialogue de Britannicus et de Junie pour reparaître ensuite et faire tableau. Je luttai avec moi-même pendant tout cet intervalle; en rentrant, je roulais dans mes doigts un gant que j'avais ramassé; j'attendais à me venger plus noblement que César lui-même d'une injure que j'avais sentie avec tout le cœur d'un César... Eh bien! ces lâches n'osaient recommencer! mon œil les foudroyait sans crainte, et j'allais pardonner au public, sinon à Junie, quand elle a osé... Dieux immortels!... tenez, laissez-moi parler comme je veux!... Oui, depuis cette soirée, ma folie est de me croire un Romain, un empereur; mon rôle s'est identifié à moi-même, et la tunique de Néron s'est collée à mes membres qu'elle brûle, comme celle du centaure dévorait Hercule expirant[1]. Ne jouons plus avec les choses saintes, même d'un peuple et d'un âge éteints depuis si longtemps, car il y a peut-être quelque flamme encore sous les cendres des dieux de Rome[2]!... Mes amis! comprenez surtout qu'il ne s'agissait pas pour moi d'une froide traduction de paroles compassées; mais d'une scène où tout vivait, où trois cœurs luttaient à chances égales, où comme au jeu du cirque, c'était peut-être du vrai sang qui allait couler[3]! Et le public le savait bien, lui, ce public de petite ville, si bien au courant de toutes nos affaires de coulisse; ces femmes dont plusieurs m'auraient aimé si j'avais voulu trahir mon seul amour! ces hommes tous jaloux de moi à cause d'elle; et l'autre, le Britannicus bien choisi, le pauvre soupirant confus, qui tremblait devant moi et devant elle, mais qui devait me vaincre à ce jeu terrible, où le dernier venu a tout l'avantage et toute la gloire.... Ah! le débutant d'amour savait son métier... mais il n'avait rien à craindre, car je suis trop juste pour faire un crime à quelqu'un d'aimer comme moi, et c'est en quoi je m'éloigne du monstre idéal rêvé par le poëte Racine: je ferais brûler Rome sans hésiter, mais en sauvant Junie, je sauverais aussi mon frère Britannicus.

Oui, mon frère, oui, pauvre enfant comme moi de l'art et de la fantaisie, tu l'as conquise, tu l'as méritée en me la disputant seulement. Le ciel me garde d'abuser de mon âge, de ma force et de cette humeur altière que la santé m'a rendue, pour attaquer son choix ou son caprice à elle, la toute puissante, l'équitable, la divinité de mes rêves comme de ma vie!... Seulement j'avais craint longtemps que mon malheur ne te profitât en rien, et que les beaux galants de la ville ne nous enlevassent à tous ce qui n'est perdu que pour moi.

La lettre que je viens de recevoir de La Caverne me rassure pleinement sur ce point. Elle me conseille de renoncer à «un art qui n'est pas fait pour moi et dont je n'ai nul besoin...» Hélas! cette plaisanterie est amère, car jamais je n'eus davantage besoin, sinon de l'art, du moins de ses produits brillants. Voilà ce que vous n'avez pas compris. Vous croyez avoir assez fait en me recommandant aux autorités de Soissons comme un personnage illustre que sa famille ne pouvait abandonner, mais que la violence de son mal vous obligeait à laisser en route. Votre La Rancune s'est présenté à la maison de ville et chez mon hôte, avec des airs de grand d'Espagne de première classe forcé par un contre-temps de s'arrêter deux nuits dans un si triste endroit; vous autres, forcés de partir précipitamment de P*** le lendemain de ma déconvenue, vous n'aviez, je le conçois, nulle raison de vous faire passer ici pour *d'infâmes histrions*: c'est bien assez de se laisser clouer ce masque au visage dans les endroits où l'on ne peut faire autrement. Mais, moi, que vais-je dire, et comment me dépêtrer de l'infernal réseau d'intrigues où les récits de La Rancune viennent de m'engager? Le grand couplet du *Menteur* de Corneille lui a servi assurément à composer son histoire, car la conception d'un faquin tel que lui ne pouvait s'élever si haut. Imaginez... Mais que vais-je vous dire que vous ne sachiez de reste et que vous n'ayez comploté ensemble pour me perdre? L'ingrate qui est cause de mes malheurs n'y aura-t-elle pas mélangé tous les fils de satin les plus inextricables que ses doigts d'Arachné[1] auront pu tendre autour d'une pauvre victime?... Le beau chef-d'œuvre! Hé bien! je suis pris, je l'avoue; je cède, je demande grâce. Vous pouvez me reprendre avec vous sans crainte, et, si les rapides chaises de poste qui vous emportèrent sur la route de Flandre[2], il y a près de trois mois, ont déjà fait place à l'humble charrette de nos premières équipées, daignez me recevoir au moins en qualité de monstre, de phénomène, de *calot*[3] propre à faire amasser la foule, et je réponds de m'acquitter de ces divers emplois de manière à contenter les amateurs les plus sévères des provinces... Répondez-moi maintenant au bureau de poste, car je crains la curiosité de mon hôte, j'enverrai prendre votre épître par un homme de la maison, qui m'est dévoué...

L'ILLUSTRE BRISACIER.

Que faire maintenant de ce héros abandonné de sa maîtresse et de ses compagnons? N'est-ce en vérité qu'un comédien de hasard, justement puni de son irrévérence envers le public, de sa sotte jalousie, de ses folles prétentions! Comment arrivera-t-il à prouver qu'il est le propre fils du khan de Crimée, ainsi que l'a proclamé l'astucieux récit de La Rancune? Comment de cet abaissement inouï s'élancera-t-il aux plus hautes destinées?... Voilà des points qui ne vous embarrasseraient nullement sans doute, mais qui m'ont jeté dans le plus étrange désordre d'esprit. Une fois persuadé que j'écrivais ma propre histoire, je me suis mis à traduire tous mes rêves, toutes mes émotions, je me suis attendri à cet amour pour une *étoile* fugitive qui m'abandonnait seul dans la nuit de ma destinée, j'ai pleuré, j'ai frémi des vaines apparitions de mon sommeil. Puis un rayon divin a lui dans mon enfer; entouré de monstres contre lesquels je luttais obscurément, j'ai saisi le fil d'Ariane, et dès lors toutes mes visions sont devenues célestes. Quelque jour j'écrirai l'histoire de cette «descente aux enfers[1]», et vous verrez qu'elle n'a pas été entièrement dépourvue de raisonnement si elle a toujours manqué de raison.

Et puisque vous avez eu l'imprudence de citer un des sonnets composés dans cet état de rêverie *supernaturaliste*, comme diraient les Allemands, il faut que vous les entendiez tous. — Vous les trouverez à la fin du volume. Ils ne sont guère plus obscurs que la métaphysique d'Hégel ou les *Mémorables* de Swedemborg[2], et perdraient de leur charme à être expliqués, si la chose était possible, concédez-moi du moins le mérite de l'expression; — la dernière folie qui me restera probablement, ce sera de me croire poëte: c'est à la critique de m'en guérir.

2. AVANT-TEXTES DE « DELFICA »

1. Virgile, IVe Églogue, v. 1-10.

> Sicelides Musae, paulo majora canamus;
> non omnis arbusta juvant humilesque myricae:
> si canimus silvas, silvae sint consule dignae.
> Ultima Cumaei venit jam carminis aetas;
> magnus ab integro saeculorum nascitur ordo.
> Jam redit et Virgo, redeunt Saturnia regna;
> jam nova progenies caelo demittitur alto.
> Tu modo nascenti puero, quo ferrea primum
> desinet ac toto surget gens aurea mundo,
> casta, fave, Lucina: tuus jam regnat Apollo.
> [...]

Muses siciliennes, élevons un peu
notre chant; les arbustes et les humbles
tamaris ne sont pas du goût de tous: si
nous chantons les forêts, que les forêts
soient dignes d'un consul. Déjà vient
le dernier âge prédit par le chant de
Cumes; le grand ordre des siècles recom-
mence. Déjà revient aussi la Vierge,
revient le règne de Saturne; déjà une
génération nouvelle descend du haut du
ciel. Et toi, sur l'enfant à naître, par qui,
pour la première fois, la race de fer ces-
sera, et se lèvera, sur l'univers entier,
la race d'or, veille seulement, chaste
Lucine: déjà règne ton cher Apollon.

2. La Chanson de Mignon de Goethe,
Wilhelm Meister (1795-1796).

MIGNONS LIED

Kennst du das Land, wo die Zitronen blühn,
Im dunkeln Laub die Gold-Orangen glühn,
Ein sanfter Wind vom blauen Himmel weht,
Die Myrte still und hoch der Lorbeer steht,
Kennst du es wohl?
        — Dahin, dahin
Möcht ich mit dir, o mein Geliebter, ziehn!

Kennst du das Haus? Auf Saülen ruht sein Dach,
Es glänzt der Saal, es schimmert das Gemach,
Und Marmorbilder stehn und sehn mich an:
Was hat man dir, du armes Kind getan?
Kennst du es wohl?
        — Dahin, dahin
Möcht ich mit dir, o mein Beschützer, ziehn!

Kennst du den Berg und seinen Wolkensteg?
Das Maultier sucht im Nebel seinen Weg;

In Höhlen wohnt der Drachen alte Brut,
Es Stürzt der Fels und über ihn die Flut :
Kennst du ihn wohl ?
                              — Dahin, dahin
Geht unser Weg ! o Vater, laß uns ziehn !

CHANSON DE MIGNON

Connais-tu la contrée où dans le noir feuillage
Brille comme un fruit d'or le fruit du citronnier,
Où le vent d'un ciel bleu rafraîchit sans orage
Les bocages de myrte et les bois de laurier ?
    La connais-tu ?... Si tu pouvais m'entendre,
C'est là, mon bien aimé, c'est là qu'il faut nous rendre.

Connais-tu la maison, le vaste péristyle,
Les colonnes, le dôme et sur leur piédestal
Les figures de marbre au regard immobile,
Qui disent : Pauvre enfant ! comme ils t'ont fait du mal !
    La connais-tu ?... Si tu pouvais m'entendre,
C'est là, mon protecteur, c'est là qu'il faut nous rendre.

Connais-tu la montagne ? Un sentier dans la nue,
Un mulet qui chemine, un orage, un torrent,
De la cime des monts une roche abattue,
Et la sombre caverne où dort le vieux serpent,

    La connais-tu ?... Si tu pouvais m'entendre,
Ô mon père ! c'est là, c'est là qu'il faut nous rendre.

                              Traduction de Théodore Toussenel.

3. AVANT-TEXTE DU
« CHRIST AUX OLIVIERS »

Discours du Christ mort de Jean Paul, *Siebenkäs* (1796)

[...]
Jetzt sank eine hohe edle Gestalt mit einem unvergänglichen

Schmerz aus der Höhe auf den Altar hernieder und alle Todte riefen: «Christus! ist kein Gott?»

Er antwortete: «es ist keiner.»

Der ganze Schatten eines jeden Todten erbebte, nicht blos die Brust allein, und einer um den andern wurde durch das Zittern zertrennt.

Christus fuhrt fort: «Ich gieng durch die Welten, ich stieg in die Sonnen und flog mit den Milchstraßen durch die Wüsten des Himmels; aber es ist kein Gott. Ich stieg herab, so weit das Seyn seinen Schatten wirft und Schauete in den Abgrund und rief: Vater, wo bist du; aber ich hörte nur den ewigen Sturm, den niemand regiert, und der schimmernde Regenbogen aus Wesen stand ohne eine Sonne, die ihn schuf, über dem Abgrunde und tropfte hinunter. Und als ich aufblickte zur unermeßlichen Welt nach dem Göttlichen *Auge*, starrte sie mich mit einer leeren schwarzen bodenlösen *Augenhöhle* an; und die Ewigkeit lag auf dem Chaos und zernagte es und wiederkäuete sich. — Schreiet fort, Mißtöne, zerschreiet die Schatten: denn *Er* ist nicht!»

Die entfärbten Schatten zerflatterten, wie weisser Dunst, den der Frost gestaltet, im warmen Hauch zerrinnt; und alles wurde leer. O da kamen, schrecklich für das Herz, die gestorbnen Kinder, die im Gottesacker erwacht waren, in den Tempel und warfen sich vor die hohe Gestalt am Altare und sagten; «Jesus! haben wir keinen Vater?» — Und er antwortete mit strömenden Thränen: «wir sind alle Waisen, ich und ihr, wir sind ohne Vater.»

Da kreischten die Mißtöne heftiger — die zitternden Tempelmauern rückten auseinander — und der Tempel und die Kinder sanken unter — und die ganze Erde und die Sonne sanken nach — und das ganze Weltgebäude sank mit seiner Unermeßlichkeit vor uns vorbei — und oben am Gipfel der unermeßlichen Natur stand Christus und schauete in das mit tausend Sonnen durchbrochne Weltgebäude herab, gleichsam in das in die ewige Nacht gewühlte Bergwerk, in dem die Sonnen wie Grubenlichter und die Milchstraßen wie Silberadern gehen.

Und als Christus das reibende Gedränge der Welten [...] sah, [...] so hob er groß, wie der höchste Endliche die Augen empor gegen das Nichts und gegen die leere Unermeßlichkeit und sagte: «starres, stummes Nichts! Kalte, ewige Nothwendigkeit! Wahnsinniger Zufall! Kennt ihr das unter euch? Wann zerschlagt ihr das Gebäude und mich? — Zufall, weißt du selber, wenn du mit

Orkanen durch das Sternen-Schneegestöber schreitest und eine
Sonne um die andere auswehest, und wenn der funkelnde Thau
der Gestirne ausblinkt, indem du vorübergehst? — Wie ist jeder
so allein in der weiten Leichengruft des Alles! Ich bin nur neben
mir — O Vater, o Vater! wo ist deine unendliche Brust, daß ich
an ihr ruhe? — Ach wenn jedes Ich sein eigner Vater und
Schöpfer ist, warum kann es nicht auch sein eigner Würgengel
seyn?...
    [...]»

UN SONGE

[...]
Alors descendit des hauts lieux sur l'autel une figure rayon-
nante, noble, élevée, et qui portait l'empreinte d'une impéris-
sable douleur; les morts s'écrièrent: — Ô Christ! n'est-il point
de Dieu? Il répondit: — Il n'en est point. Toutes les ombres
se prirent à trembler avec violence, et le Christ continua ainsi:
— J'ai parcouru les mondes, je me suis élevé au-dessus des
soleils, et là aussi il n'est point de Dieu; je suis descendu jus-
qu'aux dernières limites de l'univers, j'ai regardé dans l'abîme
et je me suis écrié: — Père, où es-tu? mais je n'ai entendu que
la pluie qui tombait goutte à goutte dans l'abîme, et l'éternelle
tempête, que nul ordre ne régit, m'a seule répondu. Relevant
ensuite mes regards vers la voûte des cieux, je n'y ai trouvé
qu'un orbite vide, noir et sans fond. L'éternité reposait sur le
chaos et le rongeait, et se dévorait lentement elle-même: redou-
blez vos plaintes amères et déchirantes; que des cris aigus dis-
persent les ombres, car c'en est fait!
    Les ombres désolées s'évanouirent comme la vapeur blan-
châtre que le froid a condensée; mais tout à coup, spectacle
affreux! les enfants morts, qui s'étaient réveillés à leur tour dans
le cimetière, accoururent et se prosternèrent devant la figure
majestueuse qui était sur l'autel, et dirent: — Jésus, n'avons-
nous pas de père? et il répondit avec un torrent de larmes:
— Nous sommes tous orphelins; moi et vous, nous n'avons point
de père. À ces mots, le temple et les enfants s'abîmèrent, et tout
l'édifice du monde s'écroula devant moi dans son immensité.

Traduction de Mme de Staël, *De l'Allemagne* (1813)

4. LETTRE À VICTOR LOUBENS[1]

[fin de 1841 ?]

Ô mon cher Loubens, que vous avez dû être étonné de tout le pauvre bruit que j'ai fait, il y a quelques mois : Mais jugez de ma surprise à moi-même quand je me suis réveillé tout à coup d'un rêve de plusieurs semaines aussi bizarre qu'inattendu. J'avais été fou, cela est certain, si toutefois la conservation complète de la mémoire et d'une certaine logique raisonnante qui ne m'a pas quitté un seul instant ne peut donner à mon mal d'autre caractère que ce triste mot : folie ! Pour le médecin c'était cela sans doute, bien qu'on m'ait toujours trouvé des synonimes plus polis ; pour mes amis cela n'a pu guères avoir d'autre sens ; pour moi seul, cela n'a été qu'une sorte de transfiguration de mes pensées habituelles, un rêve éveillé, une série d'illusions grotesques ou sublimes, qui avaient tant de charmes que je ne cherchais qu'à m'y replonger sans cesse, car je n'ai pas souffert physiquement un seul instant, hormis du traitement qu'on a cru devoir m'infliger. Ne me plaignez donc pas même d'avoir perdu toutes les belles idées que je m'étais faites, car elles subsistent et subsisteront malgré tout ; seulement le reste de ma vie sera pénible, puisque je crois et j'espère sincèrement en la mort, je veux dire en la vie future. Vous savez, ce sont de ces choses qu'on ne peut persuader aux autres et vous voyez trop où mènent ces idées, mais on ne m'otera pas de l'esprit que ce qui m'est arrivé ne soit une inspiration et un avertissement. N'allez pas croire que je sois devenu dévot ou néo-chrétien. Cela n'a pas pris un instant ce caractère, mais il y avait dans ma tête comme un carnaval de toutes les philosophies et de tous les dieux. Dévot ! mais au contraire, je me croyais Dieu moi-même, et je me voyais seulement emprisonné dans une bien triste incarnation. Il y avait pourtant des esprits qui me jetaient dans les étoiles et avec lesquels je conversais par des figures tracées sur les murailles, ou par des cailloux et des feuilles que je rassemblais à terre comme font d'ailleurs tous les insensés ; ce qu'il y avait de plus étonnant et ce qui a maintenu le plus longtems mes illusions, c'est que les autres fous me semblaient parfaite-

1. Transcription d'après une photocopie aimablement communiquée par Michel Brix.

ment raisonnables, et qu'entre nous, nous nous expliquions parfaitement toutes nos actions ; tandis que c'étaient les médecins et nos amis qui nous semblaient aveugles ou déraisonnants. Mon cher, que dire en effet à cela ? On voit des esprits qui vous parlent en plein jour, des fantômes bien formés, bien exacts pendant la nuit, on croit se souvenir d'avoir vécu sous d'autres formes, on s'imagine grandir démesurément et porter la tête dans les étoiles, l'horizon de Saturne ou de Jupiter se développe devant vos yeux, des êtres bizarres se produisent à vous avec tous les caractères de la réalité, mais ce qu'il y a d'effrayant c'est que d'autres les voient comme vous ! Si c'est l'imagination qui crée avec une telle réalité, si c'est une sorte d'accord magnétique qui place plusieurs esprits sous l'empire d'une même vision, cela est-il moins étrange que la supposition d'êtres immatériels agissans autour de nous. S'il faut que l'esprit se dérange absolument pour nous mettre en communication avec un autre monde, il est clair que jamais les *fous* ne pourront prouver aux *sages* qu'ils sont au moins des aveugles ! Du reste en reprenant la santé, j'ai perdu cette illumination passagère qui me faisait *comprendre* mes compagnons d'infortune ; la plupart même des idées qui m'assaillaient en tout ont disparu avec la fièvre et ont emporté le peu de poésie qui s'était réveillé dans ma tête. Il faut vous dire que je parlais en vers toute la journée, et que ces vers étaient *très beaux*. Pour vous prouver du reste combien il y avait de lecture ou d'imagination dans mon état, je vais vous écrire quelques sonnets que j'ai conservés, mais dont je ne me charge pas de vous expliquer aujourd'hui tout le *sens* ; ils ont été faits non au plus fort de ma maladie, mais au milieu même de mes hallucinations. Vous le reconnaîtrez facilement :

[« Le Christ aux Oliviers » I et IV, voir p. 35]

En voici un autre que vous vous expliquerez plus difficilement peut-être : cela tient toujours à cette mixture semi mythologique et semi chrétienne qui se brassait dans mon cerveau.

Antéros
[Voir p. 32]

Tarascon
[Voir p. 51]

Adieu — mon cher Loubens. Je vous écrirai les autres quelque jour. Il ne serait pas impossible que j'allasse vous voir en Italie. Mais c'est encore vague.

Adieu
Je vous embrasse
Gérard

5. MANUSCRIT DE LA BOHÊME GALANTE

(Lovenjoul, D 741, f°s 36-43)

[Les passages en gras sont des corrections ou des ajouts de Houssaye. La longue rature du premier paragraphe est également de sa main.]

[F⁰ 36] \<La Bohème galante\>

À Arsène Houssaye

Mon ami, — vous me demandez ~~qu~~ \<si\> je pourrai retrouver quelques uns de mes anciens vers et vous vous inquiétez même d'apprendre comment j'ai été poète longtemps avant de devenir un humble prosateur. — ~~Vous êtes certainement le seul directeur de Revue et de Théâtre qui puisse avoir de telles curiosités. Il est vrai que vous êtes le plus poète de nos directeurs actuels, — soit dit sans outrager Roqueplan, et Fournier et Altaroche — mes anciens confrères de la prose.~~ **\<Ne le savez vous donc pas vous qui avez écrit ces vers :**

[f⁰ 37, collé sur le f⁰ 36]
Ornons le vieux bahut de vieilles porcelaines
Et faisons refleurir roses et marjolaines.
Qu'un rideau de lampas embrasse encor ces lits
Où nos jeunes amours se sont ensevelis.

Appendons au beau jour le miroir de Venise :
Ne te semble t'il pas y voir la Cydalise
Respirant un bouquet qu'elle avait a la main
Et pressentant déjà le triste lendemain\>

[Suite du f° 36] ~~Puisque vo~~ C'était dans notre logement commun de la rue du Doyenné que nous nous étions ~~salués~~ <recon­nus> ~~poètes~~ <frères> — Arcades ambo. — Le vieux salon du Doyen, restauré par les soins de tant de peintres nos amis qui sont depuis devenus célèbres retentissait de nos rimes galantes traversées souvent par les rires joyeux ou les folles chansons des Cidalises. Le bon Rogier souriait dans sa barbe du haut d'une échelle où il ~~se~~ peignait sur un des quatre dessus de ~~port~~ <glace> un Neptune, qui lui ressemblait! puis les deux battans d'une porte s'ouvraient avec fracas; c'était Théophile. Il cassait en s'asseyant un vieux fauteuil Louis-treize. On s'empressait de lui offrir un escabeau du moyen age et il lisait à son tour ses premiers vers, — pendant que Cidalise première, ou Lorry ou Victorine [f° 38] se berçaient nonchalamment dans le hamac de Sara la blonde tendu à travers l'immense salle.

Quelqu'un de nous se levait parfois et rêvait à des vers nouveaux en contemplant <des fenêtres> la galerie du musée égayée de côté par les arbres du manège. Ou bien par les fenêtres opposées, qui donnaient sur l'impasse, on adressait de vagues provocations aux yeux espagnols de la femme du commissaire qui apparaissaient assez souvent au dessus de la lanterne municipale.

Quels temps heureux! On donnait des bals, des soupés, des fêtes costumées — on jouait des proverbes et de vieilles comédies, où ~~notre pauvre Ou~~ Mlle Plessis encore débutante ne dédaigna pas d'accepter un rôle — c'était celui de Béatrice dans *Jodelet*. — Et que notre pauvre Ourliac était comique dans les rôles d'Arlequin!

Nous étions jeunes, heureux, souvent riches... Mais je viens de faire vibrer la corde sombre: notre palais est rasé. J'en ai foulé les débris l'automne passée. Les ruines mêmes de la chapelle, qui se découpaient si gracieusement sur le vert des arbres, et dont le dôme s'étaient écroulés [sic] un jour, sous Louis XIII, sur onze malheureux chanoines réunis pour dire un office, ~~cette~~ — n'ont pas été respectées. Le jour où l'on coupera les arbres du manège j'irai relire sur la place *La forêt coupée* de Ronsard. Pourtant je me suis trouvé ~~encore~~ <, un jour,> assez riche pour enlever aux démolisseurs et racheter en deux lots les boiseries ~~peintes~~ du salon peintes par nos amis. J'ai les deux dessus de porte de Nanteuil, le *Vatteau* de Vattier signé. Les deux panneaux longs de [f° 39] Corot, représentant deux paysages de provence ; Le *Moine rouge* de Chatillon lisant la bible sur la hanche cambrée d'une femme nue qui dort* ; la *Chasse au tigre* de Chasseriau, les deux panneaux <de Rogier> où la Cidalise en costume régence **<— en robe feuille morte, — triste présage ; —>** sourit de ses yeux chinois en respirant une rose en face du portrait en pied de Théophile vetu à l'espagnole. L'affreux propriétaire qui demeurait au rez-de-chaussée, mais sur la tête duquel nous dansions trop souvent avait fait couvrir toutes ces peintures d'une couche de peinture à la colle, parce qu'il prétendait que les nudités l'empechait [*sic*] de louer à des bourgeois — Je bénis le sentiment d'économie qui l'a porté à ne pas employer la peinture à l'huile. De sorte que tout cela est à peu près sauvé. Je n'ai pas retrouvé le *Siège de Lerida*, de Lorentz où l'armée française monte à l'assaut précédée par du violon, ni deux petits paysages de Rousseau qu'on aura sans doute coupés d'avance — Quant à mon lit renaissance à ma console médicis, à mes bahuts, à mon Ribeira, à mes tapisseries des 4 saisons, il y a longtems que tout cela s'était dispersé. — Où avez-vous perdu ~~tan~~ tant de belles choses ? me dit un jour Balzac. — Dans les malheurs !

[Au dos :] La suite tantôt

[f⁰ 40] Reparlons de la Cydalise — ou plutôt n'en disons qu'un mot. — Elle est embaumée et conservée à jamais, dans le pur cristal d'un sonnet de Théophile — du Théophile, comme nous disions.

Le Théophile a toujours passé pour gras. Il n'a jamais cependant pris de ventre et s'est conservé tel encore que nous le connaissions. Nos vetemens étriqués sont si absurdes que l'Antinoüs habillé d'un habit semblerait <énorme> — comme la Vénus habillée d'une robe moderne. L'un aurait l'air d'un fort [f⁰ 41] de la halle l'autre d'une marchande de poisson. L'armature solide du corps de notre ami (on peut le dire puisqu'il voyage en Grèce aujourd'hui) lui ~~toujours~~ <souvent> fait du tort près des dames abonnées aux journaux de modes. Une connaissance plus parfaite lui a maintenu la faveur du sexe le plus faible et le plus intelligent. Il jouissait d'une grande réputation dans notre cercle et ne se mourait pas toujours aux pieds chinois de la Cydalise.

---

* Même sujet que le tableau qui se trouvait chez Victor Hugo.

En remontant plus haut dans mes [f⁰ 42, vierge]
[f⁰ 43] escaliers à l'impasse, allait aboutir nécessairement à
une petite place entourée d'arbres — en fa où un cabaret s'était
abrités sous les ruines imposantes de la chapelle du Doyenné.
Au clair de lune, on admirait encore les restes de la vaste cou-
pole italienne qui s'étaient écroulée [*sic*] <au 17ᵉ siècle> sur les
onze malheureux chanoines — accident duquel le cardinal
Mazarin fut un instant soupçonné.

BIBLIOGRAPHIE

Éditions

Gérard DE NERVAL, *Œuvres complètes*, éd. publiée sous la direction de Jean Guillaume et de Claude Pichois, « Bibliothèque de la Pléiade », Gallimard, 3 vol., 1984-1993.

Les Filles du feu, Nouvelles, par Gérard de Nerval, D. Giraud, 1854.

Gérard DE NERVAL, *Les Filles du feu, Nouvelles*, présentation de Roger Pierrot, Paris-Genève, Slatkine Reprints, 1979 (facsimilé de l'éd. Giraud de 1854).

Gérard DE NERVAL, *Les Filles du feu, Nouvelles*, éd. Nicolas Popa, 2 vol., Librairie ancienne Honoré Champion, 1931.

Gérard de Nerval, *Les Filles du feu, Pandora*, éd. Gabrielle Chamarat-Malandain, Pocket, 1992.

Gérard DE NERVAL, *Les Filles du feu, Les Chimères, Sonnets manuscrits*, éd. Jacques Bony, GF, Flammarion, 1994.

Gérard DE NERVAL, *Les Filles du feu, Petits châteaux de Bohême, Promenades et souvenirs*, éd. Michel Brix, Le Livre de Poche classique, Librairie Générale Française, 1999.

Gérard DE NERVAL, *Les Chimères*, éd. Jean Guillaume, Bruxelles, Palais des Académies, 1966.

Gérard DE NERVAL, *Petits châteaux de Bohême, prose et poésie*, Eugène Didier, 1853.

Gérard DE NERVAL, *La Bohême galante*, Michel Lévy, 1855.

Gérard DE NERVAL, *Petits châteaux de Bohême. La Bohême*

galante, éd. Jules Marsan, Librairie ancienne Honoré Champion, 1926.

Gérard DE NERVAL, *Aurélia, Un roman à faire, Les Nuits d'octobre, Petits châteaux de Bohême, Pandora, Promenades et souvenirs*, éd. Jacques Bony, GF, Flammarion, 1990.

Iconographie

Album Gérard de Nerval, iconographie choisie et commentée par Éric Buffetaud et Claude Pichois, Gallimard, «Bibliothèque de la Pléiade», 1993.

Exposition Gérard de Nerval, catalogue rédigé par Éric Buffetaud, Bibliothèque historique de la Ville de Paris, 1996.

Études

AUBAUDE, Camille, *Nerval et le mythe d'Isis*, Kimé, 1997.

BAYLE, Corinne, *Gérard de Nerval. La Marche à l'étoile*, Seyssel, Champ Vallon, 2001.

BÉNICHOU, Paul, Nerval et la chanson folklorique, José Corti, 1970.

—, *L'École du désenchantement, Sainte-Beuve, Nodier, Musset, Nerval, Gautier*, Gallimard, 1992.

BONNEFOY, Yves, *La Vérité de parole*, «Folio», Gallimard, 1995 [1988].

BONY, Jacques, *Le Récit nervalien, Une recherche des formes*, José Corti, 1990.

—, *L'Esthétique de Nerval*, SEDES, 1997.

BOWMAN, Frank Paul, *Gérard de Nerval, La Conquête de soi par l'écriture*, Orléans, Paradigme, 1997.

BRIX, Michel, *Nerval journaliste (1826-1851)*, Namur, «Études nervaliennes et romantiques VIII», 1986.

—, *Les Déesses absentes, Vérité et simulacre dans l'œuvre de Gérard de Nerval*, Klincksieck, 1997.

CAMPION, Pierre, *Nerval, une crise dans la pensée*, Presses Universitaires de Rennes, 1998.

CELLIER, Léon, *Gérard de Nerval, l'homme et l'œuvre*, Hatier, 2e éd., 1963 [1956].

—, *Parcours initiatiques*, Neuchâtel, La Baconnière, 1977.

CHAMARAT-MALANDAIN, Gabrielle, *Nerval ou l'incendie du théâtre. Identité et littérature dans l'œuvre en prose de Gérard de Nerval.* José Corti, 1986.

—, *Nerval, réalisme et invention*, Orléans, Paradigme, 1997.

CHAMBERS, ROSS, *Gérard de Nerval et la poétique du voyage*, José Corti, 1969.

—, *Mélancolie et opposition. Les débuts du modernisme en France*, José Corti, 1987.

COLLOT, Michel, *Gérard de Nerval ou la dévotion à l'imaginaire*, PUF, 1992.

DESTRUEL, Philippe, *«Les Filles du feu» de Gérard de Nerval*, «Foliothèque», Gallimard, 2001.

—, *L'Écriture nervalienne du temps*, Saint-Genouph, Nizet, 2004.

FELMAN, Shoshana, *La Folie et la chose littéraire*, Le Seuil, 1978.

GENINASCA, Jacques, *Analyse structurale des «Chimères» de Nerval*, Neuchâtel, La Baconnière, 1971.

GUILLAUME, Jean, *Nerval. Masques et visages*, Namur, «Études nervaliennes et romantiques IX», 1988.

ILLOUZ, Jean-Nicolas, *Nerval, le «Rêveur en prose»*, PUF, 1997.

JEAN, Raymond, *Nerval par lui-même*, Le Seuil, 1964.

JEANNERET, Michel, *La Lettre perdue. Écriture et folie dans l'œuvre de Nerval*, Flammarion, 1978.

KOFMAN, Sara, *Nerval, le charme de la répétition*, Lausanne, L'Âge d'homme, 1979.

LEROY, Christian, *«Les Filles du feu», Les «Chimères» et «Aurélia» ou «la poésie est-elle tombée dans la prose ?»*, Champion, 1997.

MACÉ, Gérard, *Ex Libris*, Gallimard, 1980.

—, *Je suis l'autre*, Le Promeneur, Gallimard, 2007.

MESCHONNIC, Henri, *Pour la poétique III*, Gallimard, 1973.

MIZUNO, Hisashi, *Nerval, L'Écriture du voyage*, Champion, 2003.

PICHOIS, Claude et Brix, Michel, *Gérard de Nerval*, Fayard, 1995.

PICHOIS, Claude, *L'Image de Jean-Paul Richter dans les lettres françaises*, José Corti, 1963.

PILLU, Sylvie, *Poésies. Nerval*, Nathan, 2001.

POULET, Georges, *Trois essais de mythologie romantique*, José Corti, 1966.

RICHARD, Jean-Pierre, *Poésie et profondeur*, Le Seuil, 1955.

RICHER, Jean, *Nerval, expérience et création*, Hachette, 1963.

RINSLER, Norma, *Gérard de Nerval, Les Chimères*, Londres, The Athlone Press, 1973.

SANGSUE, Daniel, *Le Récit excentrique*, José Corti, 1987.

SÉGINGER, Gisèle, *Nerval au miroir du temps*, «*Les Filles du feu*», «*les Chimères*», Ellipses, 2004.

STREIFF-MORETTI, Monique, *Le Rousseau de Gérard de Nerval. Mythe, légende, idéologie*, Bologne-Paris, Patron-Nizet, 1977.

SYLVOS, Françoise, *Nerval ou l'antimonde. Discours et figures de l'utopie, 1826-1855*, L'Harmattan, 1997.

TRITSMANS, Bruno, *Textualités de l'instable. L'écriture du Valois de Nerval*, Berne, Peter Lang, 1989.

—, *Écritures nervaliennes*, Tübingen, Gunther Narr, 1993.

VADÉ, Yves, *L'Enchantement littéraire*, Gallimard, 1990.

WIESER, Dagmar, *Nerval : une poétique du deuil à l'âge romantique*, Genève, Droz, 2004.

Nerval, préface de Jean-Luc Steinmetz, «Mémoire de la critique», Presses de l'Université de Paris-Sorbonne, 1997.

Gérard de Nerval, Cahier dirigé par Jean Richer, éditions de l'Herne, [1980].

L'Imaginaire nervalien. L'Espace de l'Italie, textes recueillis et présentés par Monique Streiff-Moretti, Naples, Edizione Scientifiche Italiane, 1988.

Nerval. Une poétique du rêve. Actes du colloque de Bâle, Mulhouse et Fribourg, éd. Jacques Huré, Joseph Jurt et Robert Kopp, Paris-Genève, Champion-Slatkine, 1989.

Gérard de Nerval. «*Les Filles du feu*», «*Aurélia*». *Soleil noir*, textes réunis par José-Luis Diaz, SEDES, 1997.

Nerval, actes du colloque de la Sorbonne, dir. André Guyaux, Presses de l'Université de Paris-Sorbonne, 1997.

«*Clartés d'Orient*». *Nerval ailleurs*, dir. Jean-Nicolas Illouz et Claude Mouchard, Laurence Teper, 2004.

Articles

BRIX, Michel, «Nerval, Houssaye et *La Bohême galante*», *Revue romane*, 26 janvier 1991, p. 69-77.

DESTRUEL, Philippe, «Origine, tradition et «mémoires littéraires»: Nerval, de *La Bohême galante* aux *Petits châteaux de Bohême*», *Littérature et origine*, éd. Simone Bernard-Griffiths et Christian Croisille, Saint-Genouph, Nizet, 1997.

D'HULST, Lieven, «Fonctions de la citation poétique dans "La Bohême galante" et "Petits châteaux de Bohême" de Nerval», *in* Nathalie Vincent-Munnia, Simone Bernard-Griffiths et Robert Pickering (dir.), *Aux origines du poème en prose français (1750-1850)*, Champion, 2003, p. 416-429.

LE BRETON, Georges, «La clé des *Chimères*: l'Alchimie», *Fontaine* n° 44, été 1945, p. 441-460.

MIZUNO, Hisashi, «La Formation de la prose poétique dans *La Bohême galante* de Gérard de Nerval», *Kobe Kaisei Review* n° 39, 2000, p. 109-132.

STEINMETZ, Jean-Luc, «La nouvelle poésie de Gérard de Nerval», in *Médaillons nervaliens à la mémoire du père Jean Guillaume*, Saint-Genouph, Nizet, 2003, p. 99-118.

Prose et poésie

> La dernière folie qui me res-
> tera probablement, ce sera de
> me croire poëte : c'est à la cri-
> tique de m'en guérir.
>
> «À Alexandre Dumas»

«Prose et poésie» : le sous-titre de *Petits châteaux de Bohême*
pourrait être le titre de toute l'œuvre de Nerval. Après les deux
séries d'«Odelettes» publiées en 1832 et 1835 dans l'*Almanach
des Muses* et les *Annales romantiques*, Nerval n'a jamais plus
publié tout ou partie de ses poèmes dans un recueil autonome.
C'est dans *La Bohême galante*, dans *Petits châteaux de Bohême* et
dans *Les Filles du feu* qu'il a donné à lire ses poèmes [1], comme si
la poésie, qu'elle représente la part des dieux, celle du rêve ou
celle de la folie, avait perdu sa légitimité historique et n'avait
plus, dans la prose d'un temps désenchanté, que le statut d'une
citation nostalgique ou ironique.

La poésie nervalienne est donc inséparable de cette mise en
récit, qui est en même temps la mise en scène d'un drame à la
fois personnel et historique, un drame dont les deux person-
nages, indéfiniment déclinés sous des noms différents (l'enthou-

---

1. *Promenades et souvenirs* reprendra encore une mélodie imitée de
Thomas Moore d'abord publiée en 1828 dans l'*Almanach des Muses* et
reprise en 1850 dans l'anthologie des *Poëtes de l'amour* de Julien Lemer.

siasme et l'ironie, le rêve et la vie, le feu et le jeu, la folie et la raison...), s'appellent aussi et peut-être surtout la poésie et la prose : «... j'avais nourri mon esprit de croyances bizarres, de légendes et de vieilles chansons. Il y avait là de quoi faire un poète, et je ne suis qu'un rêveur en prose[1]. »

Page 27.   LES CHIMÈRES

Le volume des *Filles du feu* était sous presse lorsque parut dans *Le Mousquetaire* du 10 décembre 1853 l'article de Dumas révélant avec une délicatesse mesurée la folie de son ami, et publiant par la même occasion «El Desdichado» que Nerval aurait déposé au bureau du journal. C'est à cette indiscrétion de Dumas que l'on doit la publication *in extremis* des *Chimères* dans *Les Filles du feu* : au dernier moment, pour répondre à Dumas, Nerval remplaça l'introduction envisagée par la lettre-préface «À Alexandre Dumas[2]» et ajouta a la fin du volume les douze sonnets évidemment non prévus dans un recueil de nouvelles. La lettre-préface s'en justifie ainsi : «Et puisque vous avez eu l'imprudence de citer un des sonnets composés dans cet état de rêverie *supernaturaliste*, comme diraient les Allemands, il faut que vous les entendiez tous. » À cette date, si «Delfica», «Le Christ aux Oliviers» et «Vers dorés» avaient paru en revue au milieu des années 1840 et avaient même été repris dans *Petits châteaux de Bohême* en janvier 1853 sous le titre de «Mysticisme», quatre des huit poèmes étaient entièrement inédits («Myrtho», «Horus», «Antéros» et «Artémis»), en plus d'«El Desdichado» dont la publication à l'insu de Nerval datait de quelques semaines.

La révélation des *Chimères* avait donc à voir avec la folie de Nerval. Leur rédaction aussi. Si «El Desdichado» et «Artémis» sont contemporains de la seconde crise de folie du poète (août-septembre 1853), «Myrtho», «Horus», «Antéros», «Delfica» et «Le Christ aux Oliviers» remontent tous, dans leur version originale au moins, à la première crise de février-mars 1841, comme en témoignent les deux principaux documents sur cette crise, le manuscrit Dumesnil de Gramont et la lettre à Victor Loubens : tous ces poèmes figurent en tout ou en partie (le plus

1. *Promenades et souvenirs*, IV.
2. Voir p. 271.

souvent sans leur titre définitif) sur le manuscrit Dumesnil de
Gramont α («Myrtho», «Horus», «Delfica»), dans la lettre à
Loubens («Antéros», «Le Christ aux Oliviers»), et probablement
sur l'introuvable manuscrit Dumesnil de Gramont β («Myrtho»,
«Le Christ aux Oliviers»). Quant à «Vers dorés», il est possible
qu'il date de la même époque; il est en tout cas antérieur au
16 mars 1845, date de sa première publication.

On peut donc penser de ces sonnets ce que dit la lettre à Lou-
bens[1] pour ceux qu'elle comporte, qu'«ils ont été faits non au
plus fort de ma maladie, mais au milieu même de mes halluci-
nations», ou dans ce que la lettre à Dumas appelle un «état de
rêverie *supernaturaliste*».

Pour ce recueil constitué à la dernière minute, le titre peut
se lire évidemment comme un titre de circonstance: taxé par
Dumas de «guide entraînant dans le pays des chimères et des
hallucinations», Nerval prenait son ami au mot et assumait
ainsi ironiquement cette folie à peine euphémisée, que ne pou-
vaient manquer d'attester ces douze sonnets où, selon le mot de
Proust, «il y a peut-être les plus beaux vers de la langue fran-
çaise, mais aussi obscurs que du Mallarmé, obscurs, a dit Théo-
phile Gautier, à faire trouver clair Lycophron[2]». Mais Dumas,
qui connaissait bien son Nerval, n'avait pas choisi ce mot par
hasard, et sa reprise par le poète ne relève pas seulement de
l'ironie de circonstance: bien avant la publication des *Filles du
feu*, la chimère, ce nom poétique de l'illusion, est l'objet, dans
toute l'œuvre, d'une remotivation symbolique qui fait d'elle une
figure centrale de l'univers imaginaire nervalien, un univers
placé sous le signe du feu.

Le feu nervalien

Nerval a trouvé, chez les Idéologues Dupuis et Volney, l'idée
de l'unité des mythes et des religions, même si ce fut pour en
tirer des conclusions contraires aux leurs. L'idée nervalienne du
feu n'est autre que ce qui est, pour l'auteur de l'*Origine de tous
les cultes* (1795) et celui des *Ruines* (1791), la croyance la plus
universelle, l'idée d'un univers animé et intelligent dont le feu

---

1. Voir p. 285.
2. *Pastiches et mélanges, Contre Sainte-Beuve, Essais et articles*, éd.
Pierre Clarac et Yves Sandre, «Bibl. de la Pléiade», Gallimard, 1971,
p. 234.

est l'élément central, l'âme ou le principe vital. C'est l'idée qui
est au cœur de la révélation de l'origine du monde dans la cata-
base du chant VI de l'*Énéide*, ou dans cette variante orientale
de la descente d'Énée aux enfers, «Le Monde souterrain» du
Voyage en Orient. Le buisson ardent de la révélation mosaïque
n'est lui-même, selon Volney, «que l'*âme du monde*, le *principe
moteur*, que, peu après, la Grèce adopta sous la même dénomi-
nation dans son *You-piter, être générateur*, et sous celle d'*Éi, l'exis-
tence*; que les Thébains consacraient sous le nom de *Kneph*; que
Saïs adorait sous l'emblème d'Isis *voilée* [...], que Pythagore
honorait sous le nom de *Vesta*, et que la philosophie stoïcienne
définissait avec précision en l'appelant le principe du feu[1]».
Cette cosmologie implique évidemment, au nom de l'unité du
vivant, une anthropologie: «Or, par une conséquence de ce sys-
tème, poursuit Volney, chaque être contenant en soi une portion
du fluide *igné* ou *éthérien*, moteur *universel* et commun; et ce
fluide *ame du monde* étant la *divinité*, il s'ensuivit que les *ames*
de tous les êtres furent une *portion* de *Dieu* même [...]; et de là
tout le système de l'*immortalité* de l'ame, qui d'abord fut *éternité*.
De là aussi ses *transmigrations* connues sous le nom de *métemp-
sycose* [...]. Et voilà, Indiens, boudhistes, chrétiens, musulmans!
d'où dérivent toutes vos opinions sur la *spiritualité* de l'ame:
voilà quelle fut la source des rêveries de *Pythagore* et de *Pla-
ton*[2].» Et Dupuis: «Virgile dit des ames: Igneus est ollis vigor, et
cœlestis origo, qu'elles sont formées de ce feu actif qui brille
dans les cieux, et qu'elles y retournent après la séparation
d'avec le corps. On retrouve la même doctrine dans le songe de
Scipion. [...] La grande fiction de la métempsycose, répandue
dans tout l'orient, tient au dogme de l'ame universelle et de
l'homogénéité des ames, qui ne diffèrent entr'elles qu'en appa-
rence, et par la nature des corps auxquels s'unit le feu-principe
qui compose leur substance[3].» S'il est un pythagorisme de Ner-
val, il n'est nulle part ailleurs que dans cette idée du feu uni-
versel.

Cette cosmologie n'est cependant pas le tout de l'idée nerva-
lienne du feu. À cette cosmologie se superpose en effet un schéma
biblique dualiste qui identifie l'univers souterrain du feu à l'en-

1. *Les Ruines*, XXII, 9, Dugour et Durand, 1787, p. 208-209.
2. *Ibid.*, XXII, 7, p. 203.
3. *Abrégé de l'origine de tous les cultes*, nouv. éd., L. Tenré, 1821, p. 490-
491.

fer chrétien, au monde des réprouvés, et qui introduit ainsi dans ce complexe imaginaire du feu la polarité morale du bien et du mal, étant entendu que dans la théologie romantique cette polarité est volontiers inversée, que les damnés, de Satan à Caïn, sont moins des figures du mal justement punies que des victimes d'un dieu méchant, tyrannique et jaloux. Les deux logiques du feu, la cosmologie et le schéma biblique inversé, se fondent en particulier dans « Le Monde souterrain » du *Voyage en Orient*. Or c'est dans cet épisode qu'il est expressément question des fils du feu, ou plus exactement « des djinns ou enfants des Éloïms, issus de l'élément du feu » opposés aux « fils d'Adonaï, engendrés du limon[1] ». Ces fils du feu, dont Adoniram est la figure emblématique, sont à la fois les victimes de la jalousie d'Adonaï, et les bienfaiteurs de l'humanité qui entretiennent le feu central. Ainsi parle Tubal-Kaïn : « [...] pour effacer mon crime, je me suis fait bienfaiteur des enfants d'Adam. C'est à notre race, supérieure à la leur, qu'ils doivent tous les arts, l'industrie et les éléments des sciences[2]. » Et la révélation, comme dans l'*Énéide*, se termine en prophétie : « De toi », dit-il à Adoniram, « naîtra une souche de rois qui restaureront sur la terre, en face de Jéhovah, le culte négligé du feu, cet élément sacré[3]. »

Ce schéma biblique (inversé) se complique encore d'une perspective historique : les victimes du Dieu biblique s'identifient pour Nerval au paganisme antique, religion de la terre et du feu, historiquement vaincu par l'avènement du christianisme tourné vers le ciel. Ce paganisme vaincu, dont la figure est, dans sa grotte, le dragon vaincu de « Delfica », n'est pas mort pour autant, mais voué depuis des siècles à une survie souterraine, comme la race des fils du feu, comme le feu des volcans qu'on croit éteints mais qui peuvent se réveiller. L'inversion du bien et du mal transposée dans le temps de l'histoire aboutit ainsi à l'utopie d'une nouvelle Renaissance, d'un retour du paganisme ou d'un retour du feu dont la figure est évidemment le réveil du volcan. La terre napolitaine, qui conjoint les champs phlégréens, l'antre de la sibylle, l'entrée des enfers, la grotte du Pausilippe, les villes mortes d'Herculanum et de Pompéi et le Vésuve, est donc par excellence la terre du feu, cette terre chantée par Corinne, la sibylle italienne de Mme de Staël.

1. Folio, p. 710.
2. *Ibid.*
3. *Ibid.*, p. 717.

À toutes ces dimensions cosmologiques, religieuses, historiques ou sociologiques du feu, encore faut-il ajouter, au nom de l'homologie du monde extérieur et du monde intérieur, une psychologie du feu. L'amour ou la passion, ce feu intérieur, sont ainsi la forme microcosmique, ou psychique, du feu cosmologique, comme l'esprit de révolte et le caractère indomptable sont la marque des fils du feu. De ce point de vue, la lettre-préface «À Alexandre Dumas» fournit, avec la lettre de Brisacier, un éclairage essentiel.

Dans cette suite rêvée du *Roman comique* de Scarron, qui nous plonge dans le monde théâtral de l'illusion et du jeu, Brisacier est celui qui ne *joue* pas, mais qui *est* l'Achille furieux d'*Iphigénie* ou le Néron fou de *Britannicus*. Or cette façon d'être ses rôles convoque la métaphore du feu : Brisacier ne joue pas, il brûle, littéralement : «mon rôle s'est identifié à moi-même et la tunique de Néron s'est collée à mes membres qu'elle brûle, comme celle du centaure dévorait Hercule expirant.» Le feu, en somme, abolit le jeu, au point que Brisacier, incompris du public, rêve de «brûler le théâtre». Brûler le théâtre, c'est pousser à sa limite l'identification à Néron mettant le feu à Rome qui l'«avait insulté», et ressusciter par là même le Néron vrai au-delà des conventions de la tragédie racinienne ; c'est abolir l'univers factice du jeu pour concevoir un théâtre déthéâtralisé, un théâtre de la vérité où, «comme au jeu du cirque, c'était peut-être du sang qui allait couler». Dès lors que le jeu devient feu, le théâtre devient religion (Brisacier est «un comédien qui a de la religion»), liturgie de la présence réelle (comme la messe, comme le culte d'Isis), et le feu du comédien peut embraser à nouveau les cendres apparemment éteintes du passé : «Ne jouons plus avec les choses saintes, même d'un peuple et d'un âge éteints depuis si longtemps, car il y a peut-être quelque flamme encore sous les cendres des dieux de Rome !...» Le feu intérieur, psychologique, du comédien est alors la condition *sine qua non* d'une renaissance de ce feu des civilisations disparues, ou d'un retour des dieux du paganisme, en même temps que ce feu-là, qui touche à la foi, touche aussi, indissociablement, à la folie.

Or cette folie théâtrale, évoquée déjà à propos de Rétif qui voulait «faire jouer les scènes d'amour par de véritables amants la veille de leur mariage[1]», ne vaut pas seulement pour elle-

1. *Les Illuminés*, Folio, p. 256.

même ; elle est aussi donnée par la lettre-préface à Dumas comme la figure d'une autre folie (ou d'un autre feu), celle de l'auteur. La folie littéraire de Nerval, c'est de s'identifier à ses personnages comme l'acteur Brisacier s'identifie à son rôle, ou mieux, Nerval s'identifie à Brisacier qui s'identifie à ses rôles : « l'on arrive, pour ainsi dire, à s'incarner dans le héros de son imagination, si bien que sa vie devienne la vôtre et qu'on brûle des flammes factices de ses ambitions et de ses amours. » L'utopie des *Filles du feu* et des *Chimères* est bien dans une forme de palingénésie [1], palingénésie d'un monde disparu, proche ou lointain, qui passe par l'identification de l'auteur à ses personnages et par l'appropriation de la mémoire collective en mémoire individuelle.

Il reste que Nerval n'est pas dupe — pas plus que l'acteur Brisacier dont on ne sait jamais s'il est fou, ou s'il joue la folie — de cette folie littéraire, folie toute réfléchie, qu'il se plaît à mettre en scène sous le patronage d'Érasme dans toute son œuvre, des *Illuminés* aux *Filles du feu*. Dans le même temps qu'il avoue souffrir, en fils du feu ou en « vestal », de cette folie d'identification à ses personnages, il l'exhibe et la met à distance ironique, faisant ainsi, comme Peregrinus et Apulée [2], la part de l'enthousiasme et celle de l'ironie, ou la part du feu, et celle du jeu.

C'est à la fois dans cet univers imaginaire et dans ce dispositif textuel que s'inscrit la figure emblématique de la chimère, une chimère à deux dimensions.

La chimère psychologique

La dimension la plus évidente de la chimère nervalienne, celle que désigne Dumas, est d'être le produit d'une psychologie malade ou, à tout le moins, inadaptée aux réalités du monde ; c'est celle du Rousseau des *Confessions*, du Rétif des « Confidences de Nicolas », ce « Jean-Jacques des Halles [3] », celle des *Illuminés*, celle d'un certain romantisme qui décline toutes les

---

1. Ce mot de la philosophie stoïcienne cher à Nerval et au progressisme romantique, du grec *palingénésia*, renaissance, retour périodique, comporte au XIXe siècle une forte connotation politique et sociale.
2. Le philosophe grec Pérégrinus dit « Protée », qui s'immola par le feu, et son contemporain Apulée, l'auteur latin de *L'Âne d'or*, sont les deux figures de l'Antiquité dans lesquelles Nerval se plaît à reconnaître ses doubles, mixtes d'enthousiasme et d'ironie, ou de feu et de jeu.
3. *Les Illuminés*, Folio, p. 131.

formes du rêve, de la recherche de l'absolu aux illusions perdues. C'est à propos de Rétif, ce double grâce auquel il peut parler de lui à la troisième personne, que Nerval a le mieux défini cette forme de perversion psychique : « Rien n'est plus dangereux pour les gens d'un naturel rêveur qu'un amour sérieux pour une personne de théâtre ; c'est un mensonge perpétuel, c'est le rêve d'un malade, c'est l'illusion d'un fou. La vie s'attache tout entière à une chimère irréalisable qu'on serait heureux de conserver à l'état de désir et d'aspiration, mais qui s'évanouit dès que l'on veut toucher l'idole[1]. » Cette chimère-là, qui est une forme d'idolâtrie, trouve ses champs privilégiés dans l'amour, dans la religion, cet autre nom nervalien de l'amour, et aussi dans la littérature, comme Nerval l'explique à Dumas : « Il est, vous le savez, certains conteurs qui ne peuvent inventer sans s'identifier aux personnages de leur imagination. » On conçoit ce que *Les Chimères*, comme les nouvelles des *Filles du feu*, peuvent devoir à cette conjonction, dans une même visée « surnaturaliste », de l'amour, de la religion et de la poésie.

La chimère mythologique

Mais avant d'être la figure poétique de l'illusion, la chimère relève d'un tout autre discours que celui de la psychologie : dans la mythologie, elle désigne en effet un dragon cracheur de feu, moitié lion, moitié chèvre, avec une queue de serpent, et, par extension, tout animal fabuleux produit d'un accouplement monstrueux (hippogriffe ou griffon, sphinx, centaure, sirène, cynocéphale...). La chimère au sens strict, c'est celle qu'évoque Virgile dans la descente d'Énée aux enfers au chant VI de l'*Énéide* ; les chimères au sens large, ce sont ces monstres qu'évoque le narrateur du *Voyage en Orient* dans « Le Monde souterrain », cette autre descente aux enfers. Cette chimère mythologique est pour Nerval la figure du paganisme, religion de la terre et du feu, et son nom le plus commun est le dragon. Or, parce qu'il a été vaincu par le Dieu de la Bible, ce dragon du paganisme s'identifie à ces autres vaincus du Dieu biblique, voués au feu souterrain : Satan, Caïn et les fils du feu. Il en résulte que la chimère mythologique est inséparable d'un lieu, le monde souterrain ou la grotte : les deux chimères des *Chimères*, la syrène d'« El Desdichado » et le dragon de « Delfica » et d'« Antéros », ont un

1. *Ibid.*, p. 120.

même lieu: «la grotte où nage la syrène», «la grotte [...]/Où du dragon vaincu dort l'antique semence», et cette grotte archétypique des *Chimères* porte un nom, le Pausilippe, non seulement parce qu'il est traversé d'une galerie qu'on nomme depuis l'Antiquité la grotte napolitaine, mais parce qu'il est le métonyme ⌐rivilégié de tous les mondes souterrains qu'il confond dans la ⊃ontiguïté du paysage napolitain: l'entrée des enfers, l'antre de la sibylle de Cumes, le tombeau de Virgile, le Vésuve et les villes ensevelies d'Herculanum et de Pompéi. Il en résulte surtout que le paganisme nervalien est inséparable d'un caïnisme romantique qui renverse les valeurs traditionnelles du bien et du mal. La chimère, dragon vaincu ou volcan éteint, porte ainsi le rêve d'un réveil du feu, rêve qui conjoint le retour du paganisme et la révolte contre l'ordre établi, la subversion du monde d'en haut par le monde d'en bas, par la vertu d'un feu qui n'est rien d'autre que le correspondant cosmique du feu amoureux. C'est par là que la chimère nervalienne consonne avec les socialismes utopiques contemporains — le sous-titre des *Illuminés* n'est pas par hasard *Les Précurseurs du socialisme* —, et donne toute sa dimension à la métaphore de la semence du dragon («Delfica») filée dans «Antéros»: «Je ressème à ses pieds les dents du vieux dragon.» Cette métaphore suggère un double arrière-plan mythique et biblique:

L'arrière-plan mythique est évidemment le mythe de Cadmos, c'est-à-dire du héros fondateur de la cité, une cité qui n'est plus, dans ce temps d'hibernation historique, qu'une cité morte à l'égal d'Herculanum ou de Pompéi.

L'arrière-plan biblique est celui de la parabole du semeur, où la semence est la parole de Dieu qui porte les fruits du royaume, ou de cette autre cité, la Jérusalem céleste. S'il est vrai que le Dragon, dans l'Apocalypse, est l'adversaire du Verbe divin, «Antéros» apparaît alors comme une actualisation du mythe de Cadmos qui, sous le patronage symbolique de Caïn, cet autre cultivateur, retourne la parabole du semeur: ressemer les dents du dragon, c'est refonder symboliquement la cité terrestre, ou fonder la nouvelle cité, *néa polis*, Naples. Le mythe de Cadmos et la parabole du semeur se superposent de même dans *Léo Burckart*, pour évoquer le contre-évangile de l'intelligence moderne: «vous savez», dit le prince à Léo, «qu'il y a des paroles qui tuent, et que, grâce à la presse, l'intelligence marche aujourd'hui sur la terre, comme ce héros antique qui semait les dents du dragon.

Or vous avez laissé tomber la parole sur une terre fertile; si bien qu'elle perce le sol de tous côtés, et qu'elle va nous amener une terrible récolte, si celui qui l'a semée n'est point là pour la recueillir[1].» On retrouve cette image de renaissance ou de refondation cadmienne de la cité dans *Les Illuminés* où Nerval évoque l'accueil à Florence des philosophes néo-platoniciens chassés par la prise de Constantinople: «Le *palladium mystique*, qui avait jusque-là protégé la ville de Constantin, allait se rompre, et déjà la semence nouvelle faisait sortir de terre les génies emprisonnés du vieux monde. Les Médicis, accueillant les philosophes accusés de platonisme par l'inquisition de Rome, ne firent-ils pas de Florence une nouvelle Alexandrie[2]?» Comme Naples, Nea Polis, appelle une refondation, Florence, cité des fleurs, appelle une nouvelle floraison. Pour autant, il s'agit bien moins de revenir à l'origine que de renouer avec elle sous la forme d'une synthèse du paganisme et du christianisme, une synthèse (ou une chimère) placée sous le patronage de la sibylle christianisée du *Dies irae* ou de la Chapelle Sixtine[3], du Virgile de la IVe Églogue ou de la «sainte de l'abîme», cette sainte Rosalie qui vécut dans une grotte.

Le poète des *Chimères* n'est pas seulement un nouvel Orphée, il est aussi celui qui assume, dans ses «Vers dorés» ou ses vers sibyllins, la relève de la Sibylle endormie et du Virgile de l'*Énéide* et de la IVe Églogue, comme il assume la relève des évangélistes pour promouvoir la figure d'un nouvel Énée, d'un nouveau Christ et d'un nouveau Cadmos. Tel est l'Adoniram du *Voyage en Orient* qui, comme Énée au chant VI de l'*Énéide*, reçoit de son aïeul Caïn, dans les profondeurs du monde souterrain, la révélation des secrets du monde et sa mission d'être sur la terre le restaurateur du culte du feu. Mais Adoniram révèle aussi, au-delà de la chimère psychologique et de la chimère mythologique, la troisième dimension de la chimère nervalienne, sa dimension proprement poétique.

---

1. *NPl* III, p. 91.
2. Folio, p. 412.
3. «Le christianisme primitif a invoqué la parole des sibylles et n'a point repoussé le témoignage des derniers oracles de Delphes» (*Les Filles du feu*, «Isis», chap. IV).

La chimère poétique

L'«Histoire de la reine du Matin et de Soliman, prince des génies» nous fait en effet pénétrer dans la grotte des chimères :

> *Armé d'un levier, je fais rouler le bloc... qui démasque l'entrée d'une caverne où je me précipite. [...] À travers les arcades de cette forêt de pierres, se tenaient dispersées, immobiles et souriantes depuis des millions d'années, des légions de figures colossales, diverses, et dont l'aspect me pénétra d'une terreur enivrante ; des hommes, des géants disparus de notre monde, des animaux symboliques appartenant à des espèces évanouies ; en un mot, tout ce que le rêve de l'imagination en délire oserait à peine concevoir de magnificences[1]!...*

Cette première révélation trouve son prolongement au cours de la descente, à la suite du fantôme de Tubal-Kaïn, dans le «Monde souterrain» qui élargit la grotte des chimères aux dimensions des Enfers :

> *Adoniram découvrit une rangée de colosses, assis à la file, et reproduisant les costumes sacrés, les proportions sublimes et l'aspect imposant des figures qu'il avait jadis entrevues dans les cavernes du Liban. Il devina la dynastie disparue des princes d'Hénochia. Il revit autour d'eux, accroupis, les cynocéphales, les lions ailés, les griffons, les sphinx souriants et mystérieux, espèces condamnées, balayées par le déluge [...][2].*

Or ce monde enfoui des chimères n'est pas seulement le lieu où se révèle la mission politico-religieuse de celui qui doit restaurer la royauté des fils du feu ; car cette mission politico-religieuse est inséparable, pour celui qui est d'abord un artiste au service de Soliman, d'une esthétique de la rupture avec l'ordre établi par le Créateur. Les chimères mythologiques deviennent ainsi le modèle d'un art poétique nouveau, comme en témoigne cette leçon d'Adoniram à son disciple Benoni :

> *[...] tu copies la nature avec froideur [...]. Enfant, l'art n'est point là : il consiste à créer. Quand tu dessines un de ces orne-*

---

1. *Voyage en Orient*, Folio, p. 676.
2. *Ibid.*, p. 708.

*ments qui serpentent le long des frises, te bornes-tu à copier les
fleurs et les feuillages qui rampent sur le sol ? Non : tu inventes, tu
laisses courir le stylet au caprice de l'imagination, entremêlant
les fantaisies les plus bizarres. Eh bien, à côté de l'homme et
des animaux existants, que ne cherches-tu de même des formes
inconnues, des êtres innommés, des incarnations devant lesquelles
l'homme a reculé, des accouplements terribles, des figures propres
à répandre le respect, la gaieté, la stupeur ou l'effroi ! Souviens-toi
des vieux Égyptiens, des artistes hardis et naïfs de l'Assyrie. N'ont-
ils pas arraché des flancs du granit ces sphinx, ces cynocéphales,
ces divinités de basalte dont l'aspect révoltait le Jéhovah du vieux
Daoud* [1] *?*

Par la bouche d'Adoniram, c'est bien l'art poétique des *Chi-
mères* qui s'énonce ici, un art qui réalise des accouplements
monstrueux au nom des caprices de l'imagination — le mot
caprice est pour ainsi dire le doublet italien du mot grec *chimère*,
puisque *capra*, comme *chimaira*, signifie *chèvre*. Un art poétique
ou plutôt un contre-art poétique qui récuse l'imitation au nom
de la création, création par laquelle l'artiste se fait le rival de
Dieu. Il est aisé de reconnaître, derrière ce contre-art poétique
nervalien, l'art poétique dont il prend le contre-pied parfait,
l'*Art poétique* d'Horace, dont on connaît les premières lignes :

*Si un peintre voulait prolonger une tête humaine d'un cou
de cheval et qu'après avoir assemblé des membres de toute ori-
gine il les recouvrît de plumes bariolées, tant et si bien qu'une
belle tête de femme se termine de façon difforme en vil poisson,
devant un tel spectacle, pourriez-vous, mes amis, vous retenir de
rire ? Croyez bien, chers Pisons, qu'à ce tableau sera tout à fait
semblable le livre qui représentera des images vaines comme les
songes d'un malade, des images dont ni les pieds ni la tête ne cor-
respondent à un type unique. Aux peintres et aux poètes, il fut tou-
jours, à juste titre, permis de tout oser, nous le savons, et ce
privilège, nous le revendiquons et l'accordons tour à tour, mais
non au point que les bêtes féroces s'unissent aux animaux pai-
sibles, que les serpents soient appariés aux oiseaux, ou les agneaux
aux tigres* [2]*.*

1. *Ibid.*, p. 652.
2. Horace, *Art poétique*, v. 1-13.

La figure ridicule qu'évoque ici Horace comme le repoussoir d'un art d'imitation de la nature placé sous le double signe de l'unité et de l'harmonie est très exactement une chimère, au sens mythologique comme au sens psychologique du terme, puisque cette chimère est un symptôme de folie, et l'on conçoit que l'auteur des *Illuminés* se soit emparé de cette chimère-là pour en faire l'emblème et le modèle de son art.

En quoi consiste alors cet art poétique de la chimère? Il s'agit bien moins de ressusciter des chimères mythologiques comme le dragon ou la sirène, que de ressaisir, à tous les niveaux de la création poétique, la logique de la chimère telle que la définit Adoniram, celle des accouplements contre-nature. L'auteur des *Illuminés* ne dit pas autre chose: «[...] et le système se formait ainsi, comme l'antique chimère, de deux natures bizarrement accouplées[1].»

Cette logique d'accouplement bizarre ou contre-nature est celle que thématisent les sonnets des *Chimères*, soit à travers le motif récurrent de l'alliance («la treille où le pampre à la rose s'allie», «Aux raisins noirs mêlés avec l'or de ta tresse», «Le pâle Hortensia s'unit au Myrthe vert!», «Sous la pâleur d'Abel, hélas! ensanglantée,/J'ai parfois de Caïn l'implacable rougeur!», «Modulant tour à tour sur la lyre d'Orphée/Les soupirs de la sainte et les cris de la fée»), soit en mêlant figures païennes et figures chrétiennes. Dès 1841, dans la lettre à Victor Loubens accompagnant l'envoi du «Christ aux Oliviers» et d'«Antéros», Nerval donnait la meilleure définition de ce qu'il n'appelait pas encore des *Chimères* en parlant de «mixture semi-mythologique et semi-chrétienne».

Mais au-delà de cette thématisation, l'essentiel est évidemment de nature textuelle: l'art poétique nervalien se place sous le signe de la chimère dans la mesure même où, récusant le mythe d'une création *ex nihilo*, il ne crée «des formes inconnues» que par accouplement incongru d'éléments préexistants: si «Delfica» est une chimère, ce n'est pas à cause du dragon qui s'y trouve nommé, mais parce que ce sonnet est l'accouplement monstrueux de la «Chanson de Mignon» de Goethe et de la IVe Églogue de Virgile, comme «Le Christ aux Oliviers», qui n'évoque aucune figure chimérique, est une «chimère» parce que cette suite de

---

1. «Les Confidences de Nicolas», III, II, Folio, p. 258.

sonnets propose un accouplement monstrueux du récit évangé-
lique de la Passion et du «Discours du Christ mort» de Jean
Paul. On conçoit alors que cette logique chimérique, c'est-à-
dire, en fait, combinatoire, soit virtuellement infinie, et que de
deux chimères, on puisse en créer deux autres, en permutant
tête et queue, ou quatrains et tercets (voir les notices de «Myr-
tho» et «Delfica»).

Nerval n'est évidemment pas le premier à accomplir ce
retournement de l'art poétique horatien : au chapitre XXVIII du
premier livre des *Essais*, on lit en effet :

*Considérant la conduite de la besongne d'un peintre que j'ay, il
m'a pris envie de l'ensuivre. Il choisit le plus bel endroit et milieu
de chaque paroy, pour y loger un tableau élabouré de toute sa suf-
fisance; et, le vuide tout au tour, il le remplit de crotesques, qui
sont peintures fantasques, n'ayant grâce qu'en la variété et estran-
geté. Que sont-ce icy aussi, à la vérité, que crotesques et corps
monstrueux, rappiecez de divers membres, sans certaine figure,
n'ayants ordre, suite ny proportion que fortuite?*

Desinit in piscem mulier formosa superne.

*Je vay bien jusques à ce second point avec mon peintre, mais je
demeure court en l'autre et meilleure partie [...].*

On aura reconnu dans la citation latine la chimère hora-
tienne, dont Montaigne, avant Nerval, fait l'emblème d'un art
poétique sous le signe du rapiéçage textuel. Or cet art des *Essais*,
Montaigne le définit comme «crotesque», au sens précis que ce
mot avait au XVIᵉ siècle, et qui est le sens étymologique, rappelé
en ces termes par un contemporain et ami de Nerval, Théophile
Gautier :

L'étymologie de grotesque est grutta, *nom qu'on donnait aux
chambres antiques mises à jour par les fouilles, et dont les
murailles étaient couvertes d'animaux terminés par des feuillages,
de chimères ailées, de génies sortant de la coupe des fleurs, de
palais d'architecture bizarre, et de mille autres caprices et fantai-
sies*[1].

1. Théophile Gautier, *Les Grotesques* (1844), Bassac, Plein chant, 1993,
p. 339.

Le grotesque désigne originellement, dans l'histoire de l'art, ces motifs picturaux, mixtes de figuratif et de géométrique, d'animal et de végétal qui furent découverts par la mise au jour, à la fin du xve siècle, des maisons antiques jusque-là ensevelies. Or le grotesque ainsi défini recouvre exactement le chimérique nervalien, tant du point de vue thématique que du point de vue poétique. Il en résulte que la grotte nervalienne n'est pas seulement un synonyme de caverne, mais aussi cette *grutta* qui dit l'origine de la notion de grotesque; que la grotte n'est pas seulement le lieu thématique des chimères, mais aussi et peut-être surtout le lieu poétique des *Chimères*. Nerval le dit dans «El Desdichado»: «J'ai rêvé dans la grotte où nage la syrène...» La grotte, celle du Pausilippe autant que celle du moi profond, est bien le lieu du rêve, de ce qu'Horace appelle les «aegri somnia», les songes d'un malade, et ces rêves fous sont précisément *Les Chimères*.

On a souvent remarqué que les sonnets des *Chimères* avaient quelque chose d'inachevé, ou plutôt produisaient un effet d'inachèvement ou de suspens. Qu'on pense aux derniers vers d'«Horus», de «Delfica», du «Christ aux Oliviers»; mais aussi d'«El Desdichado», dont le passé composé, dans les tercets, laisse attendre un retour au présent, qui n'a pas lieu, comme si tous ces sonnets tournaient court. Tourner court peut se dire de façon plus imagée: finir en queue de poisson, expression, on le sait, qui procède de la formule d'Horace. Peut-on risquer l'hypothèse qu'il est de la nature de la chimère de finir en queue de poisson? Dès 1831, Nerval a très consciemment joué sur cette queue de poisson horatienne: la formule restée proverbiale de l'*Art poétique*, celle qu'on retrouve en citation dans le passage des *Essais* de Montaigne, «Ut turpiter atrum/Desinat in piscem mulier formosa superne», servit en effet d'épigraphe au poème intitulé «En avant marche!» qui exprime très évidemment le désenchantement politique des lendemains de la révolution de Juillet. Le poème se termine sur ces vers:

> Liberté de juillet! femme au buste divin,
> Et dont le corps finit en queue[1]!

1. P. 75.

Façon de dire que la liberté de juillet est une chimère, et que toute chimère finit en queue de poisson.

La question du grotesque était évidemment d'actualité à l'époque où Nerval composait ses *Chimères*. Dans la lignée du texte fondateur sur la question, la préface de *Cromwell*, Théophile Gautier avait commencé en 1834 une série de portraits littéraires qu'il devait publier en deux volumes intitulés *Les Grotesques* en octobre 1844. Ces grotesques, qui appartiennent tous, si l'on excepte Villon, à une époque chère à Nerval, l'époque Louis XIII, sont les laissés pour compte de l'historiographie classique, les baroques et les burlesques, ou simplement les *poetae minores*, chez qui le grotesque est plutôt affaire d'enflure et de mauvais goût. Par-delà le plaisir de Gautier de ressusciter cette galerie de monstres littéraires et de réhabiliter quelques victimes de Boileau, il s'agit bien, pour l'auteur des *Jeunes-Frances*, d'offrir au romantisme contemporain des ancêtres ou des précurseurs, comme Théophile de Viau présenté comme celui «qui a commencé le mouvement romantique[1]». Nerval devait en 1852 intituler sa propre galerie d'excentriques littéraires *Les Illuminés ou les Précurseurs du socialisme*. Gautier aurait pu intituler la sienne : *Les Grotesques ou les Précurseurs du romantisme*, étant entendu que les mots de romantisme et de socialisme n'avaient pas, pour Nerval, des significations très différentes.

On n'a évidemment que trop tendance à faire une lecture symptomatique des *Chimères*, à y reconnaître sinon une logique délirante aux limites de la folie, du moins une voie d'accès privilégiée au psychisme nervalien. Est-ce pousser les choses trop loin — quand on sait que c'est très probablement à Gautier que fut envoyé en 1841 le premier ensemble manuscrit des futures *Chimères* (le manuscrit Dumesnil de Gramont) — que d'y lire aussi un manifeste poétique, un manifeste du grotesque, à tous les sens du mot, c'est-à-dire un manifeste romantique ?

Certes, le grotesque nervalien est plutôt du côté du bizarre que du côté du burlesque, encore que la figure du dieu Kneph, dans «Horus», ait quelque chose du vieillard indigne et ridicule, et que le discours d'Isis, dans le même poème, frise la trivialité comique. Mais au-delà de telle ou telle expression localisée, il convient de prendre en compte le contexte même de ces *Chi-*

---

1. *Les Grotesques*, *op. cit.*, p. 108.

mères publiées pour la première fois sous ce titre en 1854. En publiant ses *Chimères* en appendice des *Filles du feu,* Nerval a ajouté une queue poétique à son livre de prose, faisant de ce livre même une chimère majuscule, dont le beau corps de prose se termine en queue de poisson poétique. En outre, la lecture des *Chimères,* dans la position qui est la leur, se trouve naturellement programmée par la préface ironique en forme de lettre-dédicace à Dumas. Comment, dès lors, la lecture de l'incipit si apparemment pathétique d'«El Desdichado» ne serait-elle pas parasitée par cet écho anticipé de la préface: «[...] moi, le brillant comédien naguère, le prince ignoré, l'amant mystérieux, le déshérité, le banni de liesse, le beau ténébreux, adoré des marquises [...], je n'ai pas été mieux traité que ce pauvre Ragotin, un poétereau de province[1] [...]»? Comment oublier que dans ce sonnet primitivement intitulé «Le Destin», l'Étoile et le Destin procèdent de l'œuvre burlesque par excellence, celle sur l'évocation de laquelle s'achève *Les Grotesques* de Gautier, *Le Roman comique*? «L'Étoile et le Destin: quel couple aimable dans le roman du poëte Scarron!» s'exclame Brisacier. «Mais qu'il est difficile de jouer convenablement ces deux rôles aujourd'hui[2].» En somme, la confession pathétique d'«El Desdichado» n'est peut-être que la tirade d'un comédien raté sorti du *Roman comique,* d'un comédien qui prend son rôle au sérieux, ou qui confond le théâtre et la vie réelle.

Le lecteur des *Chimères* qui lit *Les Chimères* pour elles-mêmes, indépendamment du contexte de l'œuvre dans laquelle elles s'insèrent, est ainsi dans la position d'un spectateur qui assisterait à une représentation théâtrale sans avoir conscience d'être au théâtre. Si au contraire l'on prend en compte la lettre-préface à Alexandre Dumas (mais aussi l'ensemble des nouvelles en prose), se trouve restituée, de façon évidemment implicite et suggestive, toute la théâtralité virtuelle ou cachée des *Chimères.* Ce dispositif très particulier que met en place ce mixte de prose et de vers des *Filles du feu,* c'est au fond celui de *La Comédie des comédiens* de Georges de Scudéry, que Gautier évoque longuement dans *Les Grotesques,* et à laquelle Nerval lui-même fait allusion dans *Lorely*[3]; c'est, plus encore, le dispositif de cette

1. P. 273-274.
2. *Ibid.* L'Étoile et le Destin: on pourrait reconnaître, dans *Les Chimères,* un troisième personnage séminal du *Roman comique*: la Caverne.
3. *NPl* III, p. 37.

pièce que son auteur présente comme «un étrange monstre», comme une comédie à «l'invention bizarre et extravagante», comme une «pièce capricieuse», autant dire comme une véritable chimère : *L'Illusion comique* de Corneille, dont l'incipit dit à la fois le lieu et l'origine :

> Ce grand Mage, dont l'art commande à la nature,
> N'a choisi pour palais que cette grotte obscure.

Quoi qu'on pense de ces spéculations sur la grotte comme le lieu évidemment caché du grotesque nervalien, la figure de la grotte n'en reste pas moins fondamentale pour Nerval. Elle conjoint en effet les trois expériences du lieu de l'écrivain : le monde, le moi, les mots. Au niveau cosmique, la grotte est la face cachée du monde, ce que Nerval appelle le monde souterrain, et qui est le monde des mythes, ou le lieu des chimères au sens mythologique du mot ; au niveau psychique, la grotte est la face cachée du moi, appelons-la l'inconscient, lieu privilégié des chimères au sens psychologique du mot ; et au niveau littéral, elle est la face cachée des mots, leur part enfouie : leur étymologie. Avec l'étymologie en effet, le langage a lui aussi son monde souterrain qui est en même temps son orient ; et cet orient-là vaut aussi le voyage. Or si *grotte* est l'étymon de *grotesque*, l'étymologie de *grotte* est le mot italien *grotta*, du latin *crypta*, lui-même calqué sur le grec *cryptè*, c'est-à-dire précisément ce qui est caché. Cette grotte au carré, qui est la figure du sens caché dans l'étymologie, est donc par excellence le lieu des *Chimères* au sens poétique du mot cette fois. Et puisque cette grotte est celle du Pausilippe, on rappellera que l'étymologie de Pausilippe est «qui fait cesser le chagrin», comme si, à l'instar de Boèce et de sa *Consolation philosophique*, Nerval avait créé avec *Les Chimères* le genre de la Consolation poétique.

Les chimères sont donc tout à la fois une menace, celle de la folie, et un modèle, celui d'un art qui est proprement un art de (re)composition. Le poète des *Chimères* superpose ainsi deux postures, celle de Bellérophon et celle d'Adoniram : il est le héros dompteur de chimères («N'est-il pas possible de dompter cette chimère attrayante et redoutable, d'imposer une règle à ces esprits des nuits qui se jouent de notre raison[1] ?»), la forme

1. *Aurélia.*

stricte du sonnet étant une façon de fixer ou de dompter ces chimères-là ; et il est aussi créateur de chimères, tant il est vrai qu'un art authentiquement poétique (et non simplement mimétique) est essentiellement un art chimérique, un art qui n'invente rien mais qui recompose et recombine des formes données, pour créer « des formes inconnues, des êtres innommés [...], des accouplements terribles ». Mais si *Les Chimères* de Nerval définissent un art poétique qu'on peut appeler romantique, elles proposent aussi une conscience historique de la poésie : bien loin de n'être que le symptôme d'une crise personnelle, elles manifestent la conscience d'une crise historique et poétique qui est celle de la modernité. Revenons à la duplicité inhérente à ce monstre double de la chimère (le mot et la chose), à la fois monstre mythologique et illusion. L'opposition entre les deux sens du mot n'est pas seulement une opposition en synchronie entre sens propre et sens figuré ; elle comporte aussi une dimension diachronique en ce qu'elle propose la double polarité idéale d'un processus historique lui-même double.

— C'est d'abord le processus historique qui oppose une antiquité perçue comme le temps des mythes vrais et efficaces et une modernité qui identifie le mythe à l'irréel. Par là, la dualité du mot est le plus parfait raccourci d'une histoire aujourd'hui familière, celle du désenchantement du monde. Désenchantement du monde, désenchantement des mythes : de l'unité originelle des mythes et de la poésie, il ne reste plus qu'une mythologie entièrement littérarisée, vidée de toute substance, une mythologie froide où les mythes ne sont plus que des figures du discours ou des allégories : comme le note Nerval dans *Les Illuminés*, « toute religion qui tombe dans le domaine des poètes se dénature bientôt, et perd son pouvoir sur les âmes[1] ».

Or ce processus long de désenchantement du monde — que l'on fait traditionnellement remonter à « cette première révolution morale et religieuse qui s'appela pour les peuples du Nord la *réforme*, et pour ceux du Midi la *philosophie*[2] » : la Renaissance — rencontre, avec le romantisme, une redécouverte et une réévaluation symbolique voire mystique des mythes qui retrouvent pour les cultures nationales une dimension fondatrice. De cette contradiction résulte, pour une bonne part, la crise poétique de Nerval.

1. *Les Illuminés* (« Jacques Cazotte »), Folio, p. 303.
2. *Ibid.*, p. 362.

— Ce premier processus historique, celui du désenchantement, se double d'un deuxième processus historique directement lisible dans les deux sens du mot «chimère». Du monstre mythologique à l'illusion, il y a aussi le passage de l'univers mythico-cosmique à l'univers psychique — la psychanalyse étant le dernier avatar en date de cette mutation de la mythologie en psychologie —, processus d'intériorisation et d'individualisation qui caractérise aussi bien l'émergence de la conscience moderne, de l'«Homme, libre penseur[1]», que l'évolution de la poésie, des grandes voix prophétiques et des épopées fondatrices du passé au lyrisme contemporain.

Les Chimères sont ainsi la quintessence du rêve ou de l'utopie romantique et son constat ironique de faillite. Tout en appelant une nouvelle alliance du mythe et de la poésie capable de fonder la synthèse universelle, cette chimère suprême, *Les Chimères* réalisent bien, à leur manière, une nouvelle alliance du mythe et de la poésie, mais au prix d'une intériorisation de la mythologie, qui ne dit plus la Vérité du monde mais la vérité du sujet, et ne refondent rien d'autre que le lyrisme moderne dans la *camera obscura*, ou plutôt dans la grotte obscure de ce sujet ténébreux, veuf et inconsolé de la perte de la Vérité.

Page 29.   El Desdichado

Ms Éluard («Le Destin»).
Ms Lombard
Le Mousquetaire, 10 décembre 1853.
L'Artiste, 1er janvier 1854.

Publié pour la première fois par Dumas dans *Le Mousquetaire* du 10 décembre 1853, «El Desdichado» est sans doute contemporain de la deuxième crise de folie de Nerval (août-septembre 1853). Il en existe deux manuscrits, tous deux écrits à l'encre rouge, le manuscrit Lombard, portant le même titre, et le manuscrit Éluard, intitulé «Le Destin» et annoté (voir p. 53 et 55).

Le plus célèbre des sonnets nervaliens, à la publication prématurée duquel on doit sans doute l'adjonction des *Chimères* aux *Filles du feu*, représente la descente aux enfers d'un nouvel Orphée, descente aux enfers qui a bien entendu à voir avec la

---

1. La libre pensée est précisément ce qui défait les correspondances et réduit l'homme à sa seule réalité psychique.

crise du psychisme nervalien, mais aussi avec la crise du sujet
lyrique et de la poésie.

Dans ce poème qui met en crise l'identité du poète et placé
par le titre sous le patronage du chevalier sans nom d'*Ivanhoé*,
ou qui fait nom («the Spanish word Desdichado, signifying
Disinherited») de l'absence de nom, il est remarquable qu'à côté
des noms propres déjà surabondants, tous les noms communs,
et même les trois adjectifs du premier vers, deviennent noms
propres par la majuscule ou par le déterminant défini, et recom-
posent ainsi un univers archétypique et égocentré.

Le premier quatrain offre ainsi, par l'article défini et par un
présent qui est moins actuel qu'essentiel, la déclinaison d'iden-
tité non pas sociale, ni historique, mais absolue, d'un «je» que le
luth désigne comme poète, cette identité pouvant se prêter à une
lecture double, indissociablement psychique et cosmique. La
mort de l'étoile et le soleil noir de la mélancolie doivent se lire
ainsi dans une double perspective, psychique ou sentimentale
— la mort de la femme aimée déterminant la mélancolie d'un
caractère ténébreux — et cosmique — la mort de l'étoile et le
soleil noir sont, comme dans *Aurélia*, les signes d'une nouvelle
Apocalypse qui plonge le locuteur dans les ténèbres de la fin —,
toute lecture univoque étant nécessairement réductrice.

À cette figure de l'inconsolé absolu, le deuxième quatrain, avec
l'introduction d'un «tu» et la restitution d'un passé, apporte une
contradiction d'autant plus violente qu'elle n'est pas marquée
par la syntaxe, et qu'elle s'exhibe dans la rime même «inconsolé»/
«consolé». Ce qui était donné comme essentiel se découvre peut-
être par le sujet lui-même comme accidentel, à partir du moment
où celui-ci se détache d'une fixation mélancolique et ressaisit sa
propre histoire, une histoire où «la nuit du tombeau» — formule
qui vaut autant, comme le suggère l'ambiguïté syntaxique, pour
le deuil présent que pour le deuil passé — a déjà eu lieu une fois
et a connu sa consolation. Le «toi» invoqué surgit ainsi de «la
nuit du tombeau» comme la figure de la consolation (de la conso-
lation passée et par conséquent aussi d'une nouvelle consolation
possible), une consolation associée à l'univers napolitain (le Pau-
silippe et la mer d'Italie, la fleur, la treille). On peut voir dans
ces quatre éléments de la consolation des indices autobiogra-
phiques dont la signification profonde ne serait compréhensible
que pour celle («toi») qui partage avec le «je» le même souve-
nir. Mais l'essentiel n'est pas tant dans l'histoire personnelle de

Nerval ou dans sa vie psychique, qui ne peuvent que nous échapper, que dans la logique poétique du texte même.

— S'il est vrai que les noms communs tendent à fonctionner comme des noms propres, inversement, les noms propres nervaliens peuvent fonctionner, eux, comme des noms communs : ils ne se contentent pas de désigner, mais ont aussi, grâce à l'étymologie, la vertu même cachée de signification. « Pausilippe », qui devrait s'écrire Pausilype, signifie très exactement « qui fait cesser le chagrin », ou, si l'on préfère, « consolateur ». Adressé à « toi qui m'as consolé », l'impératif « Rends-moi le Pausilippe » signifie ainsi « Console-moi de nouveau ».

— « La *fleur* qui plaisait tant à mon cœur désolé », elle, est en somme la fleur qui consonne ou qui rime avec la mélancolie, c'est-à-dire (comme le signale la note du manuscrit Éluard) l'ancolie, qui est la rime riche fantôme de ce sonnet.

— Quant à « la treille où le pampre à la rose s'allie », la valeur référentielle des trois termes compte moins que la figure de résolution, sous la modalité de l'alliance, d'une dualité qui peut se décliner de bien des façons (pampre/rose, vert/rouge, paganisme/christianisme...).

Cette contradiction des quatrains entre l'inconsolé et le consolé, entre les ténèbres d'un monde éteint et la lumière du paysage napolitain détermine la nouvelle déclinaison d'identité du vers 9 qui se fait cette fois sur le mode interrogatif, à travers quatre figures empruntées aussi bien à la mythologie gréco-latine qu'à la mythologie française et qui se correspondent deux à deux : être Amour ou Lusignan, c'est être un amoureux maudit, dont l'amour est voué aux ténèbres (Psyché ne peut voir Amour, Lusignan ne peut voir Mélusine) ; être Phébus ou Biron, c'est être un amoureux solaire, vite consolé de ses amours perdues. On peut penser alors que chacun des deux vers qui suivent se rattache à l'une des deux identités (le baiser de la reine pour l'amour solaire, la grotte de la syrène pour l'amour ténébreux), en même temps que ces deux vers offrent une nouvelle déclinaison de la dualité rouge/vert (et christianisme/paganisme) du vers 8 : si le vers 10 est rouge, le vers 11 est, implicitement, vert (explicitement dans la variante du manuscrit Lombard : « J'ai dormi dans la Grotte où verdit la syrène »).

Quant au dernier tercet, où le poète veuf de sa seule étoile s'identifie à Orphée, il peut se lire comme la résolution proprement poétique de cette identité double et contradictoire, résolution qui passe, comme au vers 8, par une alliance qui a cette fois la forme de l'alternance[1]. Cette logique d'appariement contre-nature de deux objets est celle qui préside à la constitution de ce monstre fabuleux ou poétique : la chimère.

Il reste que ce scénario orphique en cache peut-être un autre, quand on lit « El Desdichado » dans la continuité des *Filles du feu*. Ce scénario caché d'un poème qui évoque la mort de l'étoile et qui faillit s'appeler « Le Destin », c'est celui du *Roman tragique*. Sous l'élégie mélancolique (« Je suis le ténébreux... ») peut ainsi se lire un sous-texte ironique (« Ainsi, moi, le brillant comédien naguère, le prince ignoré, l'amant mystérieux, le déshérité, le banni de liesse, le beau ténébreux... ») qui révèle la théâtralité cachée, ou la part de comédie des *Chimères*, ce palimpseste poétique du *Roman tragique* : « L'Étoile et le Destin : quel couple aimable dans le roman du poëte Scarron ! mais qu'il est difficile de jouer convenablement ces deux rôles aujourd'hui. » La « triste vérité » des *Chimères*, c'est peut être que le prince d'Aquitaine à la tour abolie n'est qu'un rôle de contrebande », qu'Amour, Phébus, Lusignan ou Biron ne sont que des rôles à jouer, que le poète sublime n'est qu'un comédien raté qui prend son rôle au sérieux. Tel est le sens de la suprême ironie d'un Brisacier toujours lucide : « la dernière folie qui me restera probablement, ce sera de me croire poëte : c'est à la critique de m'en guérir. »

Variantes du *Mousquetaire* :
V. 8 : à la vigne s'allie
V. 9 : ou Phœbus, Lusignan ou Byron
V. 11 : j'ai dormi dans la grotte où verdit la sirène
V. 12 : deux fois vivant traversé
V. 13 : Modulant et chantant

Titre. « El Desdichado » : mot espagnol emprunté à l'*Ivanhoé* de Walter Scott (1819), qui sert de devise au chevalier mystérieux (Ivanhoé lui-même), et donné comme signifiant « déshérité ». Comme l'a signalé P. Bénichou, le mot signifie en fait « malheureux ».

1. Cette résolution est-elle effective, ou simplement promise ? Pour qu'elle fût effective, il faudrait que le passé composé final, au lieu de marquer l'antériorité par rapport au présent du premier quatrain, impliquât un présent de l'énonciation au regard duquel le présent du premier quatrain est désormais passé.

V. 1. «Le ténébreux»: cf. «À Alexandre Dumas», p. 274 et n. 1.

V. 2. Ce vers renvoie à l'identité rêvée de Nerval («...moi, pauvre et obscur descendant d'un châtelain du Périgord», *Promenades et souvenirs*) qui fait dériver son patronyme (Labrunie) du gothique *Brunn*, tour, et s'identifie aux comtes de Foix, voire à cet autre prince d'Aquitaine prisonnier d'une tour, Richard Cœur de Lion.

V. 3. Sur l'*étoile*, voir «À Alexandre Dumas», p. 273 et n. 8.

V. 4. Le *Soleil noir* de la *Mélancolie*, qui apparaissait déjà dans le *Voyage en Orient* («le soleil noir de la mélancolie, qui verse des rayons obscurs sur le front de l'ange rêveur d'Albert Dürer, se lève aussi parfois aux plaines lumineuses du Nil, comme sur les bords du Rhin, dans un froid paysage d'Allemagne», Folio, p. 195), renvoie à la gravure de Dürer, *Melancholia*. Dans un poème de 1834, «Melancholia», inspiré par la même gravure, Théophile Gautier évoquait «les rayons d'un grand soleil tout noir».

V. 6. Cf. «Tristesse» de Lamartine (*Nouvelles méditations poétiques*, 1823): «Ramenez-moi, disais-je, au fortuné rivage/Où Naples réfléchit dans une mer d'azur/Ses palais, ses coteaux, ses astres sans nuage,/Où l'oranger fleurit sous un ciel toujours pur.»

V. 8. Cf. «Tristesse» de Lamartine: «sous la vigne fleurie,/Dont le pampre flexible au myrte se marie». Ce vers, qui rappelle «Sylvie», III («où le pampre s'enlace au rosier»), propose la formule de la chimère végétale qui est en même temps, implicitement, l'alliance de deux couleurs complémentaires (le rouge et le vert). L'alliance du pampre et de la rose est aussi une façon de donner une rime symbolique à un mot — pampre — qui ne peut avoir de rime phonétique (comme le rappelle l'odelette «Gaieté» p. 147).

V. 9. Amour (*alias* Éros, ou Cupidon) est le fils de Vénus et l'amant de Psyché dans la fable racontée aux livres IV, V et VI de *L'Âne d'or*; Phébus est évidemment le surnom d'Apollon, amoureux, entre bien d'autres, de Daphné (mais on sait que Nerval, dont la famille paternelle était originaire de l'Aquitaine, signait aussi la lettre délirante à George Sand du 22 novembre 1853 «Gaston Phœbus d'Aquitaine»); Lusignan est le mari de la fée Mélusine, qu'il lui était interdit de voir se transformer en serpent (comme Psyché ne devait pas voir le monstre Amour);

Biron est le joyeux compagnon d'Henri IV immortalisé par la chanson qui porte son nom (voir « Chansons et légendes du Valois » dans *Les Filles du feu*) et par la comédie de Shakespeare *Peines d'amour perdues*. Mais le personnage peut être encore surdéterminé par la figure de Byron, que Nerval orthographie parfois Biron. Ces quatre identités, structurellement, se ramènent à deux : Amour est à Phébus, dans la mythologie classique, ce que Lusignan est à Biron, dans la mythologie française, ou l'amour ténébreux à l'amour solaire, ou l'inconsolé au consolé.

V. 10. La rougeur au front est la variante érotique de celle, antérotique, d'« Antéros » (« Il m'a marqué le front de sa lèvre irritée »). Une note du manuscrit Éluard nomme la reine « Reine Candace » (la reine de Saba).

V. 11. La sirène dans la grotte est la figure du paganisme dans le *Voyage en Orient* : « La verte naïade est morte épuisée dans sa grotte », Folio, p. 137). Sur la grotte, lieu par excellence de la chimère, sirène ou dragon, voir p. 313.

V. 14. Une note du manuscrit Éluard (p. 55) nomme la fée « Mélusine ou Manto » (Manto, prophétesse grecque, fille de Tirésias, est parfois identifiée à la sibylle de Delphes, Daphné).

Page 30.   Myrtho

Ms Dumesnil de Gramont α (« À J—y Colonna », tercets).
Ms Dumesnil de Gramont β (?) (quatrains).

Publié pour la première fois dans *Les Chimères*, « Myrtho » est sans doute contemporain de « Delfica », puisque le sonnet dédié « à J—y Colonna » dans le manuscrit Dumesnil de Gramont α comportait les quatrains de « Delfica » et les tercets de « Myrtho », alors qu'une autre version de « Myrtho », publiée en 1924 à partir du manuscrit Dumesnil de Gramont β non retrouvé depuis, comportait à l'inverse les quatrains de « Myrtho » et les tercets de « Delfica » (voir p. 44 et 47).

Succédant à « El Desdichado », la première fonction de « Myrtho », qui s'ouvre sur une dédicace amoureuse, semble de nommer la consolatrice du sonnet précédent appelée à rendre « le Pausilippe et la mer d'Italie ». Elle est en effet présentée dans le premier quatrain comme indissociable du promontoire napolitain au nom de consolation.

La tonalité amoureuse ne disparaît pas, mais s'unit, dans le second quatrain, à une dimension religieuse qui conduit à relire l'apposition du premier vers non plus comme une simple hyper-bole amoureuse, mais comme l'identité véritable de «Myrtho»: cette «divine enchanteresse» offrant sa coupe au poète, ce fils adoptif de la Grèce, est la déesse d'une initiation, celle-là même qu'évoquent chacune à leur manière «Octavie» et «Sylvie».

C'est ainsi désormais l'initié autant que l'amoureux qui parle dans les tercets («Je sais»), et la divine Myrtho au «front inondé des clartés d'Orient» est bien la réincarnation du paganisme, la magicienne capable de réveiller les volcans endormis. Point de retour du feu, cependant, dans l'espace du poème, mais un signe ambigu, celui des cendres, et le dernier tercet fait entendre un étrange acte de foi. S'il fait mémoire de l'événement qui consa-cra le passage du paganisme au christianisme (la destruction des dieux païens par les hommes du Nord qui fondèrent à Naples, au XIe siècle, le royaume des Deux-Siciles), ce n'est pas pour prophétiser un basculement contraire de l'histoire qui ramènerait le paganisme; c'est pour consacrer, sous le patro-nage du Virgile de la IVe Églogue, poète païen et prophète chré-tien, une chimère végétale, comparable à celle du vers 8 d'«El Desdichado», chimère mi-partie d'hortensia et de myrte, qui peut se lire comme la formule du pagano-christianisme napoli-tain, ou du syncrétisme nervalien. Mais s'il est vrai que cette chimère-là s'appelle Myrtho, cela veut dire aussi que, de même que le moderne hortensia peut s'unir à l'antique myrte vénusien, l'amoureuse contemporaine peut s'unir à la déesse antique, à l'image de la jeune Anglaise venue du Nord qui joue dans l'«Octavie» des *Filles du feu* la déesse Isis (avec cette différence que le jeu tourne mal dans la nouvelle, et qu'ici il n'est pas ques-tion de jeu). Le sonnet peut se lire ainsi comme la construction poétique de cette chimère d'une femme aimée qui serait aussi la consolatrice des affligés, d'une femme-Pausilippe qui peut alors devenir la bonne déesse de Naples; et le nom même de cette chi-mère n'est peut-être rien d'autre que l'accouplement littéral du MYRTe et de l'HOrtensia.

V. 1. Nerval se souvient peut-être de «La Jeune Tarentine» de Chénier: «Elle a vécu, Myrto, la jeune Tarentine!»

V. 2-3. Ces deux vers semblent échanger les épithètes du front de Myrtho et du Pausilippe: «altier» est presque une épithète de nature de *front*, et «inondé des clartés d'Orient» s'applique plus normalement à une réalité géographique (cf. «Octavie» où les

îles d'Ischia et de Nisida, sont «inondées des feux de l'Orient»).
Cet échange manifeste la fusion de Myrtho et du Pausilippe.

V. 4. Le mot «tresse» peut prendre ici une connotation méta-
poétique : il dit le tressage poétique de Myrtho et du Pausilippe
dans ce quatrain qui construit une rime non pas phonétique,
mais syntaxique et symbolique entre Myrtho et le Pausilippe.

V. 7. Iacchus : nom mystique de Bacchus, volontiers associé
par Nerval à Iésus. Cf. «Isis» (*Les Filles du feu*) : «le *Rédempteur*
promis à la terre, [...] est-ce l'enfant Horus [...]? — Est-ce l'Iac-
chus-Iésus des mystères d'Éleusis [...]? »

V. 11. Cf. «Octavie» : «[...] et je contemplais sans terreur le
Vésuve couvert d'une coupole de fumée».

V. 12. Le royaume des Deux-Siciles fut fondé par les Normands.
Le duc iconoclaste est peut-être Robert Guiscard (1015-1085).

V. 13. Le laurier planté près du tombeau de Virgile sur le Pau-
silippe.

Page 31.   Horus

Ms Dumesnil de Gramont α («À Louise d'Or Reine»).

Si ce poème fut publié pour la première fois dans *Les Chi-
mères*, il faisait partie du manuscrit Dumesnil de Gramont α qui
remonte sans doute à 1841, où il était dédié, à défaut de titre, «à
Louise d'Or Reine» (voir p. 45). Il met en scène, sous la forme
d'un récit enchâssant le discours d'Isis, un trio familial inédit
dans la mythologie égyptienne — Isis n'est pas la femme de
Kneph — mais qui exhibe en trois personnes la structure arché-
typique du divin nervalien : la divinité paternelle ou le vieux dieu
(Kneph) ; la divinité maternelle (Isis) ; le jeune dieu (Horus). Il
est vrai que le couple Kneph-Isis se comprend mieux si l'on
reconnaît en Kneph un double égyptien de Vulcain, dieu des vol-
cans laid et boiteux et mari de Vénus, cet autre nom d'Isis. Quoi
qu'il en soit, le vieux dieu, «roi des hivers», doit mourir pour
que puisse advenir le dieu nouveau, Horus, le jeune soleil fils
d'Isis et d'Osiris, qui consacre le retour du printemps. Le nom
même d'Horus (masculin d'Hora) renvoie à cette division sai-
sonnière symbolique du cycle des dieux.

Si Kneph est le dieu des volcans, c'est parce que ce dieu créa-
teur de la mythologie égyptienne est le dieu qui, selon Dupuis[1],

1. Voir p. 298.

« vomissait de sa bouche l'œuf symbolique destiné à représenter le monde ». Il est, selon Volney, ce « principe moteur […] que les Thébains consacraient sous le nom de Kneph […] et que la philosophie stoïcienne définissait avec précision le principe du feu ». Devenu roi des hivers, ce dieu vomisseur n'est plus qu'un vieillard sénile et catarrheux qui ne vomit plus le feu universel mais « les frimas du monde ».

Il reste que le poème qui, par la bouche d'une Isis rajeunie, annonce l'avènement d'Horus s'achève, quelque sens que l'on donne à la fuite de la déesse lunaire et à l'apparition de l'écharpe d'Iris (l'arc-en-ciel), sur un suspens : Horus (le jeune dieu et le jeune soleil, le jour nouveau, le retour du printemps) est encore à venir.

V. 1. Le tremblement de terre, qui devrait annoncer le réveil du feu, n'est ici que le tremblement d'un vieillard qui a fait son temps.

V. 4. L'« ardeur d'autrefois » qui brille dans les yeux d'une Isis rajeunie préfigure le retour du feu (*ardere* = brûler) avec l'avènement d'Horus.

V. 9. L'« esprit nouveau » s'appelait, dans le manuscrit Dumesnil de Gramont α, « Napoléon » : le cycle du divin avait aussi, à l'époque du retour des cendres d'un empereur tôt divinisé, une connotation politico-historique. Voir le commentaire du sonnet « À Louise d'Or Reine », p. 341.

V. 10. « La robe de Cybèle » (déesse de la nature comme Isis) : la végétation qui annonce le retour du printemps.

V. 11. Hermès psychopompe, identifié à l'Anubis égyptien, est une divinité du monde souterrain. Le *Voyage en Orient* (Folio, p. 704) en fait un double d'Hénoch.

Page 32.   Antéros

Ms Loubens.

Publié pour la première fois dans *Les Chimères*, « Antéros » remonte sans doute à 1841. Il apparaît en tout cas, sous le même titre, dans la lettre à Victor Loubens de la fin de cette année-là, à la suite des sonnets I et IV du « Christ aux Oliviers ». Il y est présenté ainsi : « En voici un autre que vous vous expliquerez plus difficilement peut-être : cela tient toujours à cette mixture semi mythologique et semi chrétienne qui se brassait dans mon cerveau » (voir p. 286).

Dans ce poème qui ressuscite à sa façon le vieux genre de la
poésie antérotique illustré par Du Bellay, la «mixture semi-
mythologique et semi-chrétienne» sert à composer, contre le
vieux dieu identifié ici au Dieu de l'Ancien Testament (Jéhovah)
qui supplanta les divinités païennes, la figure chimérique d'un
fils du feu par excellence, vaincu mais non soumis, et toujours
révolté. Au même titre que «Le Christ aux Oliviers» propose un
contre-évangile, Antéros, frère d'Éros et fils de Vénus (cet autre
nom d'Isis), s'érige en figure du contre-amour (qui n'est pas le
contraire de l'amour, mais une forme d'amour qui s'oppose à
celle que promeut le dieu biblique) et convoque dans une généa-
logie syncrétiste (ou fantaisiste) toutes les figures de vaincus et
de révoltés : le Géant Antée, fils de la Terre qui reprenait vigueur
à son contact (et dont le nom devient ici, par paronomase, l'éty-
mon d'Antéros), le Vengeur, Caïn, les dieux vaincus par Jého-
vah : Bélus ou Baal et Dagon, et les Amalécytes vaincus par les
Hébreux.

L'identification finale à Cadmos[1], l'époux d'Harmonie, montre
que le rêve de régénération du paganisme est aussi le rêve (bien
partagé à l'époque des socialismes utopiques) de refondation de
la cité universelle sous le signe du contre-amour, ou de l'Har-
monie universelle.

V. 1. Le «Tu» initial désigne moins un interlocuteur réel qu'il
n'est un «tu» d'appui pour ce discours d'opposition, ou antéro-
tique, où le «je» n'advient et ne se définit que par rapport à un
«tu» premier.

V. 3. Le narrateur d'«Angélique» dans *Les Filles du feu* se
revendique lui aussi, implicitement, de la race d'Antée lorsqu'il
avoue : «Je reprends des forces sur cette terre maternelle»
(5e lettre).

V. 5 Le Vengeur peut traduire le surnom de Mars Ultor, le
père d'Antéros, mais il est surtout le nom générique de tous les
révoltés.

V. 6. La marque au front est la variante antérotique de celle
(érotique) d'«El Desdichado» : «Mon front est rouge encor du
baiser de la reine».

---

1. Héros fondateur de Thèbes. Cadmos ayant semé les dents du dragon
qu'il avait tué, de cette semence naquirent des guerriers qui s'entretuè-
rent, sauf cinq qui l'aidèrent à bâtir la cité.

V. 11. Bélus est la forme latinisée de Baal, le dieu par excellence du paganisme dans la Bible; Dagon (qui remplace Mammon, dieu syrien des richesses, du Ms Loubens) est le dieu-poisson des Philistins.

V. 12. La triple immersion dans le Cocyte (avec le caractère magique ou rituel du chiffre) rappelle celle, dans le Styx, qui rendit Achille invulnérable; elle constitue surtout le baptême infernal de ce fils du feu.

V. 13. Se revendiquer des Amalécytes, c'est revendiquer, via Amalec, l'ascendance (maudite) d'Ésaü, qui fut à Jacob ce que Caïn fut à Abel, et faire d'Antéros le Caïn d'Éros-Abel.

V. 14. Cf. le vers 8 de «Delfica». Le dragon est, dans le *Voyage en Orient*, «celui qui se relève toujours» (Folio, p. 139).

Page 33. Delfica

Ms Dumesnil de Gramont α («À J---y Colonna», quatrains).
L'Artiste, 28 décembre 1845 («Vers dorés»).
PCB («Daphné»).

De ce sonnet publié deux fois avant d'être repris dans *Les Chimères*, la première fois dans *L'Artiste* du 28 décembre 1845 sous le titre «Vers dorés», avec l'épigraphe «Ultima Cumaei venit jam carminis aetas» (voir p. 101), et la date «Tivoli, 1843», la deuxième fois dans *Petits châteaux de Bohême* (janvier 1853) sous le titre «Daphné» et avec l'épigraphe «Jam redit et virgo…» (voir p. 246), les quatrains et le dernier tercet se lisaient déjà dans le manuscrit Dumesnil de Gramont α, mais dans deux sonnets différents: les quatrains dans «À J—y Colonna», le dernier tercet dans «À Mad.e Aguado»; les deux tercets figuraient également dans le sonnet «Myrtho» de l'introuvable manuscrit Dumesnil de Gramont β (voir p. 44 et 41).

Sous le patronage de la sibylle delphique, «Delfica» est une chimère poétique recomposée à partir de la «Chanson de Mignon» de Goethe [1] et de la IVe Églogue de Virgile; une «chanson d'amour qui toujours recommence» devient chant du retour puis rêve de renaissance.

Comme «Myrtho», «Delfica» commence sur le registre sentimental en rappelant une «ancienne romance», une «chanson

---

1. *Les Années d'apprentissage de Wilhelm Meister*, III, 1; voir ci-dessus, p. 281.

d'amour» comme celle que chante Adrienne dans «Sylvie», «une de ces anciennes romances pleines de mélancolie et d'amour, qui racontent toujours les malheurs d'une princesse enfermée dans sa tour par la volonté d'un père qui la punit d'avoir aimé». Mais à partir du deuxième quatrain, cette chanson prend une autre dimension. Les trois objets sur lesquels porte la deuxième question posée à Daphné (le temple, les citrons, la grotte du dragon) ne sont plus sur le même plan que l'objet de la première question (l'ancienne romance): le passage de «connais-tu» à «reconnais-tu», puisque la reconnaissance suppose une connaissance antérieure, implique que le Temple, les citrons et la grotte ne peuvent être reconnus que parce que l'ancienne romance est connue, c'est-à-dire que ces trois motifs sont ceux de la chanson. Cette romance est évidemment la «Chanson de Mignon», que Nerval lui-même avait annexée, dans la traduction de Théodore Toussenel, à sa traduction de *Faust* en 1840 (voir p. 282).

En même temps que la question de la reconnaissance est posée à Daphné, le lecteur reconnaît ainsi la «Chanson de Mignon», et reconnaît après coup, dans l'incipit du sonnet, l'incipit goethéen. Cette «chanson d'amour qui toujours recommence» est donc aussi la chanson du retour au Sud originel, ou à l'Italie, patrie de Mignon.

Mais de Goethe à Nerval, le déplacement est double:

— Là où la chanson de Mignon renvoie dès la première question à son lieu originel, l'Italie, le lieu d'origine de «Delfica», auquel renvoie le premier vers, n'est pas géographique mais textuel, la «Chanson de Mignon».

— Si «le pays où fleurit le citronnier» et «la maison dont le toit repose sur des colonnes» sont deux métonymes du lieu originel, la grotte du dragon goethéen (comme dans *Les Années de voyage de Wilhem Meister*, II, 7 et dans *Poésie et vérité*, IV, 18) évoque l'obstacle sur le chemin du retour en Italie: le passage des Alpes. Dans «Delfica», le Temple, les citrons et la grotte du dragon, réunis dans le même quatrain, recomposent, par-delà la «Chanson de Mignon», un même lieu originel qui n'est pas seulement un lieu géographique, mais le lieu par excellence de la mythologie nervalienne des fils du feu et des chimères, la Naples d'«Octavie», avec l'héroïne éponyme «imprim[ant] ses dents d'ivoire dans l'écorce d'un citron», le Temple d'Isis et la grotte du Pausilippe. Dans cette grotte-là, le dragon n'est pas la figure des peurs archaïques de Mignon, mais la chimère du paganisme vaincu appelé à renaître de ses cendres.

Le rêve de retour à l'Italie originelle se fond alors dans un autre rêve, celui de la palingénésie d'«Octavie» ou d'«Isis», c'est-à-dire d'un retour historique du paganisme; et la «Chanson de Mignon» le cède, dans le premier tercet, à un autre intertexte privilégié, comme le manifestaient les épigraphes successives du poème, la IVe Églogue (voir p. 280) annonçant une naissance appelée à rénover le monde.

Mais la prophétie de ces nouveaux «Vers dorés» est doublement minée dans le poème même:

— Par le dernier tercet qui achève le poème sur un suspens indéfini.

— Surtout, la prophétie n'est pas le fait de la sibylle, puisque celle-ci n'est pas sortie de son sommeil historique, mais du «je» lyrique: «Ils reviendront ces dieux que tu pleures toujours!» Cette pseudo-prophétie, en régime lyrique, n'est rien d'autre qu'une consolation personnelle et perd ainsi toute portée, comme le manifeste le deuxième tercet. La volonté, sur le modèle virgilien (*paulo majora canamus*), d'élever le chant amoureux jusqu'aux «Vers dorés» d'une poésie prophétique ou refondatrice est la chimère d'une poésie qui n'a pas fait son deuil du grand chant épique et qui ne se résout pas à n'être plus que le chant solipsiste de la subjectivité.

V. 1. Daphné est le nom de la nymphe aimée d'Apollon, transformée en laurier pour échapper aux ardeurs du dieu, et peut nommer aussi la sibylle de Delphes.

V. 3. Sur ce symbolisme végétal, voir la Notice, p. 309-310.

V. 5. La maison à colonnes de Goethe devient le Temple, emblème des religions de l'Antiquité.

V. 6. Du citronnier de Goethe aux «citrons amers où s'imprimaient tes dents», l'emblème touristique devient, comme dans «Octavie», souvenir affectif, avec une connotation d'amertume.

V. 8. Cf. la grotte d'«El Desdichado» et le dernier vers d'«Antéros».

V. 11. Ce tremblement est celui de la Terre mère fécondée par le souffle prophétique comme la Vierge le fut par l'Esprit.

V. 12. La sibylle au visage latin peut évoquer la sibylle de Cumes de la IVe Églogue, celle de Tibur (voir la mention «Tivoli,

1843» de la publication originale), ou la sibylle delphique dont le nom, comme celui de Daphné, est ici italianisé.

V. 13. Constantin est la figure historique qui consacre le passage du paganisme au christianisme avec l'édit de Milan (313) qui accorda la liberté de culte aux chrétiens. L'arc qu'il éleva à Rome en 315 après la victoire du Pont de Milvius sur Maxence est dédié au dieu inconnu.

Page 34.   Artémis

Ms Lombard («Ballet des Heures»).
Ms Éluard.

Publié pour la première fois dans *Les Chimères*, ce sonnet est probablement contemporain d'«El Desdichado» avec lequel il figure sur les manuscrits Lombard, sous le titre «Ballet des Heures», et Éluard, avec son titre définitif (voir p. 54 et 56).

Sur le manuscrit Lombard, le poème est suivi de ces lignes (barrées): «Vous ne comprenez pas? Lisez ceci:/D. M. — LUCIVS. AGATHO. PRISCIVS./Nec maritus». Ces lignes font allusion à l'énigmatique Pierre de Bologne, que Nerval décrit ainsi dans un texte inachevé, «Le Comte de Saint-Germain»: «C'était une pierre antique de marbre, de forme cubique sur laquelle on avait gravé en style lapidaire l'inscription suivante:/D. M. — ÆLIA LÆLIA CRISPIS/Nec vir, nec mulier nec androgyna — Nec puella, nec juvenis nec anus — nec casta nec meretrix, nec pudica — sed omnia — sublata — neque fame neque ferro neque veneno — sed omnibus — nec cælo nec acquis [*sic*] nec terris — sed ubique jacet/LUCIVS AGATHO PRISCIVS/Nec maritus, nec amator nec necessarius — neque mærens neque gaudens neque flens — hanc — nec molem, — nec Pyramidem nec sepulchrum — sed omnia — scit et nescit cui posuerit — hoc est sepulchrum intus cadaver non habens — hoc est cadaver sepulchrum extra non habens — sed cadaver idem est sepulchrum sibi*.
* «Aux Dieux Manes [*sic*]: Ælia Lælia Crispis *qui n'est* ni homme ni femme ni hermaphrodite; ni fille, ni jeune, ni vieille, ni chaste, ni prostituée, ni pudique, mais tout cela ensemble, qui n'est ni morte de faim, *et qui n'a été tuée* ni par le fer, ni par le poison mais par ces trois choses: n'est ni au ciel, ni dans l'eau, ni dans la terre; mais est partout./Lucius Agathon Priscius, *qui n'est* ni son mari ni son amant ni son parent, ni triste, ni joyeux, ni pleurant; sait et ne sait pas pour qui il a posé ceci, qui n'est ni un monument ni une pyramide, ni un tombeau, c'est-à-dire

un tombeau qui ne renferme pas de cadavre, un cadavre qui n'est point renfermé dans un tombeau ; mais un cadavre qui est tout ensemble à soi-même et cadavre et tombeau[1]. »

Une note du manuscrit Éluard nommait « le veuf » d'« El Desdichado » Mausole, ce roi éternisé par le tombeau que lui dédia la fidélité de sa femme Artémise. Sous le nom divin d'Artémis que faillit porter l'héroïne éponyme d'*Aurélia* — les projets d'*Œuvres complètes* mentionnent, parmi les « Ouvrages commencés ou inédits », *Artémis ou le Rêve et la Vie*[2] qui deviendra *Aurélia* —, ce sonnet commenté sur le manuscrit Lombard par une allusion à la Pierre de Bologne peut se lire comme le « Tombeau » de l'étoile morte d'« El Desdichado », érigé par la fidélité *post mortem* de celui qui se disait « le veuf, — l'inconsolé » : c'est un Mausole vivant qui offre à une Artémis[e] morte le tribut de sa fidélité non pas conjugale mais platonique : le destinateur du « Tombeau » n'est pas plus marié (*nec maritus*) que la destinataire assimilée à la chaste Artémis ; mais le « Tombeau » de cette étoile qui deviendra Aurélia est aussi, comme le suggère le titre et selon la tradition du genre, une forme d'apothéose.

Le premier quatrain, comme pour illustrer le titre du manuscrit Lombard, formule, contre la loi du temps historique, linéaire et irréversible — celui du deuil perpétuel ou du *ne plus* —, la logique d'un temps cyclique, celui des syncrétismes, qui confond, comme au cadran de l'horloge, « la XIIIe heure (pivotale) » (note du manuscrit Éluard) et la première, et oppose au *ne plus* la chance d'un « encor » pour suggérer la possibilité d'une noce royale évidemment idéale.

Avec le deuxième quatrain, c'est une autre circularité, affective celle-là, qui permet de vaincre le temps mortel, celle d'une réciprocité amoureuse par-delà la mort. Le présent (« Aimez », « m'aime encor ») est ici l'unique temps de cette conjugaison amoureuse quasi mystique qui vient relayer un amour humain dont le passé simple marque la finitude. Comme dans « Octavie », la mort, dans ce nouveau temps amoureux, n'est plus la fin de l'amour : « La mort ! ce mot ne répand cependant rien de sombre dans ma pensée. Elle m'apparaît couronnée de roses pâles, comme à la fin d'un festin. » Et la rose trémière (ou rose d'outremer), qui deviendra l'emblème d'Aurélia dans le rêve de

1. *NPl* III, p. 774-775 (revu d'après photo du ms).
2. *Ibid.*, p. 785.

transfiguration, figure la fleur d'outre-mort, en même temps que son nom fait d'elle l'exacte unité réalisée de la TREizième et de la preMIÈRE.

Si les deux quatrains manifestent la nature spirituelle de l'éros nervalien, cette tonalité érotique laisse la place dans les tercets à une tonalité antérotique, proche de celle du sonnet «Antéros». C'est que la spiritualité nervalienne n'est pas une spiritualité éthérée, mais celle d'un «vestal» (*nec maritus*) du feu; elle convoque ainsi, dans une inversion antérotique du ciel et de l'enfer, le patronage d'une sainte napolitaine, «sainte de l'abîme» qu'une note du manuscrit Éluard nomme Rosalie. Cette sainte Rosalie, qui apparaissait déjà dans «Octavie», «couronnée de roses violettes», réapparaîtra dans les manuscrits primitifs d'*Aurélia*, où elle prête ses traits à la figure apothéosée de cette nouvelle Eurydice confondant en elle la Vierge de l'Apocalypse et la reine de Saba: «[...] j'avais représenté la Reine du Midi, telle que je l'ai vue dans mes rêves, telle qu'elle a été dépeinte dans l'Apocalypse de l'Apôtre St Jean. [...] L'une de ses mains est posée sur le roc le plus élevé des montagnes de l'Yémen, l'autre dirigée vers le ciel balance la fleur d'*anxoka*, que les profanes appellent [*sic*] *fleur du feu*. [...] Le signe du Bélier apparaît deux fois sur l'orbe céleste, où comme en un miroir se réfléchit la figure de la Reine, qui prend les traits de Sainte Rosalie. Couronnée d'étoiles, elle apparaît, prête à sauver le monde[1].»

L'ironie cachée du sonnet est que ce scénario d'une apothéose rosalienne d'Aurélia-Artémis rejoue sur le mode oraculaire des *Chimères* le scénario d'un roman de la folie, *Les Élixirs du Diable* d'Hoffmann, où l'héroïne aimée de frère Médard, prénommée Aurélie, est la même que sainte Rosalie et finit religieuse en prenant le nom de sœur... Rosalie.

V. 1-4. La principale difficulté de ce quatrain est dans les conjonctions de coordination: les trois «ou» (et celui du quatrain suivant) sont-ils des *vel* (*ou* d'équivalence) ou des *aut* (*ou* d'opposition)? Et le «car» suivi d'une interrogation laisse perplexe. Voir sur ce point l'analyse de Jacques Geninasca.

V. 5 La périphrase «du berceau dans la bière» semble procéder de «la première ou dernière» du quatrain précédent.

V. 8. Dans le manuscrit Éluard, ce vers appelle en note «Phi-

---

1. *Ibid.*, p. 755 (corrigé d'après une photo du ms).

lomène», vierge et martyre, dont le tombeau fut découvert dans les Catacombes en 1802, et les reliques transférées à Mugnano, près de Naples, en 1805. Portée sur les autels par Grégoire XVI en 1837, elle fut proclamée patronne secondaire du royaume de Naples par Pie IX en 1849. Mais cette sainte napolitaine est aussi celle dont le nom signifie «l'aimée».

V. 10. Sainte Gudule est la patronne de Bruxelles, la ville des deux reines du manuscrit primitif d'*Aurélia*, celle du chant (Aurélie) et la reine des Belges (Louise d'Orléans). Le lien sororal et floral entre sainte Rosalie et sainte Gudule a peut-être à voir avec la gémellité symbolique d'Aurélie-Rosalie et de Louise d'Orléans (*Aureliana civitas*), reine des Belges mais née à Palerme[1] (dont la patronne est sainte Rosalie) d'une princesse napolitaine. Il opère en tout cas une alliance mystique du Nord et du Midi.

V. 11. Le «désert des cieux» fait écho au discours du Christ dans «Le Christ aux Oliviers». Cf. aussi ces paroles de Rufus Holconius dans *Arria Marcella* de Gautier: «... le Nazaréen [...] trône seul en maître dans le ciel désert, d'où les grands dieux sont tombés».

Page 35.   Le Christ aux Oliviers

Ms lettre à V. Loubens (sonnets I et IV).
Ms Marsan.
L'Artiste, 31 mars 1844.
PCB.

Publié pour la première fois dans *L'Artiste* du 31 mars 1844, et repris dans *Petits châteaux de Bohême* en 1853, «Le Christ aux Oliviers» remonte en fait à 1841, année de la première crise de Nerval, comme l'atteste la lettre récemment retrouvée par Claude Pichois à Victor Loubens de la fin de 1841 qui en cite, numérotées I et II, les sonnets I et IV[2]. Ce poème initialement sous-titré «Imitation de Jean Paul» est, comme «Le Mont des Oliviers» de Vigny[3], comme «Le Reniement de saint Pierre» de Baudelaire, une réécriture du récit évangélique de la Passion inspirée du «Songe» de Jean Paul (ou «Discours du Christ mort»), ce récit de rêve (tiré de son roman *Siebenkäs*, 1796) qui

---

1. «Sainte napolitaine» a pour variante, dans le manuscrit Lombard: «Ô Sainte de Sicile».
2. *NPl* III, p. 1488-1489. Voir ci-dessus p. 48-49 et 285-286.
3. Paru le 1er juin 1843 dans la *Revue des Deux Mondes*.

fut traduit par Mme de Staël dans *De l'Allemagne* (1810). Mais Nerval ne s'est pas contenté de la traduction tronquée de Mme de Staël (voir p. 284), qui fit de Jean Paul le prophète de la mort de Dieu[1]. Certains détails du deuxième sonnet et l'essentiel du troisième, qui ne figurent pas dans la traduction de Mme de Staël, viennent de l'original allemand. Le poème se souvient en outre du long poème de Gautier, «Melancholia» (1834), médita-tion sur la gravure du même nom d'Albert Dürer.

La réécriture d'un intertexte aussi familier que celui de la Passion (qui permet au récit nervalien de jouer très souvent de l'implicite) et la structure même de ce poème (qui inscrit la continuité narrative dans la discontinuité poétique de ces cinq sonnets) remotivent doublement les blancs de disposition qui sont à lire aussi comme des blancs du récit.

S'il convient de bien distinguer dans cette suite de sonnets le récit cadre, dont le narrateur fait figure de contre-évangéliste, et le discours enchâssé du Christ, seul imité de Jean Paul, ni l'un ni l'autre ne sont le contre-évangile de la mort de Dieu. S'il est vrai que, selon l'orthodoxie chrétienne, le Christ est à la fois pleinement Dieu et pleinement homme, et que c'est à Gesthsé-mani qu'il toucha le fond de son humanité jusqu'au doute et au désespoir, le «Discours du Christ mort» de Jean Paul se trouve remotivé par Nerval dans la bouche du Christ aux Oliviers. Et malgré la «nouvelle» qu'annonce ce Christ hétérodoxe qui res-semble au poète (I, 2, IV, 2, V, 1): «Dieu n'est pas! Dieu n'est plus!», malgré l'exploration d'un monde déserté par l'esprit qui semble retourner au chaos originel, les vers 7 et 8 du sonnet III, qui n'ont aucun correspondant même approximatif chez Jean Paul, suggèrent une autre dimension de cette «mort de Dieu»: non pas l'événement décisif qui couperait le temps linéaire et irréversible de l'histoire en deux, entre un monde ancien, régi par la Providence, et un monde désormais sans dieu, mais un phénomène cyclique de mort d'un dieu ancien (et d'un ancien monde) et de (re)naissance d'un dieu nouveau (et d'un nouveau monde), conformément au scénario d'«Horus» où la mort du vieux dieu (Kneph) est la condition de l'avènement du jeune dieu (Horus).

Ce qui est simplement suggéré par le Christ est confirmé par

---

1. Voir Claude Pichois, *L'Image de Jean-Paul Richter dans les lettres françaises*, Corti, 1963.

le narrateur de ce nouvel évangile qui, comme suppléant le Dieu mort, absent ou muet, manifeste, à la reprise du récit dans les sonnets IV et V, la quasi omniscience divine de celui qui voit l'histoire de plus haut : vu de cette hauteur, le Christ, comme l'indique le vers 1 du sonnet IV, n'est pas la victime *unique* et incomparable d'un drame lui-même unique dans l'histoire, mais «l'*éternelle* victime» d'un drame infiniment répété qu'on peut reconnaître dans l'histoire religieuse de l'humanité à condition de dépasser les identités particulières pour remonter à l'identité archétypique. Dès lors, le narrateur peut reconnaître dans le Christ, comme dans Icare, Phaéton ou Atys, un avatar du jeune dieu meurtri inséparable de la déesse mère en deuil : «Pourquoi ces autres jours de pleurs et de chants lugubres où l'on cherche le corps d'un dieu meurtri et sanglant [...]? Pourquoi celui qu'on cherche et qu'on pleure s'appelle-t-il ici Osiris, plus loin Adonis, plus loin Atys? et pourquoi une autre clameur qui vient du fond de l'Asie cherche-t-elle aussi dans les grottes mystérieuses les restes d'un dieu immolé? — Une femme divinisée, mère, épouse ou amante, baigne de ses larmes ce corps saignant et défiguré, victime d'un principe hostile qui triomphe par sa mort, mais qui sera vaincu un jour! [...] Mais le troisième jour tout change : le corps a disparu, l'immortel s'est révélé; la joie succède aux pleurs, l'espérance renaît sur la terre; c'est la fête renouvelée de la jeunesse et du printemps[1].»

Mais le troisième jour, celui de Pâques, reste ici hors texte dans ce poème qui s'arrête au Vendredi saint et qui rejette ainsi la Résurrection dans le mystère indécidable du blanc final. La quasi-omniscience divine du narrateur n'est pas l'omniscience de «Celui qui donna l'âme aux enfants du limon».

SONNET I

V. 2. Le Christ est aussi un double du poète. Cette attitude du Christ en prière n'est pas conforme au récit évangélique, où le Christ prie à genoux, ou face contre terre. Mais la verticalité du Christ est ici opposée à l'horizontalité animale des apôtres.

V. 9. *La nouvelle* est la formule ironique de cet évangile («bonne nouvelle») qui n'est plus promesse de bonheur.

1. *Les Filles du feu*, «Isis», chap. IV.

Page 36.

SONNET II

V. 6-8. Peut-être peut-on lire dans ces trois vers un écho de la célèbre formule cosmologique du chant VI de l'*Énéide* : *mens agitat molem.* L'agitation (des océans), qui semble l'indice de l'esprit, n'est que l'effet d'un souffle, c'est-à-dire d'un esprit (*spiritus*) rendu à sa pure et simple étymologie. Quant au *mens* absent, il est peut-être perdu dans « ces im*mens*ités ».

V. 9-11. Si l'« orbite,/Vaste, noir et sans fond » vient de Jean Paul, la nuit qui rayonne vient de Gautier : (« les rayons d'un grand soleil tout noir ») et annonce « le Soleil noir de la Mélancolie » d'« El Desdichado ». Hugo s'en souviendra dans son « affreux soleil noir d'où rayonne la nuit » (*Les Contemplations*, VI, xxvi).

V. 12. L'arc-en-ciel, phénomène solaire, et signe biblique de la présence de Dieu, est doublement étrange dans cette nuit. Cet arc-en-ciel étrange, présent dans le texte de Jean Paul (mais non dans la traduction de Mme de Staël), peut être ici remotivé comme le signe qui annonce le changement de perspective du sonnet III, et qui fait ainsi un pont symbolique, par-delà le blanc, entre le sonnet II et le sonnet III.

V. 14. Du *spiritus* absent à la *spirale* qui engloutit tout, on assiste ici à une création à l'envers. Si la création fut un acte de profération divine, la décréation est un engloutissement dans le néant.

SONNET III

V. 7-8. Sur ces deux vers, étrangers au « Songe » de Jean Paul, voir la Notice, p. 332.

Page 37.

V. 12. « Ange des nuits » : sans doute Lucifer-Satan. Mais le « Songe » de Jean Paul fait aussi allusion à l'ange exterminateur.

SONNET IV

V. 1. « L'éternelle victime » : voir la Notice, p. 333. L'adjectif « éternelle » corrige « céleste » (Ms Marsan, *L'Artiste*, *PCB*). On notera la variante du ms Loubens pour les v. 1-2 : « Et comme il se souvint par un effort sublime/Qu'il était Dieu lui-même... il craignit de mourir...»

V. 2. L'image du sacrifice du Christ rappelant la dévotion du Sacré-Cœur peut se lire aussi comme la formule de l'épanchement lyrique. Là encore, le Christ est un double du poète.

V. 7. S'il est vrai que le Christ appelle Judas «ami» (chez Matthieu), la teneur de son discours (qui ne vient plus de Jean Paul) et le refus de Judas sont de l'invention de Nerval.

V. 13. L'arrestation de Jésus n'est plus inscrite dans le plan divin, mais n'est que l'effet du hasard et de la pitié.

V. 14. Le blanc entre le sonnet IV et le sonnet V correspond au passage du Jeudi au Vendredi saint. Il était redoublé, dans la version pré-originale, par une ligne de points.

Page 38.

SONNET V

V. 1. Ce vers de reconnaissance (voir la Notice) est aussi un souvenir de «Melancholia» de Gautier évoquant le Moyen Âge chrétien: «sur chaque roche une cellule assise/Cachait un fou sublime, insensé de la Croix».

V. 4. Ce vers donne à voir une *pieta* païenne.

V. 6. Ce vers dit la mort sur la croix en des termes qui mêlent les libations païennes et le sacrifice eucharistique: le précieux sang est la formule consacrée pour désigner le vin transsubstantié.

V. 8. Cf. «Ténèbres» de Gautier (1837): «L'essieu du monde ploie ainsi qu'un brin de saule ;/La terre ivre a perdu son chemin dans le ciel ;/L'aimant déconcerté ne trouve plus son pôle.» Cette métaphore du char de l'univers devenu fou prolonge l'identification du Christ à Phaéton.

V. 10. Cf. le *Voyage en Orient* (à propos de Delphes): «[...] il règne dans le pays une tradition rapportant qu'à l'instant de la mort de Jésus-Christ un prêtre d'Apollon offrait un sacrifice dans ce lieu même, quand, s'arrêtant tout à coup, il s'écria: qu'un nouveau Dieu venait de naître, dont la puissance égalerait celle d'Apollon, mais qui finirait pourtant par lui céder. À peine eut-il prononcé ce *blasphème*, que le rocher se fendit, et il tomba mort, frappé par une main invisible» (Folio, p. 139).

19. Sur les enfants du limon, voir la Notice, p. 302 et n. 1.

Page 39.　　　　　　　　　　Vers dorés

Ms Nadar (fs : Album de la Pléiade).
L'Artiste, 16 mars 1845 («Pensée antique»).
PCB.

Publié pour la première fois dans *L'Artiste* du 16 mars 1845
sous le titre «Pensée antique», puis repris sous son titre définitif
dans *Petits châteaux de Bohême* (janvier 1853), ce poème placé
par le titre et par l'épigraphe sous le patronage de Pythagore,
propose dans ses vers formulaires, en conclusion des *Chimères*,
l'idéal antique du poète nomothète, refondateur de cité et légis-
lateur. Contre l'homme moderne, celui qui est advenu à la
Renaissance avec la libre pensée, et qui a désenchanté le cos-
mos pour en faire l'espace purement matériel de sa volonté de
puissance, le poète réaffirme, comme le Baudelaire de «Corres-
pondances», cette «pensée antique», l'unité ontologique du cos-
mos, unité qui prend ici la forme, plus large que celle de la
trinité personnelle et dogmatiquement définie du christianisme
(Dieu, le Verbe, l'Esprit-Saint), d'une trinité indéfinie et imper-
sonnelle : un verbe, un Dieu caché, un pur esprit.

Titre. Les *Vers dorés* de Pythagore, publiés en France par Fabre
d'Olivet en 1813, sont des maximes de sagesse et de morale.

L'épigraphe n'est pas empruntée directement à Pythagore,
mais à la *Philosophie de la Nature* de Delisle de Sales (1777),
introducteur du pythagorisme en France.

V. 2. Cf. *Aurélia*, II, vi : «Tout vit, tout agit, tout se corres-
pond.»

V. 3. Ta royauté : la royauté de l'homme moderne, c'est la
liberté (voir la variante de *L'Artiste*, p. 100).

V. 5. Esprit, âme, amour nomment le même principe, sans
qu'il y ait de gradation entre ces trois termes (alors que le pytha-
gorisme suppose une échelle des êtres).

V. 7. Le mystère d'amour propre au métal, c'est le magnétisme,
ce phénomène d'attraction des métaux, qui évoque d'autant plus
facilement l'amour, ce phénomène d'attraction des êtres, que le
mot *aimant* vaut pour l'un et pour l'autre. Sur ce magnétisme
universel, ou ces correspondances, cf. *Aurélia*, II, vi.

Page 41. ATELIER DES *CHIMÈRES*

Nous donnons dans cette section la face cachée des *Chimères*, c'est-à-dire tous les documents manuscrits, à caractère privé, comportant des sonnets composés en 1841 et 1853 dans la proximité de la folie.

- Manuscrit Dumesnil de Gramont α (vente HD, 14-15 avril 2005)

Le manuscrit Dumesnil de Gramont α fut probablement adressé à Théophile Gautier[1] à l'époque où Nerval, victime de sa première crise de folie, était interné dans la clinique de la rue de Picpus (février-mars 1841). Les sonnets y étaient suivis de cette adresse au destinataire : «En voilà 6 fais les copier et envoie à diverses personnes. Va d'abord les lire [...]. Tu verras si l'on peut révoquer ma lettre de cachet [...]. Si tu veux les 6 autres sonnets, viens vite les chercher demain.»

La déchirure du papier comme l'allusion aux six autres sonnets ont permis à Jean Guillaume de conjecturer l'existence d'une autre partie du manuscrit (le manuscrit Dumesnil de Gramont β) qui devait comporter les cinq sonnets du «Christ aux Oliviers» et probablement la première version de «Myrtho» publiée pour la première fois en 1924, en même temps que les sonnets du manuscrit Dumesnil de Gramont α, avec la même mention d'origine («copie d'un autographe communiqué par M. Dumesnil de Gramont»), même si ce manuscrit n'a jamais reparu.

Les suscriptions des sonnets ne sont sans doute pas à lire comme des titres, mais comme des dédicaces, ou des adresses, les six dames étant probablement les «diverses personnes» à qui Nerval demandait à Gautier d'envoyer les sonnets pour faire «révoquer [sa] lettre de cachet».

À Mad⸰ Aguado

Dédié à celle qui venait d'épouser le 17 mars 1841 le fils (que Nerval avait connu à Vienne) du célèbre banquier Alexandre Aguado, ce sonnet fort composite reprend, comme le découvrit

---

1. C'est l'apostrophe «Muffe» qui permet à C. Pichois d'identifier Gautier comme destinataire.

Gilbert Rouger en 1948, des vers d'un pantoum malais cité par Hugo en appendice des *Orientales* (1829) dans une «traduction littérale» d'Ernest Fouinet, et qui devait figurer en 1830, traduit en vers cette fois (par le même Ernest Fouinet), dans le *Choix de poésies orientales* de la Bibliothèque choisie (à laquelle Nerval avait donné un choix de *Poésies allemandes* et le *Choix des poésies de Ronsard*):

> Les papillons voltigent vers la mer
> Qui du Corail baigne la longue chaîne :
> Depuis long-temps mon cœur sent de la peine,
> Depuis long-temps j'ai le cœur bien amer.
>
> Les papillons voltigent vers la mer ;
> Et vers *Bandan* un vautour tend ses ailes :
> Depuis long-temps belle parmi les belles,
> Plus d'un jeune homme à mon regard fut cher.
>
> Et vers *Bandan* un vautour tend ses ailes ;
> Ses plumes, là, tombent sur Patani :
> Plus d'un jeune homme à mon cœur fut uni ;
> Mais tout le cède à mes amours nouvelles.

Comme le suggère une note d'«Erythrea» (manuscrit Éluard, ci-dessus p. 57), ultime version manuscrite de ce poème, celui-ci fait aussi allusion à la venue à Paris des Bayadères en août 1838, et à la prestation de l'une d'elles, Amany, saluée ainsi par le poète dans *Le Messager* du 12 août: «Amany jouait, chantait et dansait une sorte de monologue poétique, lyrique et chorégraphique qui sera, si l'on veut, la complainte de la Sulamite, le monologue d'Ariane délaissée, ou plutôt encore le chant de la reine de Saba, Balkis, attendant l'arrivée tardive de l'oiseau Hud-Hue, messager de ses amours [1].» Du Cantique des cantiques au pantoum malais, c'est Gautier qui fera le lien quelques jours plus tard à propos de la même Amany, évoquant «une mélancolique complainte d'amour et d'abandon, quelque chose comme le Cantique des Cantiques, la romance du Saule [2], ou le pantoum

1. *NPl* I, p. 449.
2. Dans l'*Otello* de Rossini (1816).

de la colombe de Patani » (*La Presse*, 20 août 1838). À travers un tel tressage intertextuel, ce sonnet peut se lire comme une variante orientale de « Delfica » : comme « Delfica », il appelle au retour d'une déesse (Lanassa), retour figuré par la métamorphose d'une verticalité pétrifiée, celle d'une colonne, en danseuse orientale ; comme « Delfica », qui reprendra son dernier tercet, il fait de ce retour une chimère. Dans la figure de cette déesse orientale représentée en colonne dansante, on peut reconnaître aussi une première métamorphose de Jenny Colon.

V. 1. La pierre se fait voile, et le dessin de l'arabesque fait de cette pierre animée une danseuse orientale. Gautier disait d'Amany qu'elle « a l'air d'une statue de la Mélancolie personnifiée » (*La Presse*, 20 août 1838).

V. 7. Patani : port malais.

V. 9. Lanassa : nom grec (de λαός et ἄνασσα, reine du peuple) qui fut celui de la femme de Pyrrhus. Mais c'est aussi le nom d'un papillon de l'archipel indien (*Pieris Lanassa*), et de l'héroïne indienne de *La Veuve du Malabar, ou l'Empire des coutumes* (1770), tragédie en cinq actes et en vers d'Antoine-Marin Le Mierre (1723-1793), dont Johannes Simon Mayr, le maître de Donizetti, tira un opéra (*Lanassa*) créé à Venise le 26 décembre 1817. Lanassa, jeune veuve de Malabar, est sauvée du bûcher (auquel elle est vouée par la coutume indienne) par un général français, Montalban. La Lanassa de Nerval (qui deviendra Mahdéwa dans « Erythrea », voir p. 57) semble fondre toutes ces identités.

V. 11. Cathay : ancien nom de la Chine.

Page 42. À Madᵉ Ida-Dumas

Dédié à l'actrice qu'Alexandre Dumas avait épousée le 5 février 1840, ce sonnet est, avec « À Louise d'Or Reine » (le futur « Horus »), l'un des deux sonnets antérotiques du manuscrit Dumesnil de Gramont. Dans un ciel où trône moins le Dieu biblique — il dort — que l'archange Michel vainqueur du dragon, une voix vengeresse vient perturber le chant angélique du locuteur premier (l'archange Raphaël ?), celle de Tippoo, qui appelle à la palingénésie (avec Ibrahim, Napoléon et Abd-el-Kader) des Attila et des Alaric qui sont l'équivalent historique des Géants révoltés de la mythologie ou de la Bible. Le dernier vers signifie-t-il que cette palingénésie a avorté par la faute de

Napoléon devenu César romain ? ou que Napoléon a confisqué
à son seul profit cet esprit de révolte ?

V. 2. Mithra, génie de la lumière dans la religion mazdéenne,
est peut-être ici un autre nom du soleil, et le vers peut se lire
comme une métaphore du couchant.

V. 3. Le Roi des rois : formule biblique pour désigner Dieu.

V. 5. Tippōo-Sahib (1749-1799), dernier nabab de Mysore, en
Inde, défait et tué par les Anglais.

V. 7. Cette fraternité avec Gabriel, après l'évocation de
Michel, suggère que le locuteur est l'archange Raphaël.

V. 10. Ibrahim-pacha (1789-1848), vice-roi d'Égypte. Vain-
queur des Grecs, puis révolté contre la puissance turque, il
venait d'être contraint (hiver 1840-1841) par les puissances
occidentales qui craignaient la décomposition de l'Empire Otto-
man d'abandonner la Syrie qu'il avait conquise.

V. 11. Abd-el-Kader (1807-1883), le fameux émir qui guerroya
contre les Français pendant quinze ans.

V. 12. Alaric (vers 370-410), roi des Wisigoths, qui ravagea
l'Orient et pilla Rome en 410. Attila (vers 395-453), roi des
Huns, dit le Fléau de Dieu, qui vainquit les empereurs d'Orient
et d'Occident et ravagea la Gaule avant d'être défait aux champs
catalauniques en 451.

Page 43.			À Hélène de Mecklembourg

Ce sonnet évoquant le mariage d'Hélène de Mecklembourg et
du duc d'Orléans le 30 mai 1837 dans le palais de Fontainebleau
des Valois et des Médicis qui avait vu, le 20 avril 1814, l'abdica-
tion de Napoléon, propose l'équivalent historique du scénario
mythique d'« À Louise d'Or Reine » qui deviendra « Horus » :
dans un syncrétisme historico-dynastique qui n'a rien à envier
au syncrétisme mythologique des *Chimères*, la princesse saxonne,
nouvelle Catherine de Médicis (ou nouvelle Isis), apparaît comme
la figure régénératrice ou salvatrice de la royauté française
(dont le poème décline la dynastie idéale, de Charlemagne à
Napoléon en passant par les Capets et les Médicis), et la média-
trice d'une palingénésie de celui qu'un poème des *Élégies natio-
nales*, évoquant l'abdication de Fontainebleau, appelait « L'aigle
national, précipité des cieux [1] ».

1. *NPl* I, p. 179.

V. 1-4. Ce mariage d'un Orléans avec la princesse saxonne réconcilie l'empire français (Napoléon) et l'empire germanique (Charles Quint) que Charlemagne réunissait à l'origine.

V. 5. Ces deux rois pêcheurs de couronne sont peut-être Louis-Philippe et Léopold Ier, mais sont surtout, par leur tremblement sénile, des avatars royaux du vieux dieu (Kneph, Jéhovah) qui a fait son temps.

V. 10. «Tes trois fils»: François II, Charles IX et Henri III, fils de Catherine de Médicis.

V. 12. Cet aiglon n'est évidemment pas l'aiglon réel, le duc de Reichstadt, mort en 1832, mais l'âme de Napoléon telle qu'elle est évoquée dans un manuscrit primitif d'*Aurélia* («... au moment où le corps de Napoléon était entré triomphalement aux Invalides, son ame s'était échappée du cercueil et prenant son vol vers le Nord, était venue se reposer sur la plaine de Waterloo[1]») ou l'aiglon idéal, qui serait à la fois le fils de Napoléon, le surgeon des Médicis, et l'Horus de cette nouvelle Isis, Hélène de Mecklembourg. On sait que Nerval, qui signait un mot délirant à Jules Janin du 16 mars 1841 «Il cav. G. Nap. della torre Brunya», se prenait alors volontiers pour un napoléonide.

Page 44.   À J—y Colonna

Sur ce mixte de «Delfica» et de «Myrtho», voir les commentaires de ces deux poèmes. La dédicace «À J—y Colonna», qui donne à Jenny Colon, mariée avec le violoniste Leplus depuis le 11 avril 1838, le nom du chantre des amours platoniques, l'auteur du *Songe de Poliphile* (Francesco Colonna), mais aussi celui du fils naturel de Napoléon (Alexandre Colonna, comte Walewski), préfigure, comme la colonne divine d'«À Mad^e Aguado», la métamorphose de l'actrice dans *Aurélia*.

Page 45.   À Louise d'Or Reine

Sur ce sonnet, dans la dédicace duquel on reconnaît Louise d'Orléans (1812-1850), devenue reine des Belges par son mariage avec le prince saxon Léopold Ier, le 9 août 1832, voir le commentaire d'«Horus», p. 322.

1. BNF, Ms N. a. fr. 14481, f° 1 (*NPl* III, p. 751).

On notera cependant que le vers 9 («L'aigle a déjà passé : Napoléon m'appelle ») suggère une lecture historique, proche de celle du sonnet « À Hélène de Mecklembourg », du scénario mythique du vieux dieu, de la déesse mère et du jeune dieu, comme si, dans le couple contre-nature du vieux père et d'Isis, il fallait reconnaître le codage mythique du couple également contre-nature du vieux Léopold Iᵉʳ (de vingt-deux ans son aîné) et de Louise d'Orléans, une Louise d'Orléans, sacralisée en Louise d'Or, porteuse pour Nerval, comme Hélène de Mecklembourg, du rêve de palingénésie napoléonienne.

L'origine biographique de ce sonnet est sans doute, au cours du séjour à Bruxelles en décembre 1840, l'étrange conjonction d'événements dont fait mémoire ce manuscrit primitif d'*Aurélia* : « Un soir on m'invita à une séance de magnétisme. ~~C'était~~ <Pour> la première fois ~~que~~ je voyais une somnambule. C'était le jour même où avait lieu à Paris le convoi de Napoléon. La somnambule décrivit tous les détails de la cérémonie, tels que nous les lûmes le lendemain dans les journaux de Paris. Seulement elle ajouta qu'au moment où le corps de Napoléon était entré ~~entr~~ triomphalement aux Invalides, son ame s'était échappée du cercueil et prenant son vol vers le Nord, était venue se reposer sur la plaine de Waterloo./Cette grande idée me frappa, ainsi que les personnes qui étaient présentes à la séance et parmi lesquelles on distinguait Mgr l'Évêque de Malines. — À deux jours de là il y avait un brillant concert à la salle de la Grande Harmonie. Deux reines y assistaient. La reine du chant était celle que je nommerai désormais Aurélie. La seconde était la reine de Belgique, non moins belle et plus jeune. Elles étaient coiffées de même et portaient à la nuque derrière leurs cheveux tressés, la résille d'or des Médicis[1]. »

Page 46.   À Madᵉ Sand

Dans ce sonnet dédié à George Sand — sonnet que rappellera en 1853 une lettre délirante[2] à la même signée « Gaston Phœbus

---

1. *Ibid.*
2. Cette lettre du 22 novembre 1853 rappelle l'envoi du sonnet dont elle cite le premier quatrain — dans une version plus proche de l'original de Du Bartas — et les deux tercets, en ajoutant : « Je garde le second quatrain pour vous le dire ; car j'ai fait ma philosophie à Oxford, j'ai mangé du tambour, bu de la cymbale et je connais le [*mot illisible*] et autres misères. / LUCIUS PRISCUS » (*NPl* III, p. 825 ; pour l'allusion au tambour et à la

d'Aquitaine» —, Nerval s'invente une généalogie poétique (Du Bartas) et historico-mythique (les comtes de Foix). Nerval procède de Du Bartas comme son sonnet de ce sonnet du poète *protestant* qu'il avait inséré en 1830 dans son *Choix des poésies de Ronsard...*:

Ce roc voûté par art, par nature ou par l'âge,
Ce roc de Taracon hébergea quelquefois
Les géans qui rouloient les montagnes de Foix,
Dont tant d'os excessifs rendent sûr témoignage.

Saturne, grand faucheur, tems constamment volage,
Qui changes à ton gré et les mœurs et les lois,
Non sans cause à deux fronts on t'a peint autrefois :
Car tout change sous toi chaque heure de visage.

Jadis les fiers brigands, du pays plat bannis,
Des bourgades chassés, dans les villes punis,
Avoient tant seulement des grottes pour asyles.

Ores les innocens, peureux, se vont cacher
Ou dans un bois épais, ou sous un creux rocher,
Et les plus grands voleurs commandent dans les villes.

Nerval reconnaît évidemment dans ce sonnet quelque chose de cette veine antérotique qui manifeste la tyrannie d'un vieux dieu méchant (Saturne) et l'inversion des valeurs (les bourreaux triomphants et les innocents cachés sous la terre).

À histoire syncrétique, géographie syncrétique : Salzbourg, cette ville-forteresse «taillée dans le roc[1]», avec «des mines où l'on descend[2]», et qui fut le refuge (imaginaire) de Barberousse et de Richard Cœur de Lion, est un autre nom de cette Tarascon des Géants ; et le tout récent passage par cette ville en septembre 1839 est un vrai voyage en Orient, un retour à l'origine et un ressourcement du héros ; il est en tout cas la ré-attestation contemporaine, «dans notre âge», de cette généalogie. Mais

cymbale, voir « Sylvie », chap XIII et la note qui s'y rapporte dans l'édition « Folio » des *Filles du feu*). Voir aussi la version de ce sonnet intitulée «Tarascon» dans la lettre à V. Loubens, p. 51.
1. *NPl* I, p. 597.
2. *Ibid.*, p. 1339.

derrière cette Salzbourg qui redouble Tarascon, c'est encore une autre cité, plus originelle, qui se lit en filigrane au dernier vers, Henochia, la cité de Caïn et des fils du feu ensevelie par le Déluge.

V. 10. On peut lire ce vers (avec le double sens du mot Milan) comme une synthèse tout autrichienne de l'oiseau familier et du rapace, de l'Allemagne et de l'Italie, du Nord et du Sud.

V. 11. Ni Frédéric Barberousse ni Richard Cœur de Lion, compagnons de la IIIᵉ croisade (1189-1192), n'ont laissé de trace à Salzbourg. Mais la Salzbourg fantasmée de Nerval, nouvelle Tarascon et nouvelle Henochia, devient à la fois la caverne (de Kaiserslautern) où, selon la légende, Barberousse aurait survécu indéfiniment au lieu de mourir (1190), et la prison autrichienne de Richard au retour de la croisade (1193). Ce couple captif de Barberousse et de Richard réapparaîtra dans un manuscrit d'*Aurélia* qui est aussi une grande reconstruction historico-généalogique (*NPl* III, p. 756).

V. 12. Cf. cette évocation de Salzbourg dans un article du 13 juillet 1840 : « Toute cette ville a l'air d'être taillée dans le roc. On y pénètre par un tunnel percé dans un immense rocher, qui forme un rempart naturel. En quelque lieu qu'on aille, on ne peut perdre de vue l'immense forteresse située sur un pic, qui domine la ville, entouré lui-même d'autres sommets couverts d'une neige éternelle » (*NPl* I, p. 597).

1. L—y : lire Lingay. Joseph Lingay (1791-?), maître des requêtes, secrétaire du président du Conseil.

2. Lb est sans doute une abréviation pour Labrunie.

Page 47.

• Manuscrit Dumesnil de Gramont β (?) (inconnu).

Myrtho

De ce manuscrit qui n'a pas reparu depuis 1924, nous donnons le texte de « Myrtho » tel qu'il a été publié dans les *Poésies*, Helleu et Sergent, 1924.

Page 48.

• Lettre à Victor Loubens

Cette lettre de la fin de 1841 récemment retrouvée par Claude Pichois a été publiée en annexe au tome III des *Œuvres complètes*. C'est d'après une photocopie de la lettre manuscrite aimablement communiquée par Michel Brix que nous donnons ici les sonnets qu'elle comporte (voir l'intégralité de cette lettre p. 285).

[Le Christ aux Oliviers]

Voir *Les Chimères*, p. 35 et 331.

Page 50.   Antéros

Voir *Les Chimères*, p. 33 et 323.

Page 51.   Tarascon

Voir *supra* «À Mad⸍ Sand», p. 46 et 342.

Page 52.

• Ms Lovenjoul D 741, f⁰ 5.

Manuscrit à l'encre bleue. Le vers 8, à partir de «Dieu», a été repassé à l'encre noire.

La Tête armée

Poésies complètes, 1877.

Le titre et l'incipit de ce sonnet de date inconnue, mais dont l'esprit rappelle celui des poèmes du manuscrit Dumesnil de Gramont, trouvent leur origine dans une note de Nerval à un poème de son premier recueil publié (*Napoléon et la France guerrière*, 1826), «La Mort de l'exilé»: «Les dernières paroles de Napoléon furent: "Mon Dieu et la Nation française!... Mon Fils! Tête armée!..." On ne sait ce que signifiaient ces derniers mots. Peu de temps après, on l'entendit s'écrier: "France! France!"»

Page 53.

• Manuscrit Lombard (fs : Album de la Pléiade)

Manuscrit rédigé à l'encre rouge (sauf le titre et le premier vers d'«El Desdichado», à l'encre noire) sur une feuille pliée en deux.

El Desdichado

Voir le commentaire d'«El Desdichado», p. 315.

Page 54.   Ballet des Heures

Voir le commentaire d'«Artémis», p. 328.
Les deux lignes qui suivent le poème sont barrées d'une croix en forme de X.

Page 55.

• Manuscrit Éluard (fs : *Les Chimères*, éd. Jean Guillaume, 1966).

Manuscrit rédigé à l'encre rouge sur trois feuilles séparées.

Le destin

Voir le commentaire d'«El Desdichado», p. 315.
«*Olim* : Mausole (?)» corrige trois mots raturés que Jean Richer lisait : «le Prince Mort».
«Reine Candace» surcharge deux mots (turcs?) que Jean Richer lisait «Belan Menedir» («qui empêche le malheur») et que les éditeurs de la nouvelle Pléiade lisent «Barisma sensi» («année de réconciliation»).

Page 56.   Artémis

Voir le commentaire d'«Artémis», p. 328.

Page 57.   Erythrea

Voir le commentaire du sonnet «À Mad⸰ Aguado», p. 337.
Rebaptisé «Erythrea», du nom de la sibylle Érythrée («la Rouge») qui s'identifie ainsi avec «la prêtresse au visage ver-

meil» du dernier tercet, ce sonnet devient plus évidemment le pendant oriental de «Delfica». La déesse appelée à reparaître y prend une nouvelle identité (Mahdewa», où l'on peut reconnaître le sanscrit Mahdéva ou Mahadéva, grande divinité, dont Nerval fait un prénom féminin).

Note 1. Étymologie fantaisiste, mais qui fait de Bénarès une guerrière, et une sœur d'Antéros.

Note 2. Typhon est le frère ennemi d'Osiris et son meurtrier. Le couple d'Osiris et de Typhon est l'équivalent du couple de Dieu et du Diable, ou du principe de lumière et du principe des ténèbres. Volney l'identifie à «l'*ours*, ou l'*âne* polaire, appelé *Typhon*, c'est-à-dire *déluge*, à raison des *pluies* qui *inondent* la terre pendant que cet astre *domine*» (*Les Ruines*, chap. XXIII).

2e note 1. Hiéro-solime: décomposition étymologique de Iéro-solyme (Jérusalem).

Note 3. Mahadoeh («Grand Dieu») est le nom du «maître de la terre» qui descend du ciel pour se faire le semblable des hommes dans un poème de Goethe, *Le dieu et la bayadère*, traduit par Nerval, mais celui-ci en fait ici un nom féminin, synonyme de Mahdewa. Les zendovères sont des anges féminins de l'hindouisme (Nerval emploie le mot, orthographié zundovère, dans son article sur les Bayadères à Paris).

Note 5. Amany: sur cette bayadère, voir le commentaire du sonnet «À Madᵉ Aguado».

Page 59.

POÉSIES 1830-1835

Si les véritables débuts poétiques de Nerval remontent à 1826, 1830 marque une conscience nouvelle de la poésie. Cette conscience nouvelle — théorisée par les deux préfaces au choix de *Poésies allemandes* et au *Choix des poésies de Ronsard*, qui sont les deux versants d'un même manifeste romantique en forme de défense et illustration d'une poésie nationale et populaire — remet à l'honneur le genre léger par où la poésie savante de Ronsard était la moins éloignée de la tradition populaire des Villon et Marot qu'elle était censée avoir rompue: l'odelette. Ces temps où Nerval se plaît à ronsardiser deviendront en tout cas à l'époque des *Petits châteaux de Bohême* le premier âge du poète et de sa poésie.

En cette année inaugurale se mêlent ainsi les derniers poèmes politiques qui disent à la fois l'exaltation des Trois Glorieuses et le désenchantement de la Monarchie de Juillet, et les premières odelettes d'un poète nouveau (qui ne signe encore que «Gérard»), poétiquement au moins dépolitiqué, qui conduiront à la publication des deux ensembles de 1832 (dans *L'Almanach des Muses*) et de 1835 (dans les *Annales romantiques*).

Nous donnons ces poèmes dans l'ordre chronologique de publication, sauf pour les odelettes parues séparément avant les deux ensembles de 1832 et de 1835, pour ne pas dissocier ces deux ensembles.

Voici la chronologie exacte des premières publications :

Les Papillons, *Le Mercure de France au xixe siècle*, 13 février 1830.

Le Peuple, *Le Mercure de France au xixe siècle*, 14 août 1830.

La Malade [= «La Sérénade (d'Uhland)»], *Le Cabinet de lecture*, 29 décembre 1830.

À Victor Hugo. Les Doctrinaires, *Almanach des Muses*, 1831.

Odelette/Le 25 mars [= «Avril»], *Almanach dédié aux demoiselles*, Louis Janet, [1831].

En avant marche !, *Le Cabinet de lecture*, 14 mars 1831.

Profession de foi, *Le Mercure de France au xixe siècle*, 7 mai 1831.

Cour de prison [= «Politique/1832»], Le Soleil et la gloire [= «Le Point noir»], *Le Cabinet de lecture*, 4 décembre 1831.

Fantaisie/Odelette, *Annales romantiques*, 1832

Odelettes : La Malade, Le Soleil et la gloire, Nobles et valets, Le Réveil en voiture, Le Relais, Une allée du Luxembourg, Notre-Dame de Paris, *Almanach des Muses*, 1832.

La Grand'mère, *Journal des gens du monde*, 28 février 1834.

Odelettes : Fantaisie, Dans les bois !!!, Le Vingt-cinq mars [= «Avril»], La Grand'mère, *Annales romantiques*, 1835.

Page 61.   Les Papillons

Ms inconnu.
Le Mercure de France au xixe siècle, 13 février 1830.

Hommage aux dames, Louis Janet, 1831, p. 59 ; *La France littéraire*, septembre 1833.

BG (2ᵉ strophe), *PCB*.

Nous donnons le texte du *Mercure de France*. Dans *La France littéraire*, les deux dernières strophes sont remplacées par deux autres qu'on trouvera dans *PCB*.

Publié dans les jours même où Nerval faisait paraître son *Choix des poésies de Ronsard*, ce poème inaugure, chez l'auteur des *Élégies nationales*, une veine poétique dans le goût des «petites odes de Ronsard», proches de la chanson populaire par leur naïveté et leur fraîcheur. L'alternance de vers impairs de sept et de trois syllabes rappelle le modèle métrique de l'ode XXII du Quatrième Livre des *Odes*, «Bel aubépin, fleurissant,/Verdissant…»

Page 64.   Le Peuple

Ms inconnu.

Le Mercure de France au XIXᵉ siècle, 14 août 1830.

Le Peuple./Son nom. — Sa gloire. — Sa force./Sa Voix./Sa vertu. — Son repos. Impr. de Selligue, s. d. [1830 ou 1831]; *Le 27, le 28, le 29 juillet 1831, Anniversaire du renversement du gouvernement […]. Le Peuple. Sa gloire, sa force, etc.*, par un ami du peuple, Impr. de Sétier; *L'Artiste*, 19 mars 1848.

Nous donnons le texte du *Mercure de France*. Les deux publications séparées comportent, entre SA FORCE et SA VERTU, la strophe supplémentaire suivante :

SA VOIX

Et puis, victorieux, il jette un cri sublime,
Dont ceux qu'on a cru morts s'éveillent en sursaut,
    Qui fouille au plus profond abîme,
    Éclate au faîte le plus haut,
Un cri de liberté qui gronde et qui dévore,
Que frontières ni murs n'arrêtèrent jamais ;
Tonnerre au vol immense, à l'éclair tricolore,
    Qui menace tous les sommets !
Cri, dont se fait l'écho toute poitrine libre,
Cri, qui des nations renverse l'équilibre ;
Oracle qu'en tous lieux et cultes et partis

Reconnaissent divin... et comprennent s'ils peuvent,
Et qui fait que les rois sur leurs trônes s'émeuvent,
    Pour sentir s'ils sont bien assis!

Ce poème qui fut symboliquement republié par *L'Artiste* au lendemain de la révolution de février 1848 célèbre, au présent, la royauté du peuple héroïque et désintéressé des Trois Glorieuses, qui ne prend le pouvoir que pour le remettre «à des princes nouveaux» (en l'occurrence, Louis-Philippe).

I, v. 4. Parallèle entre les opportunistes qui célèbrent tous les pouvoirs et les canons des Invalides, désormais inoffensifs, qui ne jettent plus que des salves honorifiques.

I, v. 5. «Les temps sont accomplis»: formule biblique de la *consummatio saeculi*, qui évoque à la fois la fin du monde et le parachèvement de l'Histoire. Voir aussi Jean, XIX, 28-30.

I, v. 14. Cette exaltation populaire a quelque chose d'œcuménique.

Page 67.   À Victor Hugo. Les Doctrinaires

Ms («À Victor Hugo») (fs: cat. Blaizot, novembre 1971).
Ms Loliée.
Almanach des Muses, 1831.
Variantes du manuscrit envoyé à Hugo: «Oh! Le Vingt sept Juillet» (I, 1); «la tête: —/Comme on sentait à tout moment/ L'esprit se déplier en immenses idées.../On était haut de sept coudées.../Et» (I, 11-14); «ont tout haut renié» (II, 12); «n'ont pas vu» (II, 14); «Du despotisme encor... c'est impossible... non!/À bas! à bas donc, petits hommes...» (III, 6-7); «liberté:/ Ce sera le dernier; nous pouvons le prédire/Et jamais» (III, 12-14); «secoué ces toiles» (IV, 2); «sont, pour une» (IV, 6).

Cette nouvelle célébration, mais au passé, des Trois Glorieuses est à la fois une adresse à Victor Hugo qui venait de publier dans *Le Globe* du 19 août 1830 son poème «À la jeune France» (repris dans *Les Chants du crépuscule* sous le titre «Dicté après juillet 1830») et une mise en cause des «Doctrinaires», ces hommes du juste milieu, ces «ministres rétrogrades» en train de confisquer la révolution.

I, v. 1. «Les couleurs chéries»: le drapeau tricolore, adopté après la révolution de 1830.

Page 68.

II, v. 13. Ce chant du coq n'est pas seulement une allusion à la Passion ; le coq est, comme dans « Le Peuple », le coq gaulois, figure du peuple levé contre l'aristocratie franque.

III, v. 7. « Les petits hommes » : dans « À la jeune France », Hugo s'en prend « À ces nains, étrangers sur la terre natale,/Qui font régner les rois pour leurs ambitions ».

IV, v. 8. Nerval corrige ici Hugo qui faisait des révolutionnaires de 1830 les fils de Napoléon et de la liberté.

Page 70.   En avant marche !

Ms inconnu.
Le Cabinet de lecture, 14 mars 1831.
Le Voleur, 20 mars 1831.
Ce poème en diptyque, opposant le rêve révolutionnaire qui enflamme l'Europe des nationalités et la réalité qui consacre le triomphe des doctrinaires, des ministres rétrogrades et des courtisans, fait de la liberté de juillet, cette « femme au buste divin,/Et dont le corps finit en queue », une chimère, à tous les sens du mot. Cette chimère-là, poétique autant que politique, inaugure, même de loin, l'art poétique nervalien des *Chimères*.

Épigraphe. Chateaubriand : citation approximative de l'*Itinéraire de Paris à Jérusalem*, IIIᵉ partie.

I, strophes 2-5. Nerval évoque successivement les soulèvement de la Pologne contre la Russie tsariste et de la Belgique contre les Pays-Bas ; l'agitation des patriotes italiens contre le joug autrichien, la révolte des étudiants en Allemagne (qui sera le sujet de *Leo Burckart*).

Page 72.

I, strophe 9, v. 4. « Notre arc-en-ciel » : le drapeau tricolore.

Page 73.

I, strophe 10, v. 8. Louis Antoine de Bourbon : le fils du futur Charles X, qui participa à l'expédition française envoyée au secours de Ferdinand VII dans la guerre d'Espagne en 1823

Page 74.

II, épigraphe. Queue de la phrase inaugurale de l'*Art poétique*
d'Horace : « Si un peintre voulait prolonger une tête humaine
d'un cou de cheval et qu'après avoir assemblé des membres de
toute origine il les recouvrît de plumes bariolées, *tant et si bien
qu'une belle tête de femme se termine de façon difforme en vil
poisson*, devant un tel spectacle, pourriez-vous, mes amis, vous
retenir de rire ? »

Page 75.

II, strophe 5, v. 8. Traduction nervalienne de l'épigraphe
horatienne de la deuxième partie.

Page 76.   Profession de foi

Ms Loliée (sans titre) (fs : cat. HD, 25 avril 1997).
Le Mercure de France au XIXᵉ siècle, 7 mai 1831.
Pétrus Borel, *Champavert, Contes immoraux*, Renduel, 1833.
Variantes du manuscrit : « puant, vient toujours » (v. 24) ;
« verte, écumeuse et » (v. 29) ; « Depuis trois ans, ou deux, que »
(v. 42) ; « Dit déjà, maintenant » (v. 48).

C'est sous ce titre antiphrastique que parut dans *Le Mercure de
France au XIXᵉ siècle* du 7 mai 1831, deux mois après « En avant
marche ! », un poème de 56 vers signé « M. Personne » et surtitré
par la revue « Poésie extra-romantique ». Les vers 21-56 de ce
poème figurent, de la main de Nerval, dans le manuscrit de
Champavert de Borel, comme épigraphe de la nouvelle éponyme
du recueil. Dans le volume publié, cette épigraphe se réduisit aux
seuls vers 21-32, signés « Gérard ». Tout laisse donc à penser que
le poème est bien de Nerval, comme le confirme la lettre à lui
adressée par Gautier en décembre 1839 : « Mr Personne vous avez
raison./Il n'est au monde rien/Qui vaille seulement les quatre fers
d'un chien. » Si Nerval n'a pas formellement assumé la publication
du poème entier, on peut cependant considérer que c'est par un
scrupule excessif que les éditeurs de *NPl* ont retenu dans le corpus
nervalien les seuls vers 21-32 signés de son nom. Est-il d'ailleurs
invraisemblable que Nerval, après la conclusion très ironique
d'« En avant marche ! », en soit venu à cet indifférentisme à la
Gautier ? Il n'est pas exclu non plus que cette prétendue « Pro-
fession de foi » soit une commande ou un exercice de style

Nous reproduisons le texte du *Mercure*, en mettant simplement en italique les titres de journaux restés en romain.

Page 78.   Cour de prison

Ms Marsan («Prison») (fs: *Cahier de L'Herne*).
Ms Matarasso (fs: *Cahier de L'Herne*).
Le Cabinet de lecture, 4 décembre 1831.
BG («Politique/1832»), *PCB* («Politique/1832»).
Variantes des manuscrits: v. 2: «La prison élargie» (Marsan);
v. 8: «Et frais-taillés!...» (Matarasso); v. 18-20: «De ces feuilles d'automne/Peintes de cent couleurs/Comme des fleurs» (Matarasso); v. 25: «Faites moi cette joie» (Marsan, Matarasso).
Ce petit poème, né d'un séjour que fit Nerval à la prison de Sainte-Pélagie probablement à l'automne de 1831, constitue une transition idéale entre les poèmes politiques et les odelettes de 1832. Sur un thème qui aurait pu prêter à une ode politique ou à une satire (Sainte-Pélagie était la prison des opposants à la monarchie de Juillet), Nerval inaugure la veine légère des futures odelettes. Lorsqu'il reprendra ce poème vingt ans plus tard dans *La Bohême galante* et *Petits châteaux de Bohême*, au début du Second Empire, Nerval l'intitulera «Politique/1832», se donnant ainsi, par le titre et la postdatation (renvoyant à un autre séjour consécutif au complot de la rue des Prouvaires), de discrètes lettres de noblesse d'opposant.

Page 80.   O d e l e t t e s   1 8 3 2

La Malade

Ms Loliée («La Sérénade des Anges/—/im^on d'Uhland.») (fs: cat. HD, 25 avril 1997).
Ms Lovenjoul, D 741, f°s 3-4 («La Mère et la f.»).
Ms Marsan («La Sérénade./(d'Uhland)») (fs: *Cahier de L'Herne*).
Le Cabinet de lecture, 29 décembre 1830 (*CL*).
Annales romantiques, 1831 (*AR*); *Almanach des Muses*, 1832.
BG («La Sérénade (d'Uhland).»), *PCB* («La Sérénade (imitée d'Uhland.»).
Variantes: v. 1: «La fièvre» (Loliée, *CL*, *AR*); v. 8: «de la fenêtre» (Lov.); v. 12-13: «Les galants sont couchés! —//Ma Mère! que» (Loliée); v. 16: «Cette musique étrange[1]» [*la note*

se lit: «Mère ces sons étranges»] (Loliée); «Mère, ces chants étranges,» (Lov.); «Mère, ces sons étranges,» (Marsan); v. 18: «vers Dieu!» (Loliée).

Comme l'indique le titre du ms Loliée, «La Malade» est une imitation de «La Sérénade» («Das Ständchen») du poète allemand Ludwig Uhland (1787-1862). Publié d'abord comme un poème original, deux mois après la parution du choix de *Poésies allemandes* où Uhland ne figure pas, il n'avouera son origine que dans *La Bohême galante* et *Petits châteaux de Bohême*.

Page 81.   Le Soleil et la gloire

Ms inconnu.
Le Cabinet de lecture, 4 décembre 1831 (*CL*).
Almanach des Muses, 1832.
BG («Le Point noir»), *PCB* («Le Point noir»).
La première publication (*CL*) présente aux vers 3, 4, 8 et 12 des variantes qu'on retrouvera dans *BG* et *PCB*.

Ce poème est la version en vers de ce qui est donné, dans le choix de *Poésies allemandes* de 1830, comme la traduction en prose d'un sonnet de Bürger. Or ce sonnet est introuvable dans les œuvres de Bürger, soit que Nerval ait attribué par erreur à Bürger un sonnet qui resterait à retrouver, soit qu'il se soit offert le plaisir d'une petite supercherie. La suppression du prétendu sonnet de Bürger dans l'édition de 1840 du choix de *Poésies allemandes* suggère plutôt la première hypothèse.

Page 82.   Nobles et valets

Ms inconnu.
Almanach des Muses, 1832.
Cette satire d'une aristocratie dégénérée jusqu'à la servilité, qui détonne dans le concert des Odelettes, renoue avec l'inspiration des poèmes politiques stigmatisant l'engeance des courtisans.

V. 7. Laridon: nom du chien dégénéré de la fable «L'Éducation» (Livre VIII, XXIV) de La Fontaine, qui oppose la race des Césars et celle des Laridons.

Page 83. Le Réveil en voiture

Ms Loliée.
Almanach des Muses, 1832.
Cette vision pré-impressionniste d'un paysage animé par la mobilité du point de vue distingue trois plans successifs dont l'illusion de mouvement décroît avec la distance : le premier plan des arbres, le deuxième plan des clochers, le troisième plan des monts.

Page 84. Le Relais

Ms inconnu.
Almanach des Muses, 1832.
Par la forme comme par le thème, « Le Relais » forme un diptyque avec « Le Réveil en voiture ».

Page 85. Une allée du Luxembourg

Ms inconnu.
Almanach des Muses, 1832.
Ce poème dont l'incipit rappelle, sur le mode léger, l'incipit de « La Jeune Tarentine » de Chénier, appelle évidemment la comparaison avec une autre passante, celle du poème XCIII des *Fleurs du mal* de 1861, « À une passante ».

Page 86. Notre-Dame de Paris

Ms Loliée (fs : cat. HD, 25 avril 1997).
Ms Matarasso (« Notre Dame ») (fs : *Cahier de L'Herne*).
Almanach des Muses, 1832.
Variante des 2 manuscrits : v. 2 : « Cependant, enterrer » (Loliée) ; « Cependant enterrer » (Matarasso).
Cette évocation de Notre-Dame de Paris est parue quelques mois après la publication du roman du même nom de Hugo, mis en vente le 16 mars 1831.

Page 87. O d e l e t t e s   1 8 3 5

Fantaisie

Ms (sans titre) (fs : cat. Librairie Lardanchet, Lyon, 1937).
Ms inconnu (vente Louis Barthou, 1935).

Ms (sans titre), Album Auguste Préault (fs : Album de la Pléiade).

Ms, coll. part. (fs : *Cahier de L'Herne*).

Annales romantiques, 1832 ; *Le Diamant*, Louis Janet, 1834 («Odelette») ; *Journal des gens du monde*, 1834 ; *Annales romantiques*, 1835 ; *L'Esprit, miroir de la presse périodique*, 1840 («Stances») ; *La Sylphide*, 31 décembre 1842 («Vision») ; *Nouvelles parisiennes*, Abel Ledoux, 1843 ; *L'Artiste*, 1er août 1849 («Odelette»).

BG, *PCB*.

Voir *BG* et *PCB* pour les variantes.

Sous un titre aux résonances hoffmanniennes, le plus célèbre des poèmes nervaliens avec *Les Chimères* évoque la magie ou les «charmes secrets» d'un air anonyme qui définit idéalement, contre la musique savante ou la poésie classique, l'inspiration des *Odelettes*, cette source de jouvence du «je» lyrique et de la poésie. Cette plongée dans une mémoire plus ancienne que celle du moi nous transporte déjà dans le Valois de «Sylvie» et de «Chansons et légendes du Valois».

V. 9. Cf. le chapitre II de «Sylvie».

V. 13. Cet air a quelque chose de «ces anciennes romances pleines de mélancolie et d'amour, qui racontent toujours les malheurs d'une princesse enfermée dans sa tour par la volonté d'un père qui la punit d'avoir aimé» («Sylvie», chap. II).

Page 88.   Dans les bois ! ! !

Ms Loliée («Dans les bois !») (fs : cat. HD, 25 avril 1997)

Annales romantiques, 1835 ; *La Fauvette, souvenirs de littérature contemporaine*, Vve Louis Janet, 1842.

Ces saisons de l'oiseau (le chant, l'amour, la mort) font de cette odelette au plus près de la chanson populaire un art poétique en mineur.

Page 89.   Le Vingt-cinq mars

Ms Lovenjoul, D 741, f° 3 («Avril»).

Almanach dédié aux demoiselles, 1831 ; *Annales romantiques*, 1835.

BG («Avril»), *PCB* («Avril»).

Variantes du manuscrit: v. 5: «rougeâtre» corrige «bleu-[âtre]»; v. 9: «surgir» corrige «venir».

Cette évocation en deux temps de la naissance du printemps, du négatif («rien de vert: à peine encore/Un reflet rougeâtre») au positif («Le printemps verdissant et rose»), évoque «ce style primitif et verdissant» des œuvres légères de la Pléiade, et particulièrement d'un poème de Belleau («Avril, l'honneur et des bois [...]») loué dans l'introduction au *Choix des poésies de Ronsard*, cité dans le *Choix* lui-même (p. 192-194), et dont elle reprendra le titre («Avril») dans *La Bohême galante* et *Petits châteaux de Bohême*.

Page 90.   La Grand'mère

Ms Matarasso («Ma grand Mère») (fs: *Cahier de L'Herne*).
Ms Lovenjoul, D 741, fº 4 (vers 1-2).
Journal des gens du monde, 1834; *Annales romantiques*, 1835.
BG, PCB.
Si l'on en croit le premiers vers, ce poème publié en 1834, qui inaugure une forme de prosaïsme poétique, daterait de 1831, la grand-mère maternelle de Nerval étant morte le 8 août 1828.

Page 91.   [Odelette retrouvée]
                     Le Coucher du soleil

Ms Loliée.
Les Nouvelles littéraires, 20 octobre 1955.
Bien qu'il figure sur le ms Loliée avec «Dans les bois!», «Notre-Dame de Paris» et «Le Réveil en voiture», «Le Coucher du soleil», sous-titré «Odelette» comme les trois autres, n'a été publié ni dans les *Odelettes* de 1832, ni dans celles de 1835. Il est resté inédit jusqu'en 1956.

«*Le Coucher du soleil*», va jusqu'à dire Jean Richer, «n'a [...] de sens que si l'on sait que c'est le 5 mai, jour anniversaire de la mort de Napoléon, que le soleil se couche dans l'axe même de l'Arc de Triomphe de l'Étoile» (Préface de *Poésies et souvenirs*, Gallimard, 1974). Au temps des *Élégies nationales*, empreintes du mythe napoléonien, le «coucher du soleil [...]/Encadré dans l'Arc de l'Étoile» eût sans doute dit la mort de l'Empereur et son apothéose. Avec les *Odelettes*, le soleil couchant redevient un soleil couchant, et le poème une chose légère.

Page 93.

POÉSIES 1841-1846

Avec ce deuxième ensemble poétique, celui des années 1840, c'est déjà l'histoire des *Chimères* qui commence, avec sa face publique, la publication du «Christ aux Oliviers», de «Pensée antique» et de «Vers dorés», et sa face secrète, le manuscrit Dumesnil de Gramont (voir p. 339). C'est qu'entre les odelettes des années 1830 et les sonnets des années 1840 a eu lieu la première crise de folie attestée de Nerval.

Page 95.   Rêverie de Charles VI

Ms Lovenjoul D 741, f⁰ 6 (fs: Album de la Pléiade).
La Sylphide, 15 ou 16 octobre 1842.
Le manuscrit fait précéder le fragment des vers suivants:

> On ne sait pas toujours où va porter la hache,
> Et bien des souverains, maladroits ouvriers,
> En laissent retomber le coupant sur leurs pieds!
> . . . .
> Que d'ennuis dans un front...

Autres variantes du manuscrit: v. 3: «met-il»; v. 4: «pensers tristes»; v. 9: «De mousse, de jasmins, et de vigne tendue,»; v. 16: «vous apporte en sa plainte»; v. 22-23: entre les mots «assuré» (souligné trois fois) et «cette», Nerval a dessiné une espèce de croix potencée (?) qui empiète sur le dernier vers. Le premier hémistiche de celui-ci s'en trouve décalé à gauche, tandis que le second, décalé à droite, rejette à la ligne suivante, à l'aplomb de la croix, «La Nuit!!!» en caractères beaucoup plus gros, surmontés du chiffre «52».

Représentant tout ce qui reste d'un projet de drame consacré à Charles VI, le roi fou, ce fragment de monologue prit une résonance toute particulière par sa publication un an après la première crise psychique de Nerval (février-mars 1841).
V. 12. Il y a quelque chose de rousseauiste dans ces rêveries d'un promeneur solitaire.
V. 17. Trois mois plus tôt, Nerval avait publié dans la même *Sylphide* son article sur «Les Vieilles Ballades françaises». Cf.

l'«air» de «Fantaisie» et l'«ancienne romance de «Sylvie» ou de
«Delfica».

Page 96.   Le Christ aux Oliviers

Ms Marsan (fs : *Cahier de L'Herne*).
L'Artiste, 31 mars 1844.

Voir *Les Chimères*, p. 35.

Page 100.   Pensée antique

L'Artiste, 16 mars 1845.

Voir *Les Chimères* («Vers dorés»), p. 39.

Page 101.   Vers dorés

L'Artiste, 28 décembre 1845.

Voir *Les Chimères* («Delfica»), p. 33.

Page 102.   De Ramsgate à Anvers

Ms inconnu.
L'Artiste, 30 août 1846.
Le 16 août 1846, Nerval avait commencé dans *L'Artiste* un
récit de voyage intitulé «Un tour dans le Nord. Angleterre et
Flandre». C'est sans doute à ce voyage de juillet 1846 (non
autrement attesté), que fait référence le poème qui est d'abord
un hommage à Rubens, le «grand maître anversois».

Comme le signale *NPl* I, Nerval semble bien évoquer un
tableau précis, *Le Débarquement de Marie de Médicis à Marseille*,
sixième de la série de vingt-quatre tableaux commandée par la
reine à Rubens, où le peintre a peint la Méditerranée (la mer
d'Ionie) comme la mer du Nord. Mais cette «reine adorée/Qui
s'unit aux Valois» ne peut être Marie de Médicis, femme
d'Henri IV. Nerval a-t-il confondu, comme dans *Les Faux Saul-
niers* (confusion reprise dans *La Bohême galante* et «Angé-
lique»), Marie et Catherine de Médicis, femme d'Henri II, ou
bien cette reine «Qu'attendait hors de France/Le coupe-tête
anglais» est-elle une autre reine qui s'unit aux Valois, Marie
Stuart, épouse de François II ? On notera que dans le *Choix des*

p...sies de Ronsard, la rubrique «Sonnets et poèmes divers»
s'ouvrait sur les sonnets «À Marie Stuart» et «À Catherine de
Médicis» (p. 131-133), accolant ainsi les deux reines.

Page 105.

LA BOHÊME GALANTE

Parue dans *L'Artiste* du 1er juillet au 15 décembre 1852, *La
Bohême galante* est l'évocation, sollicitée par Arsène Houssaye
(1815-1896), comme s'en font l'écho la dédicace et les pre-
mières lignes du récit, de la fameuse bohême du Doyenné[1] qui
avait pris en 1835 le relais du Petit Cénacle de la rue de Vaugi-
rard et réunissait, au n° 3 de l'impasse du Doyenné, dans un
quartier voué à la démolition, les jeunes artistes et écrivains qui
rejouaient les fêtes galantes du XVIIIe siècle. Dans cette recom-
position rhapsodique de ses souvenirs de jeunesse, censés évo-
quer la naissance d'une vocation poétique, si les cinq premiers
chapitres qui évoquent la bohême du Doyenné sont originaux,
Nerval recycle un certain nombre de textes antérieurs : outre les
Odelettes du chapitre VII et les poèmes proprement lyriques du
chapitre VIII, il reprend au chapitre VI son introduction au
Choix des poésies de Ronsard (1830), des extraits des *Faux Saul-
niers* (1850, qui se retrouveront partiellement dans «Angé-
lique») aux chapitres IX, XII, XIII et XIV, l'article sur «Les
Vieilles Ballades françaises» (1842, qui deviendra «Chansons et
légendes du Valois» dans *Les Filles du feu*) aux chapitres X et
XI, et «La Reine des poissons» (1850, également reprise dans
«Chansons et légendes du Valois») au chapitre XV.

À en juger par le manuscrit conservé des trois premiers cha-
pitres (voir p. 287), Houssaye ne s'est pas contenté, en qualité de
directeur de *L'Artiste*, d'être le commanditaire et l'éditeur de *La
Bohême galante* : si la dédicace semble bien de la main de Ner-
val, le titre, en revanche, est de sa main, ainsi qu'une importante
correction (qu'on lira à la note 2 de la p. 107) qui lui fit insérer
la citation de huit vers de son poème «Le Beau Temps des
poètes», et un ajout.

1. Comme le montre le manuscrit (voir p. 287), le titre, de la main de
Houssaye, était *La Bohême galante*. Nerval imposa l'accent circonflexe,
qui tirait la vie de bohême vers la Bohême de Nodier (voir la notice de
Petits châteaux de Bohême, p. 382).

Le texte que nous publions n'est pas celui de l'édition originale posthume de *La Bohême galante* (1855), qui corrige la publication pré-originale de *L'Artiste* à partir de *Petits châteaux de Bohême* (au nom de l'idée fort contestable qu'il s'agit de la même œuvre), mais celui de *L'Artiste*, seul autorisé par Nerval lui-même.

Les douze livraisons de *L'Artiste* sont séparées par des astérisques.

1. « Ô printemps, jeunesse de l'an, belle mère des fleurs, des herbes neuves et des nouveaux amours ; te voilà de retour, mais avec toi ne reviennent pas les jours sereins et heureux de mes joies : te voilà de retour, de retour, mais avec toi rien ne revient que de mon cher trésor perdu, que de mes chères et heureuses joies, le souvenir malheureux et en deuil !... », début du monologue de Mirtillo, acte III, scène 1 de *Il Pastor fido*, tragicomédie pastorale (1590) de Battista Guarini (1538-1612).

Page 107.

1. Nerval offrit en effet à Arsène Houssaye ses tout premiers recueils non publiés (voir *NPl* I, p. 1467-1469).

2. Citation, avec une erreur (« embrasse » pour « ombrage ») des vers 15-22 du poème de Houssaye « Le Beau Temps des poètes », publié en mars 1841 dans *L'Artiste* en écho aux souvenirs de jeunesse évoqués par Jules Janin dans sa nécrologie prématurée de Nerval. Ce poème avait été repris la même année, et sous le même titre, dans *Les Sentiers perdus* (Paul Masgana, 1841), puis dans ses *Poésies complètes* (1850) sous le titre « Vingt ans ». À la date de *La Bohême galante*, la dernière édition des *Poésies complètes* (1852) venait juste de paraître. Cette citation, de la main même de Houssaye sur le manuscrit, corrige un état antérieur. Nerval avait en effet écrit : « [...] un humble prosateur. — Vous êtes certainement le seul directeur de Revue et de théâtre qui puisse avoir de telles curiosités. Il est vrai que vous êtes le plus poète de nos directeurs actuels — soit dit sans outrager Roqueplan, et Fournier et Altaroche — mes anciens confrères de la prose. » Houssaye a rayé à l'encre ces deux phrases et les a remplacées par « Ne le savez vous donc pas vous qui avez écrit ces vers : [*citation*] ». Ladite citation est écrite sur un petit feuillet qui recouvre les phrases biffées. L'erreur signalée plus haut n'est pas le fait de Houssaye mais de l'imprimeur qui a lu « embrasse » pour « ombrage ».

3. Citation des vers 11-13 du même poème de Houssaye (texte de 1850 et 1852). Cette citation, qui n'est pas sur le manuscrit, est sans doute un ajout de Houssaye. L'«ami» (et dédicataire du poème) est Théophile Gautier.

Page 108.

1. En fait, l'impasse du Doyenné, où Nerval habitait avec Rogier et Houssaye, au n° 3, et non la rue du Doyenné (qui la croise) où habitait Gautier.

2. Virgile, *Bucoliques*, VII, 4 : «... *ambo florentes aetatibus, Arcades ambo,/et cantare pares*», «tous les deux dans la fleur de l'âge, Arcadiens tous les deux, égaux par le chant» (Thyrsis et Corydon, les deux bergers de l'églogue qui s'apprêtent pour leurs chants amébées).

3. Cydalise : ce nom de jeune première de théâtre, qu'on trouve dans de nombreuses pièces du xviiie siècle, est devenu le nom générique de toutes les figures d'amoureuses et de muses de la bohème du Doyenné (voir «Les Cydalises», p. 149).

4. Camille Rogier (1810-1896), peintre et illustrateur que Nerval retrouvera en Orient.

5. Louise Gabrielle Lorry (?-1888), actrice; Victorine était une maîtresse de Gautier; le hamac de Sara la blonde est une allusion au poème XIX des *Orientales* de Victor Hugo, «Sara la baigneuse» : «Sara, belle d'indolence,/Se balance/Dans un hamac [...]».

6. Début du poème de Houssaye déjà cité (texte de 1850 et 1852). Là encore, ces vers ne sont pas sur le manuscrit.

7. Mlle Plessy (1819-1897), actrice du Théâtre-Français.

Page 109.

1. *Jodelet, ou le Maître valet* : comédie de Scarron dont Nerval projetait l'adaptation. Le personnage féminin en est Béatrix, et non Béatrice.

2. Édouard Ourliac (1813-1848).

3. Comme l'a signalé Jacques Bony, le Théâtre des boulevards n'est pas le nom d'un théâtre, mais le titre d'un recueil de parades (de Thomas Simon Gueulette, 1683-1766). Parade en un acte dont les trois personnages sont Isabelle, Léandre et Arlequin, *Le Courrier de Milan*, sans doute confondu par Nerval avec *Le*

Courrier de Naples de Boirie, D'Aubigny et Poujol (1822), figure au tome 3 de ce recueil publié en 1756.

4. L'église Saint Thomas du Louvre, dans la rue du même nom, dont le clocher s'était écroulé le 15 octobre 1739. Reconstruite en 1744, elle était partiellement redémolie depuis 1811, et le fut définitivement en 1852.

5. La célèbre élégie XXIV, connue sous le titre (apocryphe) «Contre les bûcherons de la forêt de Gastine» (qui ne figure pas, à la différence de l'ode «À la forêt de Gastine», dans le *Choix des poésies de Ronsard*).

6. Célestin Nanteuil (1813-1873), Émile Wattier (1808-1868), Jean-Baptiste Corot (1796-1875), Auguste de Châtillon (1813-1881), Théodore Chassériau (1819-1856).

Page 110.

1. Alcide Joseph Lorentz (1813-?), Théodore Rousseau (1812-1867).

2. Alphonse Karr (1809-1890), journaliste et homme de lettres.

3. Sulpice Guillaume Chevalier dit Gavarni (1804-1866), le célèbre dessinateur, vécut à Londres de 1847 à 1851.

4. José de Ribeira (1591-1652), peintre espagnol qui vécut à Naples.

5. Ce mot favori de Balzac, comme le signale Michel Brix, est mis dans la bouche de Mme Vauquer au début du *Père Goriot*.

6. Ce sonnet a paru dans *L'Abeille* en 1835 avant d'être repris dans la *Comédie de la mort* :

Pour veiner de son front la pâleur délicate,
Le Japon a donné son plus limpide azur ;
La blanche porcelaine est d'un blanc bien moins pur
Que son col transparent et ses tempes d'agate.

Dans sa prunelle humide un doux rayon éclate ;
Le chant du rossignol près de sa voix est dur,
Et, quand elle se lève à notre ciel obscur,
On dirait de la lune en sa robe d'ouate.

Ses yeux d'argent bruni roulent moelleusement ;
Le caprice a taillé son petit nez charmant ;
Sa bouche a des rougeurs de pêche et de framboise ;

Ses mouvements sont pleins d'une grâce chinoise,
Et près d'elle on respire autour de sa beauté
Quelque chose de doux comme l'odeur du thé.

Page 111.

1. Antinoüs, favori d'Hadrien célèbre pour sa beauté et immortalisé par de nombreuses statues (dont la plus célèbre est celle du Vatican). Son nom est devenu le nom masculin de la beauté.

2. Ce pied chinois est évoqué dans un autre sonnet de Gautier inspiré par la Cydalise : « Chinoiserie » qui précède immédiatement le sonnet cité note 6 de la p. 110 dans la *Comédie de la mort* : « [...] Celle que j'aime à présent est en Chine ;/[...]/Elle a des yeux retroussés vers les tempes,/Un pied petit à tenir dans la main [...] ».

3. Théophile a évoqué son homonyme Théophile de Viau, l'auteur de *La Maison de Sylvie*, dans *Les Grotesques*, 1844 ; Arsène Houssaye dans « Le Ciel et la Terre, histoire panthéiste », *Romans, contes et voyages*, 1847. « Pseudonyme » peut surprendre, mais Gautier n'avoue-t-il pas « que tout le mal que l'on disait de Théophile de Viau me semblait adressé à moi Théophile Gautier » ? Par cette identification le portrait de Théophile de Viau « qui a commencé le mouvement romantique » a quelque chose d'un autoportrait.

4. Cette bohème antérieure à celle du Doyenné est le Petit Cénacle (1830-1833).

5. *Robert le Diable*, de Meyerbeer sur un livret de Scribe et de Germain Delavigne ; la première représentation eut lieu le 21 novembre 1831.

Page 112.

1. Claude Jules Ziégler (1804-1856), peintre et décorateur. Il avait créé à Beauvais une poterie d'art.

2. Sans doute, comme le suggère Claude Pichois, à cause de l'homonymie Van Daël/vandale.

Page 113.

1. Erreur de Nerval : à la date de l'accident (1739), Mazarin était mort depuis 78 ans ! Dans *Petits châteaux de Bohême*, Nerval remplacera Mazarin par un autre cardinal ministre. Dubois

mort en 1723. Le seul cardinal plausible à cette date est le cardinal Fleury, ministre de Louis XV, et qui fut enterré dans l'église reconstruite en 1744.

2. Vers 35-40 du «Beau Temps des poètes» d'Arsène Houssaye, devenu «Vingt ans». La leçon fautive «reine du Sabbat», pour «reine de Saba», n'apparaît que dans les *Poésies complètes* de 1852. Pour le reste de la citation, le texte est celui de 1841.

3. Ce *Cantique des cantiques* est celui d'Arsène Houssaye; il ouvre le recueil de ses *Poésies complètes*. On sait que le Cantique des cantiques était alors attribué, comme le livre de l'Ecclésiaste, au roi Salomon, et que les amours de la reine du matin et de Salomon *alias* Soliman, prince des génies (avec Adoniram en tiers), constituent l'épisode central du *Voyage en Orient*. «L'Ecclésiaste nouveau», ou le nouveau Salomon, est donc Houssaye.

Page 114.

1. Il s'agirait, d'après Maurice Tourneux, non d'Auguste Glaize, mais de Charles Gleyre (1807-1874).

2. Le Sage: Salomon.

3. Balkis: nom de la reine de Saba, ou de la reine du matin, dite aussi la fille des Hémiarites, dans le *Voyage en Orient* (les Hémiarites, habitants du Yémen, sont les descendants d'Himyar, fils de Saba). La huppe miraculeuse est Hud-Hud, «dont l'âme [...] a été tirée de l'élément du feu», et qui ne peut «reconnaîtr[e] pour maître que l'époux réservé à la princesse de Saba» (Folio, p. 722).

Page 115.

1. Ce projet d'un opéra sur la reine de Saba avec Meyerbeer n'aboutit pas. Quant à la chanteuse qu'il fallait faire débuter à l'Opéra, cette «autre reine du matin», il s'agit sans doute de Jenny Colon, même si Nerval, comme toujours, recompose ses souvenirs. Il reste que «réuni[r] dans un trait de flamme les deux moitiés de [s]on double amour», c'est très exactement produire une chimère (et donner par là même raison à Houssaye).

2. La Mère Saguet: cabaret situé à la barrière du Maine, évoqué dans un article anonyme du *Gastronome, journal universel du goût* (13 mai 1830) qui fut, immédiatement après sa mort, attribué à Nerval.

3. Madrid: restaurant du Bois de Boulogne.

Page 116.

1. Henri d'Egmont, traducteur d'Hoffmann ; Eugène Giraud (1806-1881), peintre ; Roger de Beauvoir (1806-1866), dandy et homme de lettres, collaborateur de *La Sylphide*.

Page 117.

1. Sur ce procédé de l'interruption, repris de Sterne et de Nodier, voir la 5ᵉ lettre d'«Angélique» et les «Réflexions» finales.

2. Ce concours académique fut lancé en 1826 pour l'année 1828. Les lauréats en furent Philarète Chasles et Saint-Marc Girardin. Le mémoire de Nerval, qui date de 1830 — et s'ouvre sur une allusion à la question d'une autre académie, celle des Jeux floraux de Toulouse («Quels avantages peuvent retirer nos écrivains de la lecture des auteurs français antérieurs au xviiᵉ siècle?») — ne fut évidemment pas adressé à l'Institut.

3. C'est la reprise, abrégée, de l'introduction au *Choix des poésies de Ronsard* publié en 1830.

4. Personnage de *La Métromanie ou Le Poète* (1738) d'Alexis Piron. La citation doit être recontextualisée : « Ils [nos aïeux] ont dit, il est vrai, presque tout ce qu'on pense ;/Leurs écrits sont des vols qu'ils nous ont faits d'avance ;/Mais le remède est simple, il faut faire comme eux./Ils nous ont dérobés, dérobons nos neveux. »

5. Nerval a oublié de supprimer ce renvoi au début non conservé de son introduction de 1830.

Page 118.

1. *Sic*. Lire Addison et Wieland.

Page 119.

1. Hippocrène : ce nom de la source née d'une ruade de Pégase désigne ici la source classique par opposition à la source populaire et nationale.

2. Les bornes ou colonnes d'Hercule, qui séparent la Méditerranée de l'Océan, portaient l'inscription «non ultra» (pas au-delà), qui peut apparaître comme la formule de l'art classique.

3. Traduction approximative de l'*Énéide*, V, 446 («Entellus viris in ventum effudit») où le Géant Entelle frappe dans le vide à cause de l'esquive de son adversaire Darès.

Page 120.

1. Friedrich Schlegel, *Geschichte des alten und neuen Literatur*, chap. XIV, Vienne, 1822.

2. Le célèbre *Lycée, ou Cours de littérature ancienne et moderne*, de La Harpe, H. Agasse, An VII-An XIII, qui connut de nombreuses rééditions au XIXᵉ siècle.

3. Cet article repris dans *Le Mercure de France au XIXᵉ siècle* en 1830 sous le titre «La Littérature française et la critique anglaise» est un article paru dans *The Edimburgh Review* en 1822.

Page 123.

1. Comme le rapporte Sainte-Beuve (*Tableau historique et critique de la poésie française au XVIᵉ siècle*), Ronsard «s'est plaint douloureusement de la tenaille de Mellin» (Mellin de Saint-Gelais, 1491-1558), celui-ci s'étant moqué, en 1550, de ses œuvres devant le roi Henri II. Cet épisode est évoqué par Ronsard dans l'«Hymne triomphal sur le trépas de Marguerite de Valois» qui avait pris sa défense («[...]/Et fay que devant mon Prince/Désormais plus ne me pince/La tenaille de Melin») et dans l'Ode III du Cinquième Livre (1552) adressée à la même. Ces allusions ont disparu («La tenaille de Melin» devenant «Le caquet des envieux») des éditions ultérieures du Livre V, Ronsard s'étant réconcilié avec Mellin.

2. Espérances : erreur de copie pour «espèces».

Page 124.

1. Nerval raboute deux extraits du Livre I, chap. I.
2. Horace : erreur de copie pour «Homère».
3. Négligés : erreur de copie pour «négligents».

Page 125.

1. Extrait, deux fois tronqué, du Livre I, chap. III.
2. Extrait, légèrement tronqué, du Livre I, chap. VIII.

Page 126.

1. Nerval raboute deux extraits du Livre I, chap. IX. Le Livre I, malgré l'indication qui suit, comporte encore trois chapitres.

Page 127.

1. Extrait, légèrement tronqué, du Livre II, chap. I.
2. Début, légèrement tronqué, du Livre II, chap. II.
3 Extrait du Livre II, chap. II.

Page 128.

1. De la langue française : « de la Muse française » chez Du Bellay.
2. Erreur de copie de Nerval ? Du Bellay écrit : « & qu'il n'y ait vers, où n'aparoisse quelque vestige ».

Page 129.

1. Nerval raboute trois extraits, tronqués, du Livre II, chap. IV, qu'il prétend citer en entier.
2. Nerval raboute deux extraits, dont le premier est tronqué, du Livre II, chap. IX.

Page 130.

1. Extrait, plusieurs fois tronqué, du Livre II, chap. XI.
2. *Printemps*, *jeunesses*, *coups d'essai*, *fontaines* devraient prendre la majuscule, puisqu'il s'agit de titres.
3. Le « Banni de liesse » reparaîtra dans la lettre-préface des *Filles du feu* « À Alexandre Dumas ». Voir p. 276 et la note 1.
4. Extrait du Livre II, chap. XI (avec, dans la dernière phrase, la substitution de « tarir » à « taire »).

Page 131.

1. Citation intégrale (avec quelques retouches infimes) de la Conclusion.

Page 135.

1. Même idée que chez Sainte-Beuve : « À ne le prendre que dans des genres de moyenne hauteur, dans l'élégie, dans l'ode épicurienne, dans la chanson, il y excelle. » Et encore : « On dirait vraiment qu'il y eut deux poètes en Ronsard : l'un asservi à une méthode, préoccupé de combinaisons et d'efforts, qui se guinda jusqu'à l'ode pindarique, et *trébucha* fréquemment ;

l'autre encore naïf et déjà brillant, qui continua, perfectionna Marot, devança et surpassa de bien loin Malherbe dans l'ode légère.» Cf. aussi Saint-Marc Girardin, l'un des deux lauréats de l'Académie: «Ce poëte pédantesque, cet imitateur de Pindare, c'est dans la poésie légère et gracieuse qu'il réussit le mieux» (*Tableau de la littérature française au XVIe siècle*, nouv. éd., Didier, 1868, p. 71).

Page 136.

1. «Je hais la foule profane» (Horace, *Odes*, III, I, 1).

Page 138.

1. Cf. Sainte-Beuve: «Et pour le style, quel progrès depuis Marot!»

Page 139.

1. Dans l'ouvrage cité p. 120, n. 1.
2. C'est le célèbre mot de Boileau dans son *Art poétique*, qui voua la Pléiade à l'oubli.

Page 141.

1. Ce mot de Malherbe est rapporté dans les *Malherbiana, ou Recueil d'anecdotes, bons mots, plaisanteries, originalités, épigrammes de Malherbe [...]* par Cousin d'Avalon, Delaunay et Martinet, 1811, p. 83: «Gombaud rapporte que quand Malherbe lisait ses vers à ses amis, et qu'il rencontrait quelque mot dur ou impropre, il s'arrêtait tout court, et leur disait ensuite: *Ici je Ronsardisais*.» Cf. Sainte-Beuve: «[...] après avoir ronsardisé quelque temps comme il en est convenu plus tard Malherbe [...]» (*Tableau historique et critique...*).
2. Voir p. 117, n. 1.

Page 142.

1. Le titre exact est *Tableau historique et critique de la poésie française au XVIe siècle*. C'est avec cette œuvre, deux ans avant l'introduction au *Choix des poésies de Ronsard*, que Sainte-Beuve consacra la résurrection de la Pléiade.
2. Citation de Voltaire, «Stances à Mme du Châtelet». Ces

stances apparaissent (avec une variante qui supprime les deux vers cités) dans une lettre à Pierre-Robert Le Cornier de Cideville du 11 juillet 1741.

3. *L'Académie*, comédie satirique en un acte et en vers censée venger Nerval de sa déconvenue académique (imaginaire), date en fait de 1826!

4. Formule citée dans «Les Poètes du xvie siècle», p. 128.

5. Anacréon, poète lyrique grec du vie siècle avant J.-C.; Bion de Smyrne, poète bucolique grec du iiie siècle avant J.-C.

Page 143. Avril

Voir *Odelettes* 1835, «Le Vingt-cinq mars».

Fantaisie

Voir *Odelettes* 1835.

Page 144. La Grand-mère

Voir *Odelettes* 1835.

Page 145. La Cousine

Poème publié pour la première fois dans *La Bohême galante*.

Pensée de Byron

Poème repris des *Élégies nationales et satires politiques* de 1827 où il s'intitulait «Élégie» et comportait cinq strophes. Nerval a repris la première strophe en entier et rabouté les quatre premiers vers de la deuxième strophe et les quatre derniers de la quatrième.

Page 146. Gaieté

Poème publié pour la première fois dans *La Bohême galante*. Piqueton est le masculin de piquette.

Page 147. Politique

Voir *Odelettes*, «Cour de prison».

Page 148. Le Point noir

Voir *Odelettes*, « Le Soleil et la gloire ».

Page 149. Les Cydalises

Ms Mirecourt (fs : G. de Nerval, *Choix de poésies* par Alphonse Séché, Louis Michaud, s. d.).
Poème publié pour la première fois dans *La Bohême galante*. Sur les cydalises, voir p. 108, n. 3.

Ni bonjour, ni bonsoir

Ms Lovenjoul D 741, fº 9.

Poème publié pour la première fois (anonymement) à la page 14 de *La Turquie* de Camille Rogier (1846) évoquant le carnaval grec, puis dans l'article « Druses et Maronites. II. Le Prisonnier, I. Le Matin et le soir » de la *Revue des deux mondes* du 15 août 1847 (repris dans le *Voyage en Orient*), où il est donné pour la traduction d'un chant grec ; le narrateur s'efforce de rassembler ses souvenirs des études classiques pour « comprendre le sens d'un chant grec qui résonnait à [s]es oreilles sortant de la bouche avinée d'un matelot levantin ://*Nè kalimèra ! nè ora kali.*//Tel était le refrain que cet homme jetait avec insouciance au vent des mers, aux flots retentissants qui battaient la grève : "Ce n'est pas bonjour, ce n'est pas bonsoir !" Voilà le sens que je trouvais à ces paroles, et, dans ce que je pus saisir des autres vers de ce chant populaire, il y avait, je crois, cette pensée ://*Le matin n'est plus, le soir pas encore !/Pourtant de nos yeux l'éclair a pâli ;*//et le refrain revenait toujours ://*Nè kalimèra ! nè ora kali.*//mais, ajoutait la chanson ://*Mais le soir vermeil ressemble à l'aurore,/Et la nuit, plus tard, amène l'oubli !*//Triste consolation, que de songer à ces soirs vermeils de la vie et à la nuit qui les suivra ! » (Folio, p. 443-444).
Le seul manuscrit de ce poème présente quelques variantes :

AIR GREC

Nè kalîmèra, nè ora kalî…
Le matin n'est plus le jour pas encore,
Pourtant de nos yeux la flamme a pâli !

Nè kalîmèra, nè ora kalî...
Mais l'éclat du soir ressemble à l'aurore
Et la nuit plus tard amène l'oubli !

Le refrain grec ne signifie évidemment pas, malgré l'homo-
phonie de νη et de ni, « Ni bonjour, ni bonsoir », mais « Bonjour,
bonne heure ». Le sens réel importe moins à Nerval que le sens
qu'il « trouvai[t] à ces paroles ».

Page 150.

1. Voir « Les Papillons », p. 61.
2. Le cantique de Joseph : air de *Joseph*, opéra de Méhul
(1807).
3. Comme dans *Le Roman tragique*, Nerval réécrit ici *Le
Roman comique*, dont le texte (Ire partie, chap. XV) est bien dif-
férent : « [...] on ouït deux méchantes voix, dont l'une chantait le
dessus et l'autre râlait une basse. Ces deux voix de lutrin se joi-
gnirent aux orgues et firent un concert à faire hurler tous les
chiens du pays. Ils chantèrent : *Allons, de nos voix et de nos luths
d'ivoire, ravir les esprits*, et le reste de la chanson. Après que cet
air suranné fut mal chanté [...] » (*Le Roman comique*, Gallimard,
Folio, 1985, p. 138). Cette chanson surannée, qui n'est pas de
Ronsard, n'est pas non plus une invention du *Roman comique*,
mais vient d'un autre roman comique, *Histoire comique de
Francion* de Sorel (1623-1626), qui raconte au livre XI que les
principaux personnages du roman « avoient appris depuis peu
une Comedie où ils avoient tous mis la main [...]. Elle estoit
composée de Chansons françoises et il n'y avoit pas un mot qui
ne fust tiré des plus vulgaires ». Suivent quelques échantillons de
cette comédie, dont celui-ci : « En un autre acte, Raymond alloit
donner une serenade a sa dame, et disoit a son valet : Allons de
nos voix et de nos luths d'yvoire Charmer les esprits. » Cette
comédie jouée par les personnages de *Francion* est la *Comédie
de chansons*, due probablement au même Sorel, mais qui ne fut
publiée, sans nom d'auteur, qu'en 1640. La chanson s'y lit ainsi :
« Allons de vos [*sic*] voix & de nos luths d'yvoire/Charmer les
esprits,/Tirons tout à nous, pour emporter la gloire/Qui nous
sert de prix./Faisons mouvoir icy les bois/Et les deux rochers au
son de nos voix./Donnons par nos luths du sentiment aux

marbres,/Charmons les montaux :/Parlons aux forests, faisons
danser les arbres/Et les animaux :/Faisons mouvoir icy les
bois/Et les deux rochers au son de nos voix » (acte IV, scène 3).
Que vient alors faire Ronsard dans cette affaire ? S'il ne s'agit
pas d'une facétie de Nerval, on notera que dans l'édition de
1633, Sorel remplaça la Comédie « composée de chansons fran-
çoises » par une comédie qui « n'estoit composée que de vers qui
estoient pris d'un costé et d'autre dans Ronsard, dans Belleau,
dans Desportes, dans Garnier et plusieurs autres Poëtes plus
recens », d'où une possible confusion.

Page 151.

1. Cette affirmation procède de la conviction rousseauiste
qu'à l'origine, poésie et musique étaient une, et que la poésie
conserve en elle une musique latente.

2. Sur le poète ouvrier Pierre Dupont, voir la préface de Bau-
delaire à son recueil *Chants et chansons* (1851), un an avant *La
Bohême galante*, dans *Œuvres complètes*, éd. Claude Pichois,
Gallimard, « Bibliothèque de la Pléiade », 1976, t. II, p. 26, et la
notice de l'anthologie *Les Poètes français* (1862), *ibid.*, p. 169.

3. Paul Scudo, musicographe et compositeur (1806-1864), qui
venait d'aborder ces questions dans deux articles de la *Revue des
deux mondes* dont il était le critique musical depuis 1851.

Page 152.

1. Ce mérite de la composition plutôt que de l'invention défi-
nit bien l'art poétique de Nerval.

Le Roi de Thulé

Nerval a donné plusieurs traductions de cette ballade de Mar-
guerite dans *Faust* : une première traduction (en vers) dans sa
traduction de *Faust* (1827), puis une seconde (en prose) dans
son choix de *Poésies allemandes* (1830). La première traduction
a été plusieurs fois remaniée au fil des rééditions de *Faust* :
1835, 1840 (deux versions), 1850. En outre, le poème, dans la
traduction de Nerval de 1827, a été mis en musique par Berlioz
(*Huit scènes de Faust*, 1829 ; *La Damnation de Faust*, 1846),
avec, chaque fois, de légères variantes textuelles. Voici la pre-
mière version, celle de 1827 :

Autrefois un roi de Thulé/Qui jusqu'au tombeau fut fidèle/
Reçut, à la mort de sa belle,/Une coupe d'or ciselé.

Comme elle ne le quittait guère,/Dans les festins les plus joyeux,/
Toujours une larme légère/À sa vue humectait ses yeux.

Ce prince, à la fin de sa vie,/Lègue tout, ses villes, son or,/
Excepté la coupe chérie/Qu'à la main il conserve encor.

Il fait à sa table royale/Asseoir ses barons et ses pairs,/Au milieu
de l'antique salle/D'un château que baignaient les mers.

Le buveur se lève et s'avance/Auprès d'un vieux balcon doré ;/Il
boit et soudain sa main lance/Dans les flots le vase sacré.

Il tombe, tourne, l'eau bouillonne,/Puis se calme bientôt après ;
Le vieillard pâlit et frissonne,/Il ne boira plus désormais.

La version donnée par *La Bohême galante*, malgré la mention
« Musique de Berlioz », n'est donc pas celle que Berlioz mit en
musique, ni en 1829, ni en 1846 ; c'est, à très peu près, cette ver-
sion de 1827 que le compositeur utilisa, avec l'adjonction, tous
les deux quatrains, du refrain « Autrefois un roi... de Thulé.../Jus-
qu'au tombeau fut fidèle.../(*Profond soupir.*) Ah !... »

Page 153.　　　　　　La Sérénade (d'Uhland)

Voir *Odelettes*, « La Malade ». La musique composée par le
prince Poniatowski (1816-1873) pour ce poème est inconnue.

Page 154.　　　　　　Espagne

Ms Album Mathilde Bonnet (fs : Album de la Pléiade).
Chant extrait de *Piquillo* (acte III, scène I), l'opéra-comique
écrit en collaboration par Dumas et Nerval, musique d'Hippolyte
Monpou, dont la première représentation eut lieu le 31 octobre
1837 à l'Opéra-Comique.

Chœur d'amour

Autre extrait de *Piquillo* (acte II, scène I).

Page 155.　　　　　　Chanson gothique

Ms Le Petit.
Extrait des *Monténégrins* (acte II, scène IV), opéra-comique
écrit en collaboration par Édouard Alboise et Nerval, musique

d'Armand de Limnander, dont la première représentation eut lieu le 31 mars 1849 à l'Opéra-Comique.

Chant des femmes en Illyrie

Autre extrait des *Monténégrins* (acte III, scène I).

Page 156.   ### Chant monténégrin

Autre extrait des *Monténégrins* (acte III, scène VIII), coupé à la représentation et absent des trois éditions de l'œuvre (antérieures au coup d'État). À la date de publication de *La Bohême galante* (juillet-décembre 1852), il s'agit donc d'un geste politique, tant vis-à-vis de Louis-Napoléon que du Monténégro, qui venait de proclamer son indépendance (le 21 mars 1852).

Page 157.   ### Chœur souterrain

Autre extrait des *Monténégrins* (acte II, scène VI).

Page 158.

1. C'est la question qui est au cœur des préfaces de 1830 au choix de *Poésies allemandes* et au *Choix des poésies de Ronsard*.
2. Allusion d'actualité au rapport Fortoul, du nom du ministre de l'Instruction publique du prince-président, qui proposait de recueillir les poésies populaires de la France. Le 13 septembre 1852 (soit deux semaines avant la date où paraissent ces lignes), Louis-Napoléon venait de signer le décret qui prescrivait cette collecte nationale.

Page 159.

1. En fait deux ans plus tôt. Nerval reprend ici, avec une coupure et quelques corrections, un passage des *Faux Saulniers* (publié dans *Le National* du 8 novembre 1850), qui sera à nouveau repris dans «Angélique» (5e et 6e lettres).
2. «Le Voyage à Cythère» de Watteau donnera son titre au chapitre IV de «Sylvie».
3. Cette formule fait du narrateur un héros «issu de la race d'Antée», le géant fils de Gè (la Terre) qui reprenait des forces à son contact, bref un nouvel Antéros (voir le sonnet de ce nom dans *Les Chimères*).
4. Variation sur un mot célèbre de Danton.

Page 160.

1. Voir les *Confessions*, livre III : « Le son des cloches, qui m'a toujours singulièrement affecté [...] ».

2. Nerval coupe ici une parenthèse sur le tracé du chemin de fer du Nord.

Page 161.

1. Cf. *Promenades et souvenirs*, III : « C'est qu'il y a un âge [...] où les souvenirs renaissent si vivement, où certains dessins oubliés reparaissent sous la trame froissée de la vie ! » (*NPl* III, p. 676).

Page 162.

1. Le Valois est le véritable conservatoire (menacé) des chansons populaires. Cf. *Les Nuits d'octobre*, X : « Ô jeune fille à la voix perlée ! — tu ne sais pas *phraser* comme au Conservatoire ; — tu ne *sais pas chanter*, ainsi que dirait un critique musical... » (*NPl*, III, p. 325) et *Promenades et souvenirs*, III : « Le Conservatoire n'a pas terni l'éclat de ces intonations pures et naturelles, de ces trilles empruntés au chant du rossignol ou du merle, ou n'a pas faussé avec les leçons du solfège ces gosiers si frais et si riches en mélodie » (*NPl* III, p. 676).

2. Dans *Les Faux Saulniers*, Nerval ajoutait ici : « Ceci se passait dans une époque monarchique. La demoiselle blonde était d'une des plus grandes familles du pays et s'appelait Delphine. — Je n'oublierai jamais ce nom ! » L'épisode, repris dans « Angélique » (6e lettre) et intitulé « Delphine », constitue la première version de la représentation évoquée au chapitre VII (puis au chapitre XI) de « Sylvie ».

Page 163.

1. Nerval continue ici de reprendre *Les Faux Saulniers* : il s'agit cette fois de la lettre du 9 novembre 1850, avec un premier paragraphe de raccord inédit.

2. C'est sans doute à cette chanson du roi Louis que pense Nerval au chapitre II de « Sylvie » où Adrienne « chanta une de ces anciennes romances pleines de mélancolie et d'amour, qui racontent toujours les malheurs d'une princesse enfermée dans sa tour par la volonté d'un père qui la punit d'avoir aimé »

Page 165.

1. Nerval reprend ici deux morceaux raboutés de son article
« Les Vieilles Ballades françaises » paru dans *La Sylphide* du
10 juillet 1842, avec un premier paragraphe de raccord qui rem-
place les premières lignes. Cet article, on le sait, sera à nouveau
repris dans *Les Filles du feu* en appendice de « Sylvie », sous le
titre de « Chansons et légendes du Valois ».

Page 167.

1. Charles Collé (1709-1783), Pierre Antoine Augustin de Piis
(1755-1832) et Charles François Panard (1694-1765), chanson-
niers (trop) bien représentés (avec beaucoup d'autres chanson-
niers modernes et vaudevillistes) dans les recueils de chansons
populaires de Dumersan et Noël Ségur. Sous le titre ambigu de
chansons populaires, on confondait alors les chansons
anciennes ou folkloriques et les chansons à succès.

Page 171.

1. Ici s'achève le premier morceau de l'article de *La Sylphide*.
Nerval saute l'évocation de la chanson du roi Louis (qui ferait
double emploi avec le chapitre X) et enchaîne le deuxième mor-
ceau (la dernière partie de l'article, moins le dernier paragraphe
de conclusion).

Page 172.

1. Cette chanson du déserteur réapparaîtra dans « Angé-
lique ». Quant au refrain latin (qui n'était pas précisé dans l'ar-
ticle de *La Sylphide*), son sens est peu évident. Il associe l'Esprit
saint à une formule biblique (Judith, 13, 21 et Psaumes 105,
106, 117, 135, 146) évoquant la bonté de Iahvé (« quoniam
bonus », car il est bon), il suggère sans doute l'exécution du
déserteur.

2. Nerval reprend à nouveau *Les Faux Saulniers* (lettres des
17 et 21 novembre 1850), en éliminant évidemment tout ce qui
concerne l'abbé de Bucquoy et Angélique de Longueval, et en
ajoutant un premier paragraphe de raccord évoquant Sylvain
emprunté à la lettre du 23 novembre.

Page 174.

1. Voir p. 160, n. 1.

Page 175.

1. Cet épisode de la noyade se retrouvera au chapitre X de «Sylvie».

Page 176.

1. À la date des *Faux Saulniers*(1850), le domaine de Châalis venait en effet d'être acheté par Mme de Vatry.
2. Au chant IX de la *Henriade*.

Page 177.

1. Étymologie fantaisiste pour Ermenonville, qui tire son nom de l'évêque de Senlis Ermenon.

Page 179.

1. Nerval s'y perd en effet : les armes sont en fait celles d'Hippolyte d'Este, premier abbé commendataire de Châalis, et l'éphémère Charles X proclamé par la Ligue en 1589 était le cardinal de Bourbon (1523-1590), l'oncle du futur Henri IV.
2. Suite des *Faux Saulniers* (lettre du 22 novembre 1850).

Page 180.

1. L'école dite de Genève est la première loge maçonnique suisse, fondée en 1737.
2. Le comte de Saint-Germain, aventurier passionné de spiritisme ; Franz Anton Mesmer (1734-1815) médecin allemand, découvreur du magnétisme animal ; Joseph Balsamo, comte de Cagliostro (1743-1795), aventurier italien ; Maximilien de Robespierre (1758-1794) ; Étienne Pivert de Senancour (1770-1846), l'auteur d'*Oberman* ; Louis-Claude de Saint-Martin (1743-1803), dit « le Philosophe inconnu » ; Pierre Samuel Dupont de Nemours (1739-1817), théoricien de la physiocratie ; Jacques Cazotte (1719-1792), l'auteur du *Diable amoureux* : la plupart de ces Illuminés sont évoqués en 1852 dans l'ouvrage du même nom qui porte pour sous-titre *Les Précurseurs du socialisme*. Voir en particulier

les chapitres III («Saint-Germain. — Cagliostro») et V («Les Païens de la République»), de la section consacrée à Cagliostro.

3. Cf. *Les Illuminés*: «Il [Saint-Germain] montra à Louis XV le sort de ses enfants dans un miroir magique, et ce roi recula de terreur en voyant l'image du dauphin lui apparaître décapitée» (Folio, p. 365).

4. Lapsus pour Catherine de Médicis.

5. Adam Weishaupt (1748-1830), fondateur en 1776 de la secte des Illuminés de Bavière; Jakob Boehme (1575-1624), «philosophus teutonicus», célèbre mystique allemand.

Page 181.

1. Abraham-Joseph Bénard, dit Fleury (1750-1822): «Son meilleur triomphe fut le jour où il figura sur le théâtre la personne de Frédéric de Prusse. On prétendit que le frère de ce monarque avait donné des conseils et des leçons au comédien pour imiter les gestes et la démarche du vainqueur de Rosbach. Toujours est-il que Fleury se montra inimitable. La Harpe dit le lendemain: "Il s'est si bien modelé sur le portrait en cire que nous avons à Paris, il a si bien suivi le costume et la physionomie de Frédéric, que l'imitation ne saurait être plus parfaite"» (*GDU*).

2. La source de cette anecdote n'est pas dans les écrits de Beaumarchais mais dans un article de la *Revue britannique* de février 1839, «Les Illuminés./Le comte de Caylus. — Le roi de Prusse Frédéric Guillaume et le comédien Fleury». L'auteur (anonyme) de l'article, censé être repris du «*Monthly Magazine*» prétend tenir l'anecdote de «l'abbé Sabbatier [*sic*], conseiller à la grand'chambre du parlement de Paris», émigré sous la Révolution, qui l'aurait tenue lui-même de Beaumarchais, et conclut: «Suivant ces assertions, l'illuminisme aurait contribué à assurer le triomphe des révolutionnaires sur la coalition des rois.» L'abbé Antoine Sabatier de Castres (1742-1817) était l'auteur de *Trois siècles de la littérature française* (1774) et le fondateur en 1789 du *Journal politique national*.

3. En fait de prince d'Anhalt, il s'agissait du prince de Wahlstadt, le général Blücher.

4. En 1778, du 20 mai à sa mort (2 juillet).

5. Le marquis René de Girardin (1735-1808), disciple et hôte de Rousseau, créateur du jardin d'Ermenonville.

Page 182.

1. L'île des Peupliers, où reposait Rousseau avant le transfert de ses cendres au Panthéon en 1794.

2. Salomon Gessner (1730-1788), poète suisse de langue allemande, dont les *Idylles* (1756) connurent dans toute l'Europe un grand succès. Cf. «Sylvie», chap. XIV: «Ermenonville! pays où fleurissait encore l'idylle antique, — traduite une seconde fois d'après Gessner!»

3. Jean Antoine Roucher (1745-1794), poète descriptif; Jacques Delille dit l'abbé Delille (1738-1813), poète didactique et traducteur de Virgile. La première inscription est signée de son nom. Comme le signale N. Popa, Nerval déplace à Ermenonville des inscriptions du parc de Mortefontaine.

Page 185.

1. Suite des *Faux Saulniers* (lettre du 23 novembre 1850).

Page 187.

1. Nerval remplace ici par cette «fort jolie chanson, qui remonte évidemment à l'époque de la Régence» (qui apparaît pour la première fois dans son œuvre), des «vers de l'époque de Louis XIV» («C'était un cavalier/Qui revenait de Flandre…»).

Page 188.

1. Reprise de la lettre du 23 novembre 1850 des *Faux Saulniers*.

2. Ici commence un nouveau développement inédit qui se prolonge jusqu'à la fin du chapitre XIV.

Page 189.

1. Comme le signale P. Bénichou, on ne connaît aucun ouvrage des musicographes François-Louis Perne (1772-1832) et Alexandre-Étienne Choron (1772-1834) sur Charles d'Orléans, dont les airs n'ont pas été conservés.

Page 190.

1. Référence erronée? Elle est en tout cas introuvable dans les *Mémoires* de Dumas.

2. Nerval reprend ici, avec quelques coupures et de très légères variantes, et en ajoutant simplement le premier paragraphe en guise de raccord et le dernier en guise de conclusion, le conte publié pour la première fois dans *Le National* du 29 décembre 1850 dans un compte rendu de livres pour enfants, et qui sera à nouveau repris dans *Les Filles du feu* à la suite de «Chansons et légendes du Valois», sous le titre «La Reine des poissons».

3. Nous restituons, d'après *Le National*, ces deux mots dont l'omission dans *L'Artiste* rend la phrase incohérente.

Page 191.

1. Cette association des femmes cygnes, de l'Edda (livre fondateur de la mythologie nordique) et de Mélusine se retrouve dans la présentation que fit Nerval des *Poésies* de Heine dans la *Revue des deux mondes* du 15 juillet 1848 (*NPl*, I, p. 1125).

Page 193.

1. Odin (ou Wotan), dieu de la guerre et son fils Thor (ou Donner), dieu du tonnerre armé de son marteau Mjöllnir (donc dieu du feu) dans la mythologie germanique.

2. Dans *Le National*, où le conte n'était pas donné explicitement comme valoisien, il s'agissait de la Marne, de la Meuse et de la Moselle. Nerval réinscrit ici l'identité valoisienne du conte affichée dès l'incipit.

Page 194.

1. Dans *Le National*, Nerval faisait suivre le conte d'un paragraphe interprétatif: «Nous ne pensons pas qu'il faille voir dans cette légende une allusion à quelqu'une de ces usurpations si fréquentes au Moyen Âge, où un oncle dépouille un neveu de sa couronne et s'appuie sur les forces matérielles pour opprimer le pays. Le sens se rapporte plutôt à cette antique résistance issue des souvenirs du paganisme contre la destruction des arbres et des animaux. Là, comme dans les légendes des bords du Rhin, l'arbre est habité par un esprit, l'animal garde une âme prisonnière. Les bois sacrés de la Gaule font les derniers efforts contre cette destruction qui tarit les forces vives et fécondes de la terre, et qui, comme au Midi, crée des déserts de sable où existaient

les ressources de l'avenir» (*NPl* I, p. 1255). Contre le symbo-
lisme politique, Nerval privilégie le sens religieux.

Page 195.

PETITS CHÂTEAUX DE BOHÊME

Publié en volume à la fin de 1852 mais avec le millésime de
1853, *Petits châteaux de Bohême. Prose et poésie* est la reprise et
la recomposition partielle de *La Bohême galante* dont la publi-
cation venait de s'achever dans *L'Artiste* du 15 décembre. Dis-
paraissent de cette reprise l'introduction au *Choix des poésies de
Ronsard*, les extraits des *Faux Saulniers*, «Les Vieilles Ballades
françaises» et «La Reine des poissons». Dans ce récit recentré
sur les trois âges d'un poète qui n'est plus qu'«un humble pro-
sateur» apparaissent en revanche la saynète «Corilla» et surtout
les premières productions liées à la folie, trois des futures *Chi-
mères*. Recentrement et restructuration: si le chapitre I de *La
Bohême galante* s'intitulait «Premier château», la métaphore
empruntée à Houssaye restait une métaphore isolée, alors qu'elle
donne son titre et sa structure aux *Petits châteaux de Bohême*,
rappelant bien entendu l'*Histoire du roi de Bohême et de ses sept
châteaux* de Nodier (1830) et faisant basculer la bohême du
Doyenné de la vie de bohême au monde des rêves ou des chi-
mères. Trois châteaux, correspondant aux «trois âges du poète»,
jalonnent ici ce voyage intérieur de l'enthousiasme au désespoir
en passant par l'amour, le premier — «château de Bohême» —
pour évoquer la bohême du Doyenné et le temps des Odelettes,
le second — «château en Espagne» — pour évoquer le rêve
amoureux et théâtral qu'illustre par sa forme comme par son
thème la saynète «Corilla», et surtout le troisième, «château du
diable», première évocation tout allusive de la descente aux
enfers de la folie euphémisée ici en «fièvre et insomnie» et illus-
trée par les trois futures *Chimères* déjà publiées au milieu des
années 1840. Nerval ménage cependant une remontée des enfers
en ne laissant pas le dernier mot aux sonnets mystiques du
«Christ aux Oliviers», de «Daphné» et de «Vers dorés», mais à
quelques-uns des vers lyriques qui composaient le chapitre VIII
(«Musique») de *La Bohême galante*. Fût-ce sur le mode mineur,
Petits châteaux de Bohême offre ainsi à la crise mystique une
résolution musicale.

Pour l'annotation, on se reportera aux passages correspondants de *La Bohême galante*. Nous n'annotons ici que les passages originaux.

Page 197.

1. Ces «trois âges du poëte» sont la version nervalienne des trois âges de la poésie de la préface de *Cromwell*.

Page 203.

1. Voir *La Bohême galante*, p. 113, n. 1.

Page 218.

1. Le seul projet attesté d'opéra de Dumas avec Meyerbeer est *Le Carnaval de Rome*, qui n'aboutit pas. *Les Frères corses* est un roman du même publié en 1844 (et dont fut tiré un drame en 1850).

2. Voir ces «Nuits du Ramazan» dans le *Voyage en Orient*.

Page 220.   C o r i l l a

Publiée pour la première fois dans *La Presse* des 15 et 16-17 août 1839 sous le titre «Les Deux Rendez-vous. Intermède», cette saynète avait été reprise, sous le même titre, dans *La Revue pittoresque* de février 1844. Elle trouve, dans *Petits châteaux de Bohême*, son titre définitif, avant d'être reprise dans *Les Filles du feu* en 1854. Le titre nouveau signale aussi un changement de nom pour l'héroïne, qui s'appelait Mercédès dans «Les Deux Rendez-vous». Le nom de Corilla est celui d'une cantatrice espagnole dans *Consuelo* (1844) de George Sand.

Dans une lettre tardive au vaudevilliste Michel Carré, Nerval racontera ainsi l'origine de «Corilla»: «J'avais choisi pour héroïne Mlle Colombe, la célèbre cantatrice de l'ancien Opéra-Comique et une anecdote qui m'avait été racontée par Merle avait fourni quelques détails. [...] Colombe avait une sœur qui faisait la parade sur les boulevards. Elles avaient été amenées toutes deux à Paris par un Napolitain qui montrait des marionnettes. Cet homme mourut ou fut chassé par le lieutenant de police. Colombe fut recueillie ou enlevée par un Anglais qui lui fit donner des leçons et la fit entrer, je crois, dans les chœurs ou plutôt dans le ballet où elle s'éleva à sa haute réputation par son travail... J'avais eu d'abord l'intention de lui faire retrouver sa sœur, il aurait fallu deux actrices se ressemblant. J'ai abandonné plus tard cette idée de ménechmes féminins[1]». Même déplacé, ce scénario originel des deux sœurs, qui sera aussi le scénario originel de «Sylvie», manifeste le quiproquo fondamental qui nourrit la théâtralité nervalienne. Dans cette scène de comédie, succédané de l'opéra rêvé *La Reine de Saba*, l'espagnole Corilla, objet d'un double amour, et double elle-même, joue la «comédienne en amour comme au théâtre» et réalise à sa façon la confusion du rêve (ce château d'Espagne) et de la vie.

1. Le boulevard Sainte-Lucie, qui était alors le bord de mer avant les travaux de remblaiement qui le repoussèrent à l'intérieur des terres, était le passage obligé entre le théâtre San Carlo et les jardins de la Villa-Reale.

Page 222.

1. Le chimérisme de Nerval est une forme de pygmalionisme, ou d'idolâtrie de l'art. Cf. «Les Confidences de Nicolas»: «Rien n'est plus dangereux pour les gens d'un naturel rêveur qu'un amour sérieux pour une personne de théâtre; c'est un mensonge perpétuel, c'est le rêve d'un malade, c'est l'illusion d'un fou. La vie s'attache tout entière à une chimère irréalisable qu'on serait heureux de conserver à l'état de désir et d'aspiration, mais qui s'évanouit dès que l'on veut toucher l'idole» (*Les Illuminés*, I, i, Folio, p. 120).
2. Jupiter féconda Danaé sous la forme d'une pluie d'or (Ovide, *Métamorphoses*, IV, 611).

Page 223.

1. La Villa-Reale est le grand jardin public de Naples en bord de mer, entre le port Sainte-Lucie et le Pausilippe
2. «... et vera incessu patuit dea» («... et la véritable déesse se révéla à sa démarche»), *Énéide*, I, 405.
3. Pietro Trapassi, dit Métastase (1698-1782), poète italien, auteur de nombreux drames musicaux
4. Giovanni Paisiello (1740-1816) et Domenico Cimarosa (1749-1801), compositeurs napolitains célébrés dans toute l'Europe.
5. Sophonisbe est l'héroïne éponyme d'un opéra de Glück

1. *NPl* III, p. 846.

(1744); Alcine (plutôt qu'Alcime[1]), celle d'*Alcina* (1735) de Haendel (d'après le *Roland furieux* de l'Arioste); Herminie, celle d'*Erminia sul Giordano* (1633) de Michelangelo Rossi (d'après la *Jérusalem délivrée* du Tasse); Molinara, celle de *La Molinara ossia l'Amor contrastato* (1788) de Paisiello.

Page 224.

1. La *jettatura*: le mauvais œil, célèbre superstition napolitaine, dont Gautier fera le sujet et le titre d'un conte fantastique (1857).

Page 225.

1. Chiaia: quartier populaire de Naples, au pied du Pausilippe.
2. De sillery: de champagne, du nom d'une commune proche de Reims.
3. C'est pour avoir pris le parti de Pan contre Apollon que Midas se vit pousser des oreilles d'âne (Ovide, *Métamorphoses*, XI, 162-179).

Page 227.

1. Judith: ce célèbre tableau, alors attribué au Caravage, est en fait dû à Artemisia Gentileschi. Le Musée royal est aujourd'hui la Galerie nationale de Capodimonte.
2. Bradamante: la femme guerrière du *Roland furieux*.
3. Alcimadure: personnage de femme inhumaine de «Daphnis et Alcimadure», fable de La Fontaine (XII, xxiv), qui fait rimer à son sujet «belles» et «cruelles».

Page 228.

1. Bains de Neptune: sans doute la fontaine de Neptune, aujourd'hui au centre de la place Bovio, mais qui se dressait alors au débouché de la rue Medina sur la place du Môle.

Page 232.

1. Le Pausilippe: colline de Naples. Ischia: l'une des îles du golfe de Naples.

---

1. La seule Alcime possible est l'héroïne d'une pastorale de Gessner, *Évandre et Alcime*.

Page 235.

1. La rue de Tolède, grande artère commerçante qui traverse la ville du nord au sud, relie le musée des Études au San Carlo, le grand théâtre lyrique de Naples. La place du Môle, donnant sur le port, concentrait la plupart des théâtres napolitains.

Page 236.

1. Ixion s'étant épris de Junon, Jupiter le leurra par une nuée qui avait l'apparence de celle-ci. De cette union chimérique naquirent les Centaures.

Page 239.

1. Théâtre de la Fenice : non pas celui de Venise, mais celui de Naples, sur la place du Môle (aujourd'hui à l'angle de la Piazza del Municipio et de la via G. Verdi).
2. Air non identifié.

Page 240.

1. Fabio, dont l'amour « a besoin de la distance et de la rampe allumée », est le double du narrateur de « Sylvie » ou d'« Octavie ».

Page 242.

1. *Histoire du roi de Bohême et de ses sept châteaux* (1830), récit excentrique où il n'y a pas plus de roi de Bohême que de châteaux.
2. C'est le château de « Fantaisie » et du chapitre II de « Sylvie ».

Page 243.   Le Christ aux Oliviers

Voir *Les Chimères*.

Page 246.   Daphné

Voir *Les Chimères*, « Delfica ».

Page 247.   Vers dorés

Voir *Les Chimères*.

Page 253.

VERS RETROUVÉS

À Victor Hugo

Ms Noilly (fs : J. Richer, *Nerval*, Seghers, 1950).
Jean Richer, *Nerval*, Seghers, 1950.
Comme son titre l'indique, ce poème non publié du vivant de Nerval fut envoyé à Hugo en avril 1845 en remerciement de la seconde édition du *Rhin*. Hugo lui répondit le 1er mai : « Merci, cher poète, à votre charmant esprit. Vous n'avez pas signé, mais chaque vers m'a dit votre nom. Je suis heureux que ce livre vous fasse quelque plaisir. Vous, poètes, vous êtes comme les rois. Ce petit plaisir, vous me le rendez en grand bonheur. Venez donc dîner avec nous dimanche, que je vous redise combien vos beaux vers m'ont charmé./*Tuus*./Victor H. »

Page 254. [Sur l'album de Mathilde Heine]

Ms Heinrich-Heine Institut, Düsseldorf (fs : Catalogue de l'Exposition Gérard de Nerval, BHVP, 1996).
Le Temps, 21 mai 1884.

La Ballade de Merlin

Ms Blanche (fs : cat. HD, 28-29 novembre 1989).
Jean Richer, *Nerval. Expérience et création*, Hachette, 1963.
Daté « 1er novembre 1854 » sur une page d'album où il figure avec la « Chanson » qui suit.

Page 255. Chanson

Ms Blanche (fs : cat. HD, 28-29 novembre 1989).
Jean Richer, *Nerval. Expérience et création*, Hachette, 1963.
Poème dont la première strophe est citée dans la lettre délirante à George Sand du 22 novembre 1853. Il existe une autre version de cette chanson de Buckingham due à Auguste de Châtillon.

« Quatrain sur un reçu de mille francs... »

Ms Nadar (fs : *L'Autographe*, 1er février 1864).

Ms Sicklès.
Moïse Polydore Millaud (1813-1871), magnat de la presse,
avait prêté 1 000 francs à Nerval le 1er avril précédent.

Page 256.   À Eugénie

Ms Noilly.
Ce quatrain, qui figure au verso du poème «À Victor Hugo»,
est dédié à Eugénie Fort, qui fut la compagne de Gautier.

Page 257.

POÈMES ATTRIBUÉS À NERVAL

«Oh! qu'on était heureux...»

Paris-Journal, 7 août 1873.
Vers censés, selon l'éditeur posthume, faire allusion au prix
de vers latins obtenu en rhétorique par Gérard.

Page 259.   À une petite chatte...

L'Art libre [Bruxelles], 15 octobre 1872.
Publié comme «Sonnet inédit de Gérard de Nerval». *NPl* III
suppose que le poème date du voyage en Belgique de mai 1852.

Page 260.   «Une femme est l'amour...»

L'Artiste, 13 mai 1855.
Poème publié (anonymement) par Arsène Houssaye d'après
«un carnet trouvé sur Gérard de Nerval le jour de sa mort». Ce
carnet n'a jamais été retrouvé.

Page 271.   ANNEXES

À ALEXANDRE DUMAS

Cette lettre-préface, remplaçant au dernier moment l'intro-
duction annoncée des *Filles du feu*, est à la fois une réponse à
l'article indélicat de Dumas dans *Le Mousquetaire*, un éloge de
la folie littéraire, une justification des *Chimères*, et même, au-
delà des *Filles du feu*, une annonce de l'œuvre à venir, *Aurélia*.

Ce texte de circonstance est évidemment composite : outre la longue citation de l'article de Dumas, Nerval y insère en effet *Le Roman tragique* jadis publié dans *L'Artiste* du 10 mars 1844, et qui était présenté comme une suite du *Roman comique* de Scarron. Repris dans cette lettre-préface, *Le Roman tragique* y devient une parabole tenant lieu d'introduction des *Filles du feu*, et de justification du titre.

1. Quelques jours après la première grande crise de folie de Nerval (février 1841), Jules Janin, dans le *Journal des Débats* du 1er mars 1841, avait consacré son feuilleton dramatique à la folie de son «ami».

2. Astolfe, personnage du *Roland furieux* de l'Arioste, invité par saint Jean à récupérer dans la lune la raison que Roland a perdue par châtiment divin. Cette raison perdue est enfermée dans une fiole. On notera que Nerval s'identifie à la fois à celui qui a perdu la raison (Roland) et à celui qui la recouvre pour lui (Astolfe). Cf. la lettre à Maurice Sand du 5 novembre 1853 : «Pour le présent je demeure au *château Penthièvre à Passy*, simple *maison de santé*, où je ne fais que passer, comme Astolfe dans la lune. Bientôt je ferai savoir que j'y ai retrouvé ma raison dans une bouteille d'abondance...» (*NPl* III, p. 821).

3. L'hippogriffe, monture d'Astolfe, est un cheval ailé, issu du croisement d'une jument et d'un griffon. Être sur l'hippogriffe, c'est donc chevaucher une chimère (c'est d'ailleurs l'une des montures envisagées par le narrateur d'*Histoire du roi de Bohême et de ses sept châteaux* de Nodier paru en 1830). Dans le *Roland furieux*, si c'est sur l'hippogriffe qu'Astolfe parvient aux montagnes de la lune (le paradis terrestre), c'est sur le char d'Élie qu'il fait avec Jean le voyage de la lune.

Page 272.

1. Nerval a omis ici ces lignes de Dumas : «[...] infaisables ; — alors notre pauvre Gérard, pour les hommes de science, est malade et a besoin de traitement, tandis que, pour nous, il est tout simplement plus conteur, plus rêveur, plus spirituel, plus gai ou plus triste que jamais.»

2. Nerval a omis la fin de la phrase de Dumas : «[...] baron de Smyrne, et il m'écrit, à moi, qu'il croit son suzerain, pour me demander la permission de déclarer la guerre à l'empereur Nicolas».

3. Cette longue citation n'est pas tout à fait littérale. Outre les deux omissions déjà signalées (aux deux notes précédentes), Nerval a apporté quelques corrections à l'article de Dumas : « il n'est conte de fée, ou des *Mille et Une Nuits* » corrige « il n'est conte de fée, pas même *la Jeunesse de Pierrot* [conte de Dumas, signé du pseudonyme « Aramis », dont *Le Mousquetaire* commençait la publication dans son numéro du 10 décembre] » ; « sultan de Crimée » [identité rêvée de l'Illustre Brisacier] corrige « sultan Ghera-Gheraï [nom propre des sultans de Crimée] », et « paroles plus tendres » corrige « paroles plus sombres ». Nerval nervalise ainsi discrètement l'épitaphe dumasienne de son esprit.

4. Dans *Le Roman tragique*, la lettre est datée fictivement d'« Avril 1692 », soit sous Louis XIV, époque à laquelle vécut le véritable Brisacier, fils naturel du roi de Pologne Jean Sobieski, ou réputé tel, bien que « l'illustre Brisacier » nervalien n'ait pas grand chose à voir avec son modèle historique, évoqué dans les *Mémoires* de l'abbé de Choisy (1727). En reprenant *Le Roman tragique*, Nerval, au nom de la transmigration des âmes, tire son personnage, qui est aussi son double imaginaire, vers le XVIIIᵉ siècle.

5. Voir « Angélique » dans *Les Filles du feu* et « Histoire de l'abbé de Bucquoy » dans *Les Illuminés*. « Angélique » et « Histoire de l'abbé de Bucquoy » formaient à l'origine un seul livre *Les Faux Saulniers*.

Page 273.

1. Cf. Hugo : « "*Imaginer*, dit La Harpe avec son assurance naïve, ce n'est au fond que *se ressouvenir*" » (Préface de *Cromwell*) et Nerval lui-même dans *Les Faux Saulniers* (*NPl* II, p. 48) : « Personne n'a jamais inventé rien ; — on a retrouvé. »

2. Le saint-simonien Pierre Leroux (1797-1871), ami de George Sand, fut l'un des principaux apôtres du socialisme utopique et de la religion humanitaire. Dans une lettre de mai 1844 au directeur de la *Revue et gazette des théâtres* (*NPl* I, p. 1413) où il invoquait déjà le pythagorisme de Leroux, Nerval faisait le lien entre théâtre, métempsycose et résurrection de l'Antiquité.

3. Claude-Henri de Fusée, abbé de Voisenon (1708-1775), auteur de contes libertins, dont « Le Sultan Misapouf », publié dans *Le Mercure de France au dix-neuvième siècle* en 1830, à

l'époque où Nerval y collaborait régulièrement ; François-Augustin Paradis de Moncrif (1687-1770), auteur des *Âmes rivales* ; Claude-Prosper Jolyot de Crébillon, dit Crébillon fils (1707-1777), auteur du *Sopha* (1740). Toutes ces œuvres évoquent, sur un mode plaisant, la transmigration des âmes.

4. Citation approximative du *Sopha*, conte imité des *Mille et Une Nuits* dans lequel un courtisan, qui croit à la métempsycose, raconte au sultan Schah-Baham, passionné de broderie, comment Bra[h]ma l'a transformé en sopha « pour punir [s]on Âme de ses dérèglements ». Citation exacte : « Vous avez donc été Sopha, mon enfant ? Cela fait une terrible aventure ! Hé, dites-moi, étiez-vous brodé ? » (Première partie, chap. I).

5. Épisode fameux du *De republica* de Cicéron, où Scipion a la vision de l'au-delà. Cette vision procède selon Dupuis de la même doctrine que le discours d'Anchise à Énée au chant VI de l'*Énéide*. « Virgile dit des âmes [...] qu'elles sont formées de ce feu actif qui brille dans les cieux, et qu'elles y retournent après leur séparation d'avec le corps. On retrouve la même doctrine dans le songe de Scipion. » Cette doctrine est à la base de la « grande fiction de la métempsycose » (*Abrégé de l'origine de tous les cultes*, L. Tenré, 1821, p. 490-491).

6. Plutôt que la seule vision de Godefroy de Bouillon au chant XIV de *La Jérusalem délivrée* du Tasse (Maria-Luisa Belleli), c'est toute *La Jérusalem délivrée* qui est donnée ici comme la vision du Tasse.

7. Le long morceau qui suit et qui est signé de « L'illustre Brisacier » est la reprise du *Roman tragique* publié dans *L'Artiste* du 10 mars 1844, *Roman tragique* donné, on le sait, comme une continuation du *Roman comique* de Scarron, avec ses personnages de poète raté (Ragotin) et de comédiens ambulants (L'Étoile, Le Destin, La Caverne, La Rancune).

8. Ce couple aimable se retrouvera dans « El Desdichado », originellement intitulé « Le Destin », où le héros éponyme a perdu sa « seule *étoile* ».

Page 274.

1. Cette déclinaison symbolique du je théâtral du *Roman tragique* peut apparaître comme l'envers ironique de la déclinaison symbolique du je lyrique d'« El Desdichado » : le « prince ignoré » renvoie au « prince d'Aquitaine », le « beau ténébreux » au « téné-

breux», le «déshérité» à «El Desdichado» (traduction donnée par Walter Scott dans *Ivanhoé*), et renvoie elle-même à une déclinaison plus ancienne, qu'on lit dans l'introduction de 1830 au *Choix des poésies de Ronsard* (reprise dans *La Bohême galante*, voir p. 130), celle des ridicules poètes évoqués par Du Bellay dans sa *Défense et illustration de la langue française* : «"Je ne souhaite pas moins que ces *dépourvus*, ces *humbles espérants*, ces *bannis de Liesse*, ces *esclaves*, ces *traverseurs*, soient renvoyés à la table ronde, et ces belles petites devises aux gentils-hommes et damoiselles, d'où on les a empruntées"», déclinaison que Nerval commentait ainsi : «Allusion aux ridicules surnoms que prenaient les poëtes du temps : *l'humble Espérant* (Jehan le Blond); *le Banni de Liesse* (François Habert); *l'Esclave fortuné* (Michel d'Amboise); *le Traverseur des voies périlleuses* (Jehan Bouchet). Il y avait encore *le Solitaire* (Jehan Gohorry); *l'Esperonnier de discipline* (Antoine de Saix), etc., etc.»

2. Par cette identité de fils du grand khan de Crimée, Brisacier est bien le double du Nerval de Dumas, «sultan de Crimée».

3. Cette triste vérité que Brisacier n'est qu'un prince de contrebande fait soupçonner aussi le prince d'Aquitaine d'«El Desdichado».

4. Vatel, cuisinier du prince de Condé, s'était suicidé en 1671 à cause du retard de la marée. Ce suicide de Vatel sera évoqué encore dans *Pandora* et *Promenades et souvenirs*.

5. Achille : dans *Iphigénie* de Racine.

6. Le texte du *Roman tragique* donnait : «[...] le culte encore douteux des nouveaux tragiques français». Ce n'est plus vers le XVIIIᵉ siècle que cette correction tire *Le Roman tragique*, mais vers le XIXᵉ siècle romantique.

Page 275.

1. La fille de Léda : Hélène, enlevée par Pâris et emmenée à Troie.

Page 276.

1. Marie Desmares, dite la Champmeslé (1642-1698), célèbre tragédienne qui fut la maîtresse de Racine et la créatrice de toutes ses héroïnes, d'Andromaque à Phèdre.

2. Vierges nobles de Saint-Cyr : créatrices des deux pièces bibliques de Racine, *Esther* et *Athalie*.

3. Aurélie : Nerval donne ici son identité à «cette belle *étoile de comédie*» qui annonce l'Aurélie du chapitre XIII de «Sylvie», et Aurélia. Un fragment manuscrit contemporain des *Filles du feu*, intitulé «Aurélie», et qui devait introduire la lettre de Brisacier, précisait le lien entre *Le Roman tragique* et «Sylvie» : «Quelques passages [de la lettre de Brisacier] retraçaient dans ma pensée le portrait idéal d'Aurélie, la comédienne, esquissé dans *Sylvie*» (*NPl* I, p. 1742).

Page 277.

1. Par ce rêve fou d'incendier le théâtre, Brisacier joue moins le Néron de *Britannicus* qu'il ne ressuscite dans sa folie l'empereur poète incendiaire de Rome. Voir le livre de Gabrielle Chamarat-Malandain, *Nerval et l'incendie du théâtre*, Corti, 1986.

2. *Sic*. C'est Néron, non Burrhus, qui raconte (acte II, scène 2) l'enlèvement de Junie.

Page 278.

1. Cette folie du comédien pour qui le rôle devient une seconde nature fait de Brisacier un saint Genest du paganisme.

2. Cf. les articles des 12 et 26 mai 1844 sur une représentation de l'*Antigone* de Sophocle (*NPl* I, p. 801 et 805).

3. Il n'y a pas loin de ce rêve nervalien au théâtre de la cruauté d'Artaud.

Page 279.

1. Arachné : fileuse virtuose, qui fut changée par Athéna en araignée.

2. Cette route de Flandre, passant par Senlis, sera empruntée aussi par le narrateur d'«Angélique» (5e et 6e lettres) et par celui de «Sylvie» (chap. III).

3. Figure à la manière de Callot, c'est-à-dire grotesque (J. Bony).

Page 280.

1. L'histoire de cette descente aux enfers, ce sera *Aurélia*.

2. Double caution (ironique) pour l'obscurité des *Chimères* : la métaphysique (Hegel) et la mystique (Swedenborg).

Table 397

PETITS CHÂTEAUX DE BOHÊME

Table 399

Dossier

Les titres d'auteur sont en romain, les titres d'éditeur en italique.

DU MÊME AUTEUR

Dans la même collection

LÉNORE et autres poésies allemandes. *Préface de Gérard Macé. Édition de Jean-Nicolas Illouz et Dolf Oehler.*

Dans Folio classique

LES ILLUMINÉS. *Édition présentée et établie par Max Milner.*

VOYAGE EN ORIENT. *Préface d'André Miquel. Édition de Jean Guillaume et Claude Pichois.*

LES FILLES DU FEU. *Préface de Gérard Macé. Édition de Bertrand Marchal.*

AURÉLIA. LES NUITS D'OCTOBRE. PANDORA. PROMENADES ET SOUVENIRS. *Préface de Gérard Macé. Édition de Jean-Nicolas Illouz.*

Ce volume,
le quatre cent neuvième
de la collection Poésie,
composé par Interligne
a été achevé d'imprimer sur les presses
de l'imprimerie Bussière à Saint-Amand (Cher),
le 28 juin 2007.
Dépôt légal : juin 2007.
1ᵉʳ dépôt légal dans la collection : août 2005.
Numéro d'imprimeur : 072356/1.
ISBN 978-2-07-031478-2./Imprimé en France.

153369